WERNER RENAUD

Die Abgeltung von Urlaubsansprüchen nach dem Mindesturlaubsgesetz für Arbeitnehmer

Schriften zum Sozial- und Arbeitsrecht

Band 27

Die Abgeltung von Urlaubsansprüchen nach dem Mindesturlaubsgesetz für Arbeitnehmer

Von

Dr. Werner Renaud

DUNCKER & HUMBLOT / BERLIN

CIP-Kurztitelaufnahme der Deutschen Bibliothek

Renaud, Werner

Die Abgeltung von Urlaubsansprüchen nach dem Mindesturlaubsgesetz für Arbeitnehmer. — 1. Aufl. — Berlin: Duncker und Humblot, 1977.
(Schriften zum Sozial- und Arbeitsrecht; Bd. 27)
ISBN 3-428-03821-5

Gedruckt 1977 bei Buchdruckerei A. Sayffaerth - E. L. Krohn, Berlin 61
Printed in Germany
ISBN 3 428 03821 5

Vorwort

Diese Arbeit lag im Wintersemester 1975/76 der Juristischen Fakultät der Universität Heidelberg als Dissertation vor.

Herrn Senator E. h. Ministerialrat a. D. Prof. Dr. J. Broermann danke ich für die Aufnahme der Arbeit in sein Verlagsprogramm. Mein besonderer Dank gilt Herrn Prof. Dr. Hermann Weitnauer, der die Arbeit betreut und mit vielfältigen Anregungen zu ihrem Gelingen beigetragen hat.

Pforzheim, im Oktober 1976

Werner Renaud

Inhaltsverzeichnis

Abkürzungsverzeichnis

a. A.	= anderer Ansicht
AcP	= Archiv für die civilistische Praxis
AG	= Amtsgericht
AP	= Arbeitsrechtliche Praxis
ArbG	= Arbeitsgericht
AR-Blattei	= Arbeitsrechtsblattei
ArbuSozPol	= Arbeit und Sozialpolitik
ARS	= Arbeitsrechtssammlung
ARSt	= Arbeitsrecht in Stichworten
Aufl.	= Auflage
AuR	= Arbeit und Recht
BAG	= Bundesarbeitsgericht
BAGE	= Amtliche Sammlung der Entscheidungen des Bundesarbeitsgerichts
BArbBl	= Bundesarbeitsblatt
BB	= Betriebsberater
BGB	= Bürgerliches Gesetzbuch
BGB-RGRK	= Das Bürgerliche Gesetzbuch. Kommentar, herausgegeben von Reichsgerichtsräten und Bundesrichtern
BGBl	= Bundesgesetzblatt
BGH	= Bundesgerichtshof
BGHZ	= Amtliche Sammlung der Entscheidungen des Bundesgerichtshofs in Zivilsachen
BlStSozArbR	= Blätter für Steuerrecht, Sozialversicherung und Arbeitsrecht
BS	= Bensheimer Sammlung
BSG	= Bundessozialgericht
BSGE	= Amtliche Sammlung der Entscheidungen des Bundessozialgerichts
Bundesanstalt AVAV	= Bundesanstalt für Arbeitsvermittlung und Arbeitslosenversicherung
BUrlG	= Bundesurlaubsgesetz
BVerfGE	= Amtliche Sammlung der Entscheidungen des Bundesverfassungsgerichts
BVerwGE	= Amtliche Sammlung der Entscheidungen des Bundesverwaltungsgerichts
DAR	= Deutsches Arbeitsrecht

DB	=	Der Betrieb
ders.	=	derselbe
Diss.	=	Dissertation
DÖV	=	Die öffentliche Verwaltung
ff.	=	folgende
GVBl	=	Gesetzes- und Verordnungsblatt
IheringJB	=	Iherings Jahrbücher
JuRA	=	Juristische Analysen
JuS	=	Juristische Schulung
JW	=	Juristische Wochenschrift
JZ	=	Juristenzeitung
LAG	=	Landesarbeitsgericht
MDR	=	Monatsschrift für Deutsches Recht
NF	=	Neue Folge
NJW	=	Neue Juristische Wochenschrift
NZfA	=	Neue Zeitschrift für Arbeit
OAG	=	Oberarbeitsgericht
o. J.	=	ohne Jahr
o. O.	=	ohne Ort
OVG	=	Oberverwaltungsgericht
OVGE	=	Amtliche Sammlung der Entscheidungen der Oberverwaltungsgerichte Münster und Lüneburg
PrAR	=	Sammlung Müller-Gröninger, Praktisches Arbeitsrecht
RABl NAT	=	Reichsarbeitsblatt, nichtamtlicher Teil
RAG	=	Reichsarbeitsgericht
RAGE	=	Amtliche Sammlung der Entscheidungen des Reichsarbeitsgerichts
RdA	=	Recht der Arbeit
RegBl	=	Regierungsblatt
RGBl	=	Reichsgesetzblatt
RGZ	=	Amtliche Sammlung der Entscheidungen des Reichsgerichts in Zivilsachen
RVO	=	Reichsversicherungsordnung
S.	=	Seite
SAE	=	Sammlung arbeitsrechtlicher Entscheidungen
SG	=	Sozialgericht
Sp.	=	Spalte
vgl.	=	vergleiche
VGH	=	Verwaltungsgerichtshof
WAR	=	Westdeutsche Arbeitsrechtsprechung
ZAKDR	=	Zeitschrift der Akademie für Deutsches Recht
Ziff.	=	Ziffer
ZPO	=	Zivilprozeßordnung

1. Die Bedeutung der Theorien zum Urlaubsrecht

Die Diskussion zu Fragen des Urlaubsrechts ist über Jahrzehnte hinweg von der Frage nach der Rechtsnatur und der Rechtsgrundlage des Urlaubsanspruchs beherrscht worden.

Der Theorienstreit wurde und wird im wesentlichen auf vier Ebenen ausgetragen; folgende Fragen werden gestellt:

1. Besteht eine rechtliche Verpflichtung des Arbeitgebers zur Gewährung von Urlaub?
2. Stellt der Urlaub Entgelt für die vom Arbeitnehmer erbrachte Arbeitsleistung dar?
3. Welchen Inhalt hat der Anspruch auf Urlaub?
4. Wie kann der Urlaubsanspruch konstruktiv erfaßt werden?

Die vier Ebenen des grundlegenden Theorienstreits im Urlaubsrecht werden dabei häufig nicht exakt voneinander geschieden.

Für die Frage des Bestehens eines Urlaubsanspruchs ist der Theorienstreit jedenfalls seit dem Erlaß des Bundesurlaubsgesetzes bedeutungslos geworden. Dennoch muß am Beginn jeder Untersuchung urlaubsrechtlicher Probleme die Auseinandersetzung mit den Theorien des Urlaubsrechts stehen, da das geltende Bundesurlaubsgesetz zahlreiche Fragen offen läßt, die vom Boden der verschiedenen Theorien unterschiedlich beantwortet werden können; dazu zählt insbesondere die zivilrechtliche Behandlung des Urlaubsabgeltungsanspruchs[1]. Die Entscheidung für eine der Theorien zur Rechtsnatur des Urlaubsanspruchs bringt zwangsläufig Konsequenzen bei der Auslegung des Bundesurlaubsgesetzes und bei der Beantwortung der durch dieses Gesetz nicht oder nicht eindeutig gelösten Fragen mit sich[2].

1.1. Die Schenkungstheorie

Im 19. Jahrhundert findet sich eine allgemeine Urlaubsregelung lediglich in den Beamtengesetzen des Reichs und der Bundesstaaten. In der Privatwirtschaft wurde Urlaub nicht aufgrund einer rechtlichen

---

[1] Vgl. dazu unten 7.

[2] Vgl. *Schwerdtner*, Peter, Fürsorgetheorie und Entgelttheorie im Recht der Arbeitsbedingungen, Heidelberg 1970, S. 149, *Wegener*, Wolf, Urlaubsgeld und Urlaubsabgeltung, Diss. Kiel 1957, S. 2.

Verpflichtung vom Arbeitgeber gewährt, sondern als eine Art Auszeichnung für verdienstvolle Tätigkeit im Unternehmen des Arbeitgebers[3]. Demzufolge stand am Anfang der Diskussion über die Rechtsnatur des Urlaubsanspruchs die sogenannte Schenkungstheorie, zum ersten Mal formuliert im Jahre 1912 durch Liebrecht[4].

Nach dieser Theorie war die Urlaubsgewährung ein Geschenk des Arbeitgebers im Sinne der §§ 516 ff. BGB; die Gewährung des Urlaubs hing sonach vollständig vom Belieben des jeweiligen Arbeitgebers ab.

Die Schenkungstheorie verlor bereits in der Zeit ab 1920 ihre Bedeutung. Sie wurde von der sozialen Wirklichkeit überrollt[5], da in immer stärkerem Umfang Urlaubsregelungen in Tarifverträgen festgelegt wurden, die Gewährung des Urlaubs also nicht mehr im Belieben des Arbeitgebers stand. Nach Dissinger[6] hatten im Jahre 1920 bereits 82,5 % aller tariflich erfaßten erwerbstätigen Personen Anspruch auf Urlaub; im Jahre 1928 bestand für über zehn Millionen Arbeiter und mehr als eineinhalb Millionen Angestellte eine tarifliche Urlaubsregelung. Nur 5 % der tarifbeteiligten Arbeitnehmer hatten keinen tariflich abgesicherten Urlaubsanspruch[7].

Die Veränderung der sozialen Wirklichkeit führte zu rechtsdogmatischen Angriffen gegen die Schenkungstheorie, da als Schenkung im Sinne der §§ 516 ff. BGB nur eine Vermögensverschiebung vom Schenker zum Beschenkten bei gleichzeitiger Einigung über die Unentgeltlichkeit gilt. Eine Einigung zwischen den Parteien des Arbeitsvertrags über die Unentgeltlichkeit der Urlaubsgewährung liege jedoch nicht vor[8].

1.2. Die Entgelttheorie

Abgelöst wurde die Schenkungstheorie durch die Entgelttheorie, die im Jahre 1926 von Zunft entwickelt wurde[9]. Nach Zunft ist der Urlaubs-

---

3 Vgl. *Molitor*, Otto, Urlaubsentgelt und Urlaubsabgeltung, Diss. Mannheim 1953, S. 1.

4 Vgl. *Liebrecht*, Der Urlaub des Handlungsgehilfen, in: Jahrbuch der Berliner Kaufmannsgerichte 1912, S. 55 ff.; vgl. auch *Pick*, Fritz / *Weigert*, M., Die Praxis des Arbeitsrechts, 2. Aufl., Berlin 1928, S. 47; KG in: Jahrbuch des Kammergerichts Berlin III, S. 221.

5 Vgl. *Renner*, Gerhard, Der Anspruch auf Urlaub im Arbeitsrecht, Diss. Göttingen 1938, S. 14.

6 Vgl. *Dissinger*, Arthur, Die Regelung des Urlaubs, in: Bücherei des Arbeitsrechts, NF Band 12, Berlin 1931, S. 12.

7 Vgl. zur tariflichen Entwicklung des Urlaubsanspruchs *Ahlers*, Heinrich, Der Erholungsurlaub des Arbeitnehmers, Diss. Göttingen 1933.

8 Vgl. *Rieth*, Kurt, Der Urlaub im Arbeitsrecht, Diss. Würzburg 1938, S. 5; *Herold*, Georg, Der Erholungsurlaub des Arbeitnehmers, Diss. Erlangen 1929, S. 9 ff., S. 42 ff.; *Wegener*, S. 5; RAG, BS 5, S. 523 ff.

9 Vgl. *Zunft*, Fritz, Kündigung und Urlaubsanspruch, NZfA 1926, Sp. 589 ff., Sp. 592.

anspruch ein Anspruch auf Zahlung eines Teiles des Jahresgehalts in einer Zeit, in welcher der Arbeitnehmer aufgrund des Arbeitsvertrags nicht zur Arbeitsleistung verpflichtet ist; der Lohn für die Urlaubszeit gilt als Gegenleistung für die in der Vergangenheit bereits erbrachten Dienste.

Der Gedanke der unentgeltlichen Zuwendung des Arbeitgebers ist damit aufgegeben; der Anspruch auf Urlaub hat seinen Rechtsgrund in den vom Arbeitnehmer geleisteten Diensten; der Urlaub wird als „Entgelt" aufgefaßt.

Der Entgeltcharakter des Urlaubsanspruchs wurde nicht nur in der Literatur[10], sondern auch in der Rechtsprechung[11] betont. Die Entgelttheorie wurde zur herrschenden Urlaubstheorie der Weimarer Zeit[12].

1.3. Die Fürsorgetheorie

Auch die Entgelttheorie sah sich bald heftigen Angriffen in der Literatur ausgesetzt. Die Angriffe richteten sich dabei sowohl gegen den Inhalt des von der Entgelttheorie entwickelten Urlaubsbegriffs als auch gegen die von der Entgelttheorie angenommene Rechtsgrundlage des Urlaubsanspruchs.

Die Angriffe gegen die Auffassung vom Urlaub als Entgelt für geleistete Dienste erfolgten im Zuge einer sich wandelnden rechtlichen Beurteilung des Arbeitsvertrags. Schon bald nach dem Erlaß des BGB setzte unter der Führung Otto von Gierkes[13] die Kritik an der Einordnung des Dienstvertrags in das Schuldrecht ein. Markstein in der Entwicklung der Abkehr von der Auffassung des Arbeitsverhältnisses als schuldrechtliches Austauschverhältnis und der Hinwendung zur be-

---

[10] Vgl. z. B. *Berndt*, K., Vom Sinn des Urlaubs, Arbeitsrecht 1933, Sp. 721 ff.; *Dänzer-Vanotti*, Der Urlaubsanspruch des Arbeitnehmers, NZfA 1928, Sp. 455 ff.; *Dissinger*, A., Gilt der Urlaub für das laufende oder für das vergangene Jahr?, NZfA 1926, Sp. 595 ff.; *Klotz*, Walter, Die Verzichtslehre im Urlaubsrecht, NZfA 1932, Sp. 555 ff.; *ders.*, Urlaub als Anspruch, DAR 1935, S. 55 ff.; *Klein*, Paul, Die Urlaubsrechtsprechung des Reichsarbeitsgerichts, Diss. Köln 1933, S. 5; *Nikisch*, Arthur, Der Urlaub des Arbeitnehmers, NZfA 1928, Sp. 133 ff.; vgl. auch *Richter*, Lutz, Grundverhältnisse des Arbeitsrechts, Berlin 1938, S. 84; *Beine*, Die Vererblichkeit des Urlaubsanspruches, DAR 1938, S. 25 ff.; *Friese*, Victor, Der Einfluß des Todes der Vertragskontrahenten auf das Arbeitsrecht, JW 1931, S. 1220 ff.; *Sauer*, Arbeitsaussetzung (Werksbeurlaubung), JW 1925, S. 220 f.

[11] Vgl. RAG, BS 5, S. 523 ff., 6, S. 79 ff.; 6, S. 369 ff.; 8, S. 280 ff.; 8, S. 388 ff.; 9, S. 222 ff.: 12, S. 94 ff.; 15, S. 252 ff.; vgl. auch *Lenz*, Karl, Das Urlaubsrecht in der Rechtsprechung des Reichsarbeitsgerichtes, Diss. Erlangen 1932, S. 26 f.

[12] Vgl. *Tauscher*, Herbert, Wesen und Prinzipien des Erholungsurlaubs und das neue Urlaubsrecht, Diss. Leipzig 1959, S. 47.

[13] Vgl. *Gierke*, Otto von, Die Wurzeln des Dienstvertrags, in: Festschrift für Heinrich Brunner, München, Leipzig 1914, S. 36 ff.

grifflichen Erfassung des Arbeitsverhältnisses als personenrechtliches Austauschverhältnis ist das Urteil des Reichsgerichts vom 6. 2. 1923 zum Kieler Straßenbahnstreik[14]; tragendes Fundament der Entscheidung ist der Gemeinschaftsgedanke. Mit der Betonung des Gemeinschaftsgedankens wurde der Austauschcharakter des Arbeitsverhältnisses in den Hintergrund gedrängt; das Arbeitsverhältnis wurde als durch Fürsorgepflichten des Arbeitgebers und Treuepflichten des Arbeitnehmers beherrscht angesehen[15].

Melsbach[16] übertrug als erster die gewandelte Auffassung des Arbeitsverhältnisses auf den Urlaubsanspruch und bezog in der von ihm entwickelten Fürsorgetheorie den Urlaubsanspruch in das System der Fürsorgepflichten des Arbeitgebers ein. Nach der Auffassung Melsbachs stellt der Urlaub keine Gegenleistung des Arbeitgebers für die vom Arbeitnehmer erbrachten Dienste dar; vielmehr basiert die Verpflichtung zur Gewährung des Urlaubs auf der Fürsorgepflicht, die dem Arbeitgeber im Rahmen des als „personenrechtliches Gemeinschaftsverhältnis“[17] qualifizierten Arbeitsverhältnis für seine Arbeitnehmer obliegt.

In den Vordergrund schob sich die Fürsorgetheorie in der Zeit ab 1933. Das Arbeitsverhältnis wurde während der nationalsozialistischen Zeit im Zuge der sogenannten Rechtserneuerung aus dem allgemeinen Vertragsrecht herausgelöst und als „besondere völkische Lebens- und Gemeinschaftsordnung“ — gerichtet auf „Ehre, Treue und Fürsorge“[18] — aufgefaßt, aus deren Wesen unmittelbar Rechtssätze abgeleitet wurden. Gesetzlich verankert wurde die Fürsorgepflicht des Arbeitgebers im Gesetz zur Ordnung der nationalen Arbeit vom 20. 1. 1934 in § 2 Absatz 2[19]. Mit dem Erlaß dieses Gesetzes und dem damit gesetzlich festgeschriebenen Wandel in der Betrachtungsweise des Arbeitsverhältnisses vom schuldrechtlichen Austauschverhältnis zum personenrechtlichen Gemeinschaftsverhältnis gewann die Fürsorgetheorie zusehends an Bedeutung[20]. Bezeichnend für den Wandel der Auffassungen zur Rechtsnatur des Urlaubsanspruchs durch die nationalsozialistische Ge-

---

[14] RGZ 106, S. 272 ff.

[15] Vgl. *Schwerdtner*, S. 30.

[16] Vgl. *Melsbach* in RABl NAT, 1922, S. 473 ff.

[17] Vgl. *Wiedemann*, Herbert, Das Arbeitsverhältnis als Austausch- und Gemeinschaftsverhältnis, Karlsruhe 1966, S. 36.

[18] Vgl. LAG Dortmund, ARS LAG 30, S. 44 ff., S. 46.

[19] RGBl I 1934, S. 45.

[20] Vgl. *Schwerdtner*, S. 148; *Wegener*, S. 11; vgl. auch *Walther*, Arnold, Eingliederung in die Gemeinschaft als Verpflichtungsgrund im künftigen Schuldrecht, Diss. Gießen 1937; *Rüthers*, Bernd, Die unbegrenzte Auslegung, Tübingen 1968, S. 380; *Mälzig*, A., Der Erholungsurlaub des Arbeitnehmers, Diss. Freiburg i. Br. 1939, S. 30; aus der Rechtsprechung etwa RAGE 32, S. 316 ff.; 34, S. 21 ff.

setzgebung sind die beiden Aufsätze Nikischs „Der Urlaub des Arbeitnehmers“[21] aus dem Jahre 1928 und „Probleme des Urlaubsrechts im Lichte der nationalsozialistischen Ordnung der Arbeit“[22] aus dem Jahre 1938. Während Nikisch im Jahre 1928[23] noch schreibt, daß der Erholungsurlaub sowohl juristisch als auch wirtschaftlich eine Gegenleistung für erbrachte Arbeit darstellt, und er diese Auffassung als „kaum mehr bestritten“[24] bezeichnet, führt er 1938 aus, das Arbeitsverhältnis könne im Rahmen eines nationalsozialistischen Arbeitsrechts nicht mehr als Schuldverhältnis, sondern nur als ein die Personen verbindendes Gemeinschaftsverhältnis aufgefaßt werden, das auf der Hingabe der Arbeitskraft des einen Teils an den anderen beruht. Daraus ergebe sich die Verpflichtung des Unternehmers, für die Erhaltung der Arbeitskraft seines Gefolgsmanns zu sorgen; ein Teilstück dieser Verpflichtung sei die Pflicht zur Urlaubserteilung. Nicht als Vergütung für in der Vergangenheit geleistete Dienste, sondern im Bewußtsein, daß ihm ein wertvolles persönliches und nationales Gut anvertraut sei, habe der Unternehmer dem Arbeitnehmer Gelegenheit zu geben, sich zu erholen und neue seelische und körperliche Kräfte zu sammeln[25].

Das Reichsarbeitsgericht schloß sich in seiner Entscheidung vom 16. 3. 1938[26] der Fürsorgetheorie an.

Da das Gesetz zur Ordnung der nationalen Arbeit — jedenfalls teilweise — als Basis der Fürsorgetheorie angesehen wurde, erhoben sich nach 1945 Stimmen gegen diese Theorie[27]. Die Befürworter der Entgelttheorie vermochten sich jedoch nicht durchzusetzen; vielmehr beherrscht die Fürsorgetheorie Literatur[28] und Rechtsprechung[29] in gleicher Weise.

---

[21] NZfA 1928, Sp. 133 ff.

[22] ZAKDR 1938, S. 41 ff.

[23] NZfA 1928, Sp. 148.

[24] NZfA 1928, Sp. 148.

[25] ZAKDR 1938, S. 41.

[26] ARS 32, S. 316 ff.; ebenso in ARS 33, S. 196 ff.; vgl. LAG Dortmund, ARS 30, S. 29 ff.

[27] Vgl. etwa *Bührig*, Erich, Der Rechtscharakter des Urlaubsanspruchs, AuR 1954, S. 371 ff., S. 372.

[28] Vgl. etwa *Boldt*, Gerhard / *Röhsler*, Waldemar, Mindesturlaubsgesetz für Arbeitnehmer, 2. Aufl., Köln, Berlin, Bonn, München 1968, § 1, Anm. 5; *Bartsch*, Robert, Arbeitsrecht, S. 103; *Diekhoff*, L., Fürsorgepflicht im Urlaub, Arbeits- und Sozialrecht 1960, S. 196 f.; *Gros*, AR-Blattei D Urlaub III C I; *Maus*, Wilhelm, Das deutsche Arbeits- und Sozialrecht, Bleckede 1948, S. 261; *ders.*, Das neue Urlaubsrecht, Baden-Baden 1963, S. 26; *Molitor*, Erich, Zur Theorie des Urlaubs, in: Festschrift für Hans Carl Nipperdey zum 60. Geburtstag, München und Berlin 1955, S. 83 ff.; *Stecher*, Dieter, Die neuere Entwicklung der arbeitsrechtlichen Fürsorgepflicht in Wissenschaft und Rechtsprechung, Diss. Heidelberg 1959, S. 103 ff.; *ders.*, Die arbeitsrechtliche Fürsorgepflicht, RdA 1961, S. 261 ff.; *Trieschmann*, Günther, Verpflichtung zur Rückgewähr von Urlaubsentgelt und Urlaubsgratifikation bei vorzeitiger Beendigung des Arbeitsverhältnisses, AuR 1962, S. 137 ff., S. 138; *Söllner*, Alfred, „Ohne Arbeit kein Lohn“, AcP 167, S. 132 ff., S. 137.

Doch haben sich auch immer wieder Vertreter der Entgelttheorie gefunden[30]. In jüngster Zeit hat insbesondere Schwerdtner in seiner Schrift „Fürsorgetheorie und Entgelttheorie im Recht der Arbeitsbedingungen“ die Entgelttheorie mit Nachdruck verteidigt[31].

Die Wandlung in der Auffassung der Rechtsnatur des Arbeitsverhältnisses schlug sich nicht nur in der Behandlung urlaubsrechtlicher Fragen nieder, sondern beispielsweise auch bei der Beurteilung betrieblicher Ruhegelder. Hatten zunächst das Reichsgericht und das Reichsarbeitsgericht unter allgemeiner Zustimmung des Schrifttums Ruhegeldzahlungen als Entgelt für früher geleistete Dienste aufgefaßt, so wandelte sich diese Ansicht nach dem Erlaß des Gesetzes zur Ordnung der nationalen Arbeit völlig; als Rechtsgrund der Ruhegeldzahlungen wurde die Fürsorgepflicht des Arbeitgebers angesehen, aufgrund derer der Arbeitgeber gehalten war, für das Wohl des Ruheständlers zu sorgen, der diese Bezüge für seinen Lebensunterhalt brauche[32].

Im Gegensatz zum Urlaubsrecht hat die Fürsorgetheorie bei der Erörterung der Rechtsgrundlage betrieblicher Ruhegelder nach 1945 ihre dominierende Bedeutung verloren. So hat der Bundesgerichtshof in einer Entscheidung vom 15. 12. 1952[33] das betriebliche Ruhegeld als Arbeitsentgelt qualifiziert; das Bundesarbeitsgericht stellt in seinen Entscheidungen zum betrieblichen Ruhegeld Entgelt- und Fürsorgegedanke nebeneinander, wobei der Entgeltcharakter des Ruhegelds zusehends stärker betont wird[34]; die Literatur, in der zunächst Vertreter der Entgelttheorie und der Fürsorgetheorie einander gegenüberstanden[35], wendet sich nunmehr weitgehend der Entgelttheorie zu[36].

---

29 Vgl. BAG, AP Nr. 73 zu § 611 BGB Urlaubsrecht; BAG, AP Nr. 9 zu § 611 BGB Urlaubsrecht.

30 Vgl. etwa *Bührig*, S. 372; *Dahns*, Paul, Abtretung, Pfändung und Vererblichkeit des Urlaubsanspruchs, DB 1955, S. 604 ff.; *Boldt / Röhsler*, § 1, Anm. 37; *Güntner*, Hans, Die Problematik der Urlaubsanrechnung, Rechtsformen und Rechtscharakter des Urlaubs, AuR 1963, S. 77 ff.; vgl. auch LAG Baden-Württemberg, DB 1963, S. 242.

31 Kritisch zur Fürsorgetheorie auch *Beuthien*, Volker, Das fehlerhafte Arbeitsverhältnis als bürgerlich-rechtliches Abwicklungsproblem, RdA 1969, S. 161 ff., Fußnote 118.

32 Vgl. dazu im einzelnen *von Arnim*, Hans-Herbert, Die Verfallbarkeit von betrieblichen Ruhegeldanwartschaften, Heidelberg 1970, S. 81, mit Nachweisen.

33 BGHZ 4, S. 197 ff., S. 199.

34 Vgl. BAG, AP Nr. 50 zu § 611 BGB Fürsorgepflicht; AP Nr. 103 zu § 242 BGB Ruhegehalt; AP 109 zu § 242 BGB Ruhegehalt; AP Nr. 2 zu § 242 BGB Ruhegehalt VBL mit Anm. *Weitnauer / von Arnim*.

35 Vgl. dazu die Nachweise bei *Hilger*, Marie-Luise, Das betriebliche Ruhegeld, Heidelberg 1959, S. 21 f., Fußnoten 6, 7.

36 Vgl. etwa *von Arnim*, S. 84 ff.; *Hilger*, S. 22 f.; *Schwerdtner*, S. 149 ff.; *Grunsky*, Wolfgang, Der Entzug eines vertraglichen Ruhegeldanspruchs nach

Das Auseinanderfallen der Entwicklung der Rechtsauffassungen zum Urlaubsanspruch und zum Ruhegeldanspruch befremdet, erscheint doch der Urlaubsanspruch — im Gegensatz zum Ruhegeldanspruch zwingender Bestandteil des Arbeitsvertrags — von der Sicht sowohl des Arbeitgebers als auch des Arbeitnehmers eher als Entgelt als der freiwillig gewährte Ruhegeldanspruch.

Erklärbar ist die Entwicklung aus der Behandlung des Hauptproblems des Ruhegeldrechts bis zum Erlaß des Gesetzes zur Verbesserung der betrieblichen Altersversorgung vom 19. 12. 1974[37], nämlich der Frage der Wirksamkeit einer Vereinbarung des Verfalls der Ruhegeldanwartschaft für den Fall, daß der Arbeitnehmer beim Eintritt des Versorgungsfalls nicht mehr in Diensten des Arbeitgebers steht. Die in Teilen der Literatur vor Erlaß des Gesetzes zur Verbesserung der betrieblichen Altersversorgung vertretene Auffassung von der Unverfallbarkeit betrieblicher Ruhegelder wurde wesentlich auf den Charakter des Ruhegelds als Entgeltleistung gestützt, da sich die Verfallbarkeit mit dem Charakter der Ruhegeldzahlung als Entgelt schlecht vereinbaren läßt; die Entscheidung für den Entgeltcharakter des Ruhegeldanspruchs galt als strategische Vorentscheidung für die Anerkennung oder Ablehnung der Verfallbarkeit[38]. Das gewünschte Ergebnis — Unverfallbarkeit — schlägt auf die Beurteilung des Charakters des Ruhegeldanspruchs zurück[39].

Für den Urlaubsanspruch war eine Betrachtung des Rechtscharakters unter Anvisierung bestimmter Ergebnisse nicht notwendig, da die Frage des Entstehens und Erlöschens des Urlaubsanspruchs nach 1945 zunächst in den Landesurlaubsgesetzen und schließlich im Bundesurlaubsgesetz geregelt wurde, der Streit um den Entgelt- bzw. Fürsorgecharakter des Anspruchs folglich nicht die gleiche Bedeutung erlangt hat, wie im Recht des Ruhegeldanspruchs.

Gratifikationszahlungen — wie etwa die Weihnachtsgratifikation — werden nahezu allgemein als Entgelt für erbrachte Arbeitsleistung angesehen[40]. Auch bei der rechtlichen Beurteilung des Lohnfortzahlungsanspruchs setzt neuerdings Kritik an der herrschenden Auffassung ein, die den Anspruch als Ausfluß der Fürsorgepflicht des Arbeitgebers

Beendigung des Arbeitsverhältnisses, JuS 1970, S. 16 ff.; *Säcker*, Franz-Jürgen, Die Rechtsprechung des Bundesarbeitsgerichts im Jahre 1969, JurA 1970, S. 165 ff., S. 178; *Wiedemann*, Herbert, Ruhegeldanwartschaft und Kündigung, RdA 1969, S. 244 ff., S. 245.

37 BGBl 1974 I, S. 3610.

38 Vgl. *von Arnim*, S. 80.

39 Vgl. *von Arnim*, S. 80.

40 Vgl. statt aller *Reyher*, Rudolf, Gratifikationen, Tantiemen, Sonderzulagen, Darmstadt 1972, S. 5.

betrachtet[41]. Ehmann hat in seiner Schrift „Die Gesamtschuld" mit ausführlicher Begründung nachgewiesen, daß der Lohnfortzahlungsanspruch nicht auf der Fürsorge des Arbeitgebers beruht, sondern als ein „vom Arbeitnehmer erkaufter Schutzanspruch" zu qualifizieren ist[42].

1.4. Öffentlich-rechtliche Urlaubstheorien

Schließlich hat es nicht an Versuchen gefehlt, den Rechtsgrund des Urlaubsanspruchs im öffentlichen Recht zu finden. Insbesondere das Sozialstaatsprinzip wird als Rechtsgrundlage herangezogen[43]. Hauptvertreter der Sozialstaatstheorie ist Schlephorst, der seine Theorie in erster Linie mit soziologischen Argumenten als Antithese zur Fürsorgetheorie entwickelt, die nach seiner Überzeugung den gesellschaftlichen Wertungen und Realitäten des Urlaubsrechts widerstreitet; weder Arbeitnehmer noch Arbeitgeber faßten den Urlaubsanspruch als Ausdruck der Fürsorge auf[44].

1.5. Die Verzichtstheorie

Nicht mit der Frage der Rechtsgrundlage, sondern mit dem Problem des Inhalts des Urlaubsanspruchs befaßt sich die Verzichtstheorie. Sie wurde entwickelt von Kreller[45] und Nikisch[46] in der Auseinander-

---

[41] Vgl. *Soergel / Wlotzke / Volze,* § 616, Anm. 2; vgl. auch *Jäger,* Carl Hellmut, Krankheit des Arbeitnehmers, 3. Aufl., Freiburg 1968, S. 44; *Hueck,* Alfred / *Nipperdey,* Hans Carl, Lehrbuch des Arbeitsrechts, 7. Aufl., I. Band, Berlin und Frankfurt 1963, S. 324, Fußnote 1.

[42] *Ehmann,* Horst, Die Gesamtschuld. Versuch einer begrifflichen Erfassung in drei Typen, Berlin 1972, S. 254 ff., insbesondere S. 256 ff., S. 259.

[43] Vgl. *Schlephorst,* Eberhard, Die rechtliche Einordnung des Urlaubs, Diss. Kassel 1964; *Bührig,* S. 372; *Dersch,* Hermann, Die Entwicklung des Urlaubsrechts in der Rechtssprechung in grundsätzlichen Fragen, RdA 1959, S. 327 ff.; *Hunn,* Felix, Der Urlaubsanspruch, AuR 1955, S. 301 ff.; *Kaskel,* Walter / *Dersch,* Hermann, Arbeitsrecht, 5. Aufl., Berlin, Göttingen, Heidelberg 1957, S. 196; vgl. auch *Güntner,* S. 83 ff.; *Hessel,* Philipp, Sind die Urlaubsgesetze der Länder Hamburg und Württemberg-Baden grundgesetzwidrig?, AuR 1956, S. 267 ff., S. 269; *Hecklinger,* Roland, Die normative Kraft der grundgesetzlichen Sozialstaatsklausel in ihrer Bedeutung für das moderne Arbeitsrecht, Diss. Freiburg i. Br. 1960; *Molitor,* Erich, S. 96; *Schnorr von Carolsfeld,* Probleme des internationalen Arbeitsrechts, RdA 1958, S. 201 ff., S. 206; aus der Rechtsprechung vgl. etwa BAGE 3, S. 23 ff. = AP Nr. 6 zu § 611 BGB Urlaubsrecht.

[44] Vgl. *Schlephorst,* S. 39 ff.

[45] *Kreller,* Hans, Zum Entwurf eines Allgemeinen Arbeitsvertragsgesetzes, AcP 125, S. 89 ff.

[46] *Nikisch,* Arthur, NZfA 1928, Sp. 136 ff.; *ders.,* Zur Konstruktion des Urlaubsanspruchs, NZfA 1932, Sp. 563 ff.

setzung mit der Entgelttheorie, insbesondere in der Form der von Zunft entwickelten sogenannten Lohntheorie[47], der entgegengehalten wurde, der Urlaubsanspruch beinhalte nicht lediglich — wie es die Lohntheorie annehme — einen Anspruch auf Lohnzahlung; wesentlicher Teil des Urlaubsanspruchs sei die Freistellung von Arbeit während einer gewissen Zeitdauer[48]. Diese Freistellung werde erreicht durch einen Verzicht des Arbeitgebers auf Arbeitsleistung für einige Tage.

Die Verzichtstheorie wird zur Frage des Inhalts des Urlaubsanspruchs noch heute von der überwiegenden Auffassung in der Literatur vertreten. Nach dieser Ansicht kann der Arbeitgeber Arbeitsleistung während des ganzen Jahres vom Arbeitnehmer fordern; dieser hat jedoch Anspruch auf Gewährung arbeitsfreier Zeit — also Anspruch auf teilweisen Verzicht auf die an sich unbeschränkte Pflicht zur Arbeitsleistung —, Anspruch auf Festlegung der Zeit der Arbeitsbefreiung und Anspruch auf Zahlung des Urlaubsentgelts[49]. Zur Erfüllung des Urlaubsanspruchs hat der Arbeitgeber also drei verschiedene Leistungen zu erbringen. Zu dieser Auffassung neigt auch die höchstrichterliche Rechtsprechung, die zwischen „Gewährung des Urlaubs" einerseits und der Festlegung des konkreten Urlaubszeitpunkts andererseits differenziert[50].

1.6. Theorie der beschränkten Arbeitsverpflichtung

Die Verzichtstheorie geht von der Vorstellung aus, daß der Arbeitnehmer zeitlich unbeschränkt zur Arbeit verpflichtet ist, der Arbeitgeber ihn aber unter anderem für die Urlaubszeit von der an sich unbeschränkten Leistungspflicht freizustellen hat[51]. Dieser Sicht des Urlaubsanspruchs liegt die Vorstellung einer vollständigen Eingliederung des Arbeitnehmers in das als Gemeinschaftsverhältnis aufgefaßte Arbeitsverhältnis zugrunde.

---

[47] Vgl. dazu oben 1.2.

[48] Vgl. auch *Specovius*, Urlaubsfragen, NZfA 1925, Sp. 441 ff.; *Linder*, Karl-Heinz, Geltendmachung des Urlaubsanspruchs nach der Entlassung, Das Arbeitsgericht 1934, Sp. 206 ff.; *Jaerisch*, Tariflicher Ferienanspruch de lege lata, Gewerbe- und Kaufmannsgericht 1926, Sp. 106 ff.

[49] Vgl. *Boldt / Röhsler*, § 1, Anm. 85; *Borrmann*, Karl, Kommentar zum Bundesurlaubsgesetz, Heidelberg 1963, § 1, Anm. 23; *Schelp*, Günther / *Herbst*, Fritz, Bundesurlaubsgesetz, Berlin, Frankfurt/M. 1963, § 1, Anm. 17; *Nikisch*, Arthur, Arbeitsrecht, I. Band, 3. Aufl., Tübingen 1961, S. 527; *Wegener*, S. 7; *Zapf*, Karl-Friedrich, Das Direktionsrecht des Arbeitgebers. Die dogmatische Einordnung in das Zivilrechtssystem, Diss. Heidelberg 1971, S. 166.

[50] Vgl. BAG, AP Nr. 83 zu § 611 BGB Urlaubsrecht mit Anm. *Pohle;* AP Nr. 84 zu § 611 BGB Urlaubsrecht mit Anm. *Neumann-Duesberg*.

[51] So besonders deutlich *Zapf*, S. 81 ff., S. 164 ff.

Mit dem nach 1945 beginnenden Abbau des Gemeinschaftsgedankens setzte die Kritik an der Verzichtstheorie ein[52]. Der Anspruch des Arbeitgebers auf Arbeitsleistung sei durch Gesetz, Tarifvertrag, Betriebsvereinbarung oder Individualvertrag von vornherein zeitlich beschränkt, einer Freistellung des Arbeitnehmers für die Urlaubszeit bedürfe es daher nicht. Der Urlaubsanspruch des Arbeitnehmers richte sich lediglich auf Festlegung des Urlaubszeitpunkts und Zahlung des Urlaubsentgelts, nicht noch darüber hinaus auf Verzicht auf Arbeitsleistung[53].

1.7. Theorie von der Doppelnatur des Urlaubsanspruchs

Die Erörterung der Verzichtstheorie und der Theorie von der beschränkten Arbeitsverpflichtung hat gezeigt, daß sich der Urlaubsanspruch auf mehrere Leistungen des Arbeitgebers richtet: Zahlung des Urlaubsentgelts, Festlegung des Urlaubszeitpunkts und — nach Auffassung der Verzichtstheorie — Freistellung des Arbeitnehmers von der Arbeitspflicht.

Mit der Frage des Verhältnisses der Anspruchsteile zueinander befassen sich die Theorie von der Doppelnatur des Urlaubs und die sogenannte Einheitstheorie.

In der Literatur[54] und in der höchstrichterlichen Rechtsprechung[55] wurde zunächst die Theorie von der Doppelnatur des Urlaubsanspruchs vertreten. Nach dieser Auffassung setzt sich der Urlaubsanspruch aus zwei gleichwertigen, unabhängig nebeneinander bestehenden Teilansprüchen zusammen. Die Teilansprüche gehen zum einen auf die Gewährung von Freizeit, zum anderen auf Bezahlung von Urlaubsentgelt. Die höchstrichterliche Rechtsprechung hat sich jedoch rasch von dieser Ausformung der Theorie von der Doppelnatur abgewendet. Seit der Entscheidung vom 12. 1. 1929[56] wurden Naturalurlaubsanspruch und Abgeltungsanspruch als Teilansprüche des Urlaubsanspruchs aufgefaßt: Der Anspruch gehe in erster Linie auf freie Zeit unter Fortzahlung des Lohns und in zweiter Linie auf Zahlung des Lohns allein[57].

---

52 Vgl. etwa *Molitor*, Erich, S. 90; *Dahns*, S. 604.

53 Vgl. etwa *Gaul*, Dieter / *Boewer*, Dietrich, Probleme des Urlaubsrechts, München 1966, S. 22 ff.; *Laden*, Claus von der, Die Bestimmung der Urlaubszeit nach dem Bundesurlaubsgesetz und dem Betriebsverfassungsgesetz, Berlin 1971, S. 12; *Kunze*, Otto / *Farthmann*, Friedhelm, Der Urlaubsanspruch und seine Durchsetzung, BB 1962, S. 1163 ff.; *Stahlhacke*, Eugen, Bundesurlaubsgesetz mit Nebenbestimmungen, 3. Aufl., Darmstadt 1971, § 1, Anm. 101 ff.

54 Vgl. *Beine*, Sp. 26; *Jaerisch*, Sp. 106 ff.; *Linder*, Sp. 209.

55 Vgl. RAG, BS 1, S. 66 ff.; vgl. LAG Krefeld-Ürdingen, BS 5, S. 63 f.

56 RAG, BS 5, S. 43 ff.

Die Theorie von der Doppelnatur des Urlaubsanspruchs ist beeinflußt von der geschichtlichen Entwicklung des Urlaubsrechts. Der Urlaub wurde zunächst vielfach so gewährt, daß die Arbeitnehmer für einen gewissen Zeitraum der Arbeit fernbleiben konnten. Ein Ausgleich für den während dieser Zeit entfallenden Lohn wurde nicht gewährt; der Urlaub war unbezahlte Freistellung von der Arbeit; die Arbeiter mußten durch Bildung von Aushilfskassen zur Selbsthilfe greifen[58]. Erst allmählich gewährten die Arbeitgeber neben der Freizeit noch zusätzlich einen Geldbetrag, damit die Arbeitnehmer die arbeitsfreie Zeit finanziell überbrücken konnten[59]. Diese historische Entwicklung gab Anlaß, Freizeitgewährung und Geldzahlung als voneinander zu scheidende Ansprüche aufzufassen.

Die Theorie von der Doppelnatur ist ferner beeinflußt durch die Entwicklung der Entgelttheorien, die zum Teil — wie die von Zunft entwickelte sogenannte Lohntheorie[60] — das Urlaubsentgelt als Fortzahlung des Lohns während der Zeit der Arbeitsbefreiung auffassen; schließlich ist die Theorie von der Doppelnatur beeinflußt durch die Verzichtstheorie, die den Anspruch auf Zahlung eines Entgelts und den Anspruch auf Verzicht auf Arbeitsleistung nicht als einheitlichen Anspruch konstruieren kann.

1.8. Die Einheitstheorie

Unter dem Einfluß der Fürsorgetheorie setzte die Kritik an der Theorie von der Doppelnatur des Urlaubs ein. Die Pflicht des Arbeitgebers zur Fürsorge forderte zwingend die Gewährung von Freizeit *und* Zahlung eines Entgelts, da durch die Gewährung von Freizeit allein der Arbeitgeber seiner Pflicht zur Fürsorge für den Arbeitnehmer ebensowenig nachkommen konnte wie durch die Zahlung zusätzlichen Entgelts ohne Gewährung von Freizeit. Außerdem rückte die Fürsorgetheorie den Zweck des Urlaubsanspruchs — die Erholung des Arbeitnehmers — stark in den Vordergrund; im Erholungszweck treffen aber Freizeit und Geldzahlung zusammen; beide dienen dem Zweck, dem Arbeitnehmer Erholung zu ermöglichen. Aus der Zweckidentität ergibt sich die Tendenz zur Konstruktion eines einheitlichen Anspruchs. Die Einheitstheorie wurde zunächst in der Literatur[61] vertreten und später

---

57 RAG, BS 5, S. 43 ff.; vgl. dazu auch *Lenz*, S. 27 ff.

58 Vgl. *Wegener*, S. 18.

59 Vgl. *Wegener*, S. 19.

60 Vgl. oben 1.2.

61 Vgl. *Specovius*, Sp. 441 ff.; *Dissinger*, Die Regelung des Urlaubs, S. 17; *Kocks*, Heinrich, Der Urlaubsbegriff in der Rechtsprechung des Reichsarbeitsgerichts, NZfA 1932, Sp. 99 ff.

von der Rechtsprechung[62] übernommen. In der Folgezeit ist diese Theorie sowohl in der Literatur[63] als auch in der Rechtsprechung[64] zur herrschenden Lehre geworden.

Innerhalb der Einheitstheorie ist eine strenge und eine modifizierte Richtung zu unterscheiden. Während die strenge Einheitstheorie[65] das auf Freizeitgewährung gerichtete Anspruchselement und den auf Entgeltzahlung gerichteten Anspruchsteil in jeder Beziehung gleich behandeln will, insbesondere also hinsichtlich der Fragen der Pfändbarkeit, Verpfändbarkeit, Abtretbarkeit, Aufrechenbarkeit und Vererblichkeit, räumt die modifizierte Einheitstheorie ein, daß die an sich zusammengehörenden Anspruchsteile in Ausnahmefällen unterschiedlich behandelt werden können[66]. Der modifizierten Einheitstheorie hat sich auch die höchstrichterliche Rechtsprechung angeschlossen[67], die den Grundsatz der Einheitlichkeit der Anspruchsteile in Einzelfällen durchbrochen hat.

---

[62] Vgl. RAG, ARS 33, S. 37 ff., S. 42; 34, S. 21 ff., S. 24; 38, S. 40 ff.; RAGE 20, S. 233 ff., S. 240; RAG, ARS 35, S. 223 ff.; 37, S. 365 ff.

[63] Vgl. *Boldt / Röhsler*, § 1, Anm. 5 f.; *Borrmann*, Kommentar, S. 29; *Gaul / Boewer*, S. 16; *Kaskel / Dersch*, S. 197; *Dahns*, S. 604 ff.; *Kunze / Farthmann*, S. 1163 ff.; *Hessel*, Philipp, Krankheit und Urlaub, Bemerkungen zur Rechtsprechung des Bundesarbeitsgerichts, BB 1956, S. 893 ff.; *Sieg*, Karl, Die Durchsetzung des Anspruchs auf Erholungsurlaub, RdA 1963, S. 124 ff.; *Maus*, Wilhelm, Das neue Urlaubsrecht, S. 26, S. 49; *Wegener*, S. 20 ff.; *Molitor*, Otto, S. 10.

[64] Vgl. etwa BAG, AP Nr. 6, 9, 73 zu § 611 BGB Urlaubsrecht; LAG Bremen, AP Nr. 17 zu § 611 BGB Urlaubsrecht; LAG Bremen, AP 1950 Nr. 68; LAG Kiel, RdA 1958, S. 200; OAG Neustadt, AP 1951 Nr. 67; LAG Mannheim, AP 1953 Nr. 59; ArbG Lörrach, AP Nr. 31 zu § 611 BGB Urlaubsrecht mit zustimmender Anm. *Dersch*.

[65] Vgl. *Dersch*, Hermann / *Neumann*, Dirk, Bundesurlaubsgesetz, 4. Aufl., München 1971, § 1, Anm. 65; *Trappe*, Hermann, Die Abgeltung von Urlaubsansprüchen, BB 1963, S. 45 ff.

[66] Vgl. etwa *Boldt / Röhsler*, § 1, Anm. 6; *Bobrowski*, Paul / *Gaul*, Dieter, Das Arbeitsrecht im Betrieb, 6. Aufl., Heidelberg 1970, S. 308; *Herbst*, Fritz, Der Urlaub, Stuttgart 1964, S. 6; *Schelp / Herbst*, § 1, Anm. 6; *Schönfelder*, Hermann, Naturalurlaub durch Urlaubsaufrechnung, AuR 1961, S. 201 ff.

[67] Vgl. BAG, DB 1958, S. 1170 f. — mit wenig überzeugender Begründung —; BAG, AP Nr. 55 zu § 611 BGB Urlaubsrecht.

2. Stellungnahme zu den Theorien

Bei der Wertung der Theorien kann auf eine Auseinandersetzung mit der Schenkungstheorie verzichtet werden, da sie mit dem Bundesurlaubsgesetz nicht vereinbar und folglich nach der heutigen Rechtslage überholt ist. Zu entscheiden ist zwischen Sozialstaatstheorie, Fürsorgetheorie und Entgelttheorie, zwischen Verzichtstheorie und Theorie der beschränkten Arbeitsverpflichtung und schließlich zwischen Einheitstheorie und Theorie von der Doppelnatur des Urlaubsanspruchs.

2.1. Sozialstaatstheorie

Die in Artikel 20/I des Grundgesetzes verankerte Sozialstaatsklausel kann nur dann als Rechtsgrundlage des Urlaubsanspruchs angesehen werden, wenn diese Klausel — obwohl außerhalb des Grundrechtskatalogs der Artikel 1 - 17 stehend — ein Grundrecht gewährleistet, und außerdem die Drittwirkung der Grundrechte — im konkreten Fall die Wirkung der Grundrechte zwischen Arbeitgeber und Arbeitnehmer — bejaht wird.

Daß Artikel 20/I des Grundgesetzes zu den tragenden Prinzipien der Rechtsordnung der Bundesrepublik zählt, ist allgemein anerkannt[1]. Dem Gedanken, Artikel 20/I des Grundgesetzes als Grundrecht aufzufassen, steht jedoch die Rechtsprechung der Verfassungs- und Verwaltungsgerichte ablehnend gegenüber, da das Sozialstaatsprinzip sich wegen seiner weiten und unbestimmten Formulierung als Anspruchsgrundlage nicht eigne[2]. Der Sozialstaatsgrundsatz stelle eine programmatische Forderung dar, die sich in erster Linie an den Gesetzgeber wende[3].

---

[1] Vgl. etwa BVerfGE 3, S. 383 ff.; BAGE 2, S. 32 ff.; *Wernicke* in: Bonner Kommentar, Kommentar zum Bonner Grundgesetz, bearbeitet von Abraham, H. J. u. a., Hamburg 1950 ff., Artikel 20, S. 4; *Müller*, Gerhard, Der Gedanke des sozialen Staates in der bisherigen Rechtsprechung des Bundesarbeitsgerichts, DB 1956, S. 524 ff., S. 549 ff.

[2] Vgl. etwa BVerwGE 1, S. 159 ff., S. 162; Bayerischer VGH, DÖV 1949, S. 375 f.; OVG Lüneburg, OVGE 4, S. 224 f.; *Wernicke* in: Bonner Kommentar, S. 4.

[3] Vgl. *Wernicke* in: Bonner Kommentar, S. 4; *Huber*, Ernst Rudolf, Wirtschaftsverwaltungsrecht, Band II, 2. Aufl., Tübingen 1954, S. 36 f.; *Scheuner*, Ulrich, Grundfragen des modernen Staates, in: Recht, Staat und Wirtschaft, herausgegeben von Hermann Wandersleb, Band 3, Düsseldorf 1951, S. 154.

Die arbeitsrechtliche Rechtsprechung[4] und Literatur[5] sieht zwar gelegentlich Artikel 20/I des Grundgesetzes als Grundrecht an, um es jedoch sogleich als „unechtes Grundrecht“ zu bezeichnen[6], das nicht unmittelbar einer Person Rechte zuweise[7], sondern als allgemeiner Rechtsgrundsatz zur Gesamtregelung des gesellschaftlichen Lebens, insbesondere zur Gestaltung der Wirtschafts- und Sozialordnung diene[8].

Angesichts seiner begrifflichen Weite können aus dem Sozialstaatsprinzip Ansprüche des einzelnen nicht abgeleitet werden. Es bedarf vielmehr zunächst der „Realisierung der Sozialstaatlichkeit durch den Gesetzgeber“[9]; erst dann können Ansprüche des einzelnen entstehen.

Das Verhältnis von Urlaubsanspruch und Sozialstaatsprinzip stellt sich dar als zweifach mittelbare Drittwirkung im Sinne von Mangoldts[10]: Der Gesetzgeber ist aufgrund des Sozialstaatsprinzips gehalten, dem Arbeitnehmer ein Mindestmaß an Erholung gesetzlich zu sichern, indem Mindestbedingungen des Arbeitsvertrags festgelegt werden. Ein Recht des Arbeitnehmers folgt erst aus der gesetzlichen Normierung selbst; diese, nicht das Sozialstaatsprinzip ist Anspruchsgrundlage; der Urlaubsanspruch ist ein privatrechtlicher, kein öffentlich-rechtlicher Anspruch.

2.2. Fürsorgetheorie — Entgelttheorie

Die Fürsorgetheorie hat ihre Grundlage in der Qualifizierung des Arbeitsverhältnisses als personenrechtliches Gemeinschaftsverhältnis. Ansprüche aus dem Arbeitsverhältnis werden danach nicht — wie beim schuldrechtlichen Austauschverhältnis — als Gegenleistung für Leistungen des Vertragspartners geschuldet, sondern aufgrund der Zugehörigkeit zur personenrechtlichen Gemeinschaft „Arbeitsverhältnis“, die dem Arbeitgeber umfassende Fürsorgepflichten für den Arbeitnehmer, diesem umfassende Treupflichten gegenüber dem Arbeitgeber auferlegt. Nicht die Leistung des Arbeitnehmers, sondern die Verpflichtung, zum Gemeinschaftszweck beizutragen, bildet den Rechtsgrund der Leistun-

---

[4] Vgl. BAGE 2, S. 32 ff.

[5] Vgl. etwa *Müller,* S. 524.

[6] Vgl. etwa *Müller,* S. 524.

[7] Vgl. *Müller,* S. 524; *Dersch,* RdA 1959, S. 328 ff., S. 329; *Hueck,* Alfred, Der Sozialstaatsgedanke in der Rechtsprechung des Bundesarbeitsgerichts, in: Staat und Bürger, Festschrift für Willibalt Apelt zum 80. Geburtstag, München und Berlin 1958, S. 57 ff., S. 63; *Tomandl,* Theodor, Der Einbau sozialer Grundrechte in das positive Recht, Tübingen 1967, S. 25 ff.; zur Funktion der Sozialstaatsklausel allgemein *Hecklinger,* S. 31 ff.

[8] Vgl. BAGE 1, S. 51 ff., S. 56 f., S. 185 ff.

[9] Vgl. BVerfGE 5, S. 86 ff., S. 189; *Wernicke* in: Bonner Kommentar, S. 4.

[10] Vgl. *Mangoldt,* Hermann / *Klein,* Friedrich, Das Bonner Grundgesetz, 2. Aufl., unveränderter Nachdruck, Berlin und Frankfurt 1966, S. 65 f.

gen des Arbeitgebers. Am klarsten manifestiert sich die entscheidende Bedeutung der Zugehörigkeit zur Gemeinschaft bei den Vertretern der sogenannten Eingliederungstheorie, nach deren Auffassung die Rechtsbeziehungen zwischen den Parteien durch die Eingliederung in den Betrieb, nicht durch den Abschluß des Arbeitsvertrags ausgelöst werden.

Besonders nachdrücklich wurde die Wertung des Arbeitsverhältnisses als personenrechtliches Gemeinschaftsverhältnis unter der Geltung des Gesetzes zur Ordnung der nationalen Arbeit vertreten[11]. Auch nach 1945 sah die herrschende Meinung im Arbeitsverhältnis ein Gemeinschaftsverhältnis, wenngleich der Austauschcharakter — zumal in der Rechtsprechung — berücksichtigt wurde. In neuerer Zeit beginnt sich die Kritik an dieser Auffassung zu verstärken[12].

Das BGB wertet — wie sich etwa aus den Vorschriften der §§ 113, 621, 622, 1822 Nr. 7 ergibt — das Arbeitsverhältnis als Unterfall des Dienstvertrags[13]. Den Dienstvertrag sahen die Schöpfer des BGB als einen Vertrag, „durch welchen sich der Arbeitnehmer verpflichtet, einen Teil seiner geistigen und körperlichen Arbeitskraft für die häusliche Gemeinschaft, ein wirtschaftliches oder gewerbliches Unternehmen des Arbeitgebers gegen einen vereinbarten Lohn (Gehalt, Salär, Honorar, Gage, Stolgebühr oder dergl.) zu verwenden“[14]. Der Dienstvertrag wurde folglich als Vertrag gerichtet auf den Austausch von Arbeitsleistung gegen Lohnzahlung aufgefaßt. § 611/I BGB lautet: „Durch den Dienstvertrag wird derjenige, welcher Dienste zusagt, zur Leistung der versprochenen Dienste, der andere Teil zur Gewährung der vereinbarten Vergütung verpflichtet.“ Leistung ist im Austausch für Gegenleistung zu erbringen.

Die Vorschriften der §§ 617, 618 BGB können die grundsätzliche Einordnung des Arbeitsverhältnisses nicht widerlegen. Austauschverhältnisse erschöpfen sich selten in der wechselseitigen Verpflichtung zur Leistung gegen Gegenleistung. Vielfach treffen die Vertragsparteien weitgehende Verhaltenspflichten — Obhuts-, Sorgfalts- und Schutzpflichten — und Nebenleistungspflichten, bei denen ein Vertragspartner weitgehend in die Interessensphäre des anderen eingreifen kann[15]. Das Bestehen von Verhaltens- und Nebenleistungspflichten ändert den

---

11 Vgl. *Schwerdtner*, S. 30.

12 Vgl. *Schwerdtner*, S. 17.

13 Vgl. *Nikisch*, Arbeitsrecht, S. 159.

14 Vgl. *Mugdan*, B., Die gesammten Materialien zum Bürgerlichen Gesetzbuch für das Deutsche Reich, Band 2, Berlin 1899, Kommissionsbericht §§ 604 bis 620, S. 1284.

15 Vgl. *Schwerdtner*, S. 80 f.

Charakter eines auf Leistungsaustausch gerichteten Vertragsverhältnisses nicht.

Der Leistungsaustausch ist Kern des Arbeitsverhältnisses. Die Versuche, den personenrechtlichen Gemeinschaftscharakter des Arbeitsverhältnisses normativ zu begründen, enden denn auch — worauf Schwerdtner[16] zurecht hinweist — gewöhnlich in einem Zirkelschluß: Aus der angeblichen Gemeinschaftsbindung werden Treue- und Fürsorgepflichten und aus diesen wiederum der Charakter des Arbeitsverhältnisses als Gemeinschaftsverhältnis hergeleitet.

Auch durch Analogien zur BGB-Gesellschaft läßt sich der Gemeinschaftscharakter des Arbeitsvertrags nicht begründen. Vom Gesellschaftsverhältnis unterscheidet sich das Arbeitsverhältnis schon durch die Gleichordnung der Gesellschafter einerseits und die Überordnung des Arbeitgebers gegenüber dem Arbeitnehmer andererseits, wie sie sich im Direktionsrecht des Arbeitgebers und der Weisungsgebundenheit des Arbeitnehmers widerspiegelt[17]; es fehlt an gemeinsamer Willensbildung, gemeinschaftlichem Eigentum, gemeinschaftlicher Verfügungsbefugnis[18]. Insbesondere jedoch fehlt es an einem gemeinsamen Zweck, der unabdingbare Voraussetzung eines Gesellschaftsverhältnisses ist.

Eine Analogie zu den im BGB geregelten Rechtsgemeinschaften ist wegen Fehlens einer Vermögensgemeinschaft nicht möglich[19].

Schließlich läßt sich auch aus einer Analogie zur Risikogemeinschaft die Einordnung des Arbeitsverhältnisses als Gemeinschaftsverhältnis nicht rechtfertigen, da die Partner des Arbeitsvertrags gerade nicht gemeinschaftlich Risiken tragen, die Risikosphären vielmehr gegeneinander abgegrenzt sind[20].

Soziologisch ist das Arbeitsverhältnis nicht als personenbezogenes Gemeinschaftsverhältnis darstellbar. Das Arbeitsverhältnis steht vielmehr unter einem natürlichen Interessengegensatz zwischen Arbeitgeber und Arbeitnehmer[21], der sich am schärfsten im Arbeitskampf äußert. Die Anonymität moderner Großbetriebe, mangelnde Identifikation mit der eigenen Arbeitsleistung als Folge hochgradiger Spezialisierung und kaum noch möglicher Erkennbarkeit der Beteiligung am Gesamtarbeitserfolg verbieten die Auffassung des Arbeitsverhältnisses als Gemeinschaftsverhältnis, da diese Auffassung nicht mit der Wirklich-

[16] S. 44 mit Nachweisen.
[17] Vgl. *Zapf*, S. 12.
[18] Vgl. *Schwerdtner*, S. 35 f.
[19] Vgl. *Schwerdtner*, S. 46.
[20] Vgl. *Schwerdtner*, S. 47.
[21] Vgl. *Schwerdtner*, S. 56.

keit korrespondiert. Dem immer nüchterner werdenden Arbeitnehmer erscheinen Begriffe wie „Fürsorge und Treue" als Ausdruck einer überholten Sozialromantik[22] oder als Ausdruck überholten patriarchalischen Denkens; das Arbeitsverhältnis wird als Verhältnis von Leistung und Gegenleistung aufgefaßt.

Mit der Ablehnung der Auffassung des Arbeitsverhältnisses als personenrechtliches Gemeinschaftsverhältnis ist die Frage, ob der Urlaub Entgelt für vom Arbeitnehmer geleistete Dienste darstellt, oder aber Ausdruck der Fürsorge des Arbeitgebers ist, freilich noch nicht endgültig entschieden. Zwar gilt aufgrund der Qualifizierung des Arbeitsverhältnisses als schuldrechtlicher Austauschvertrag eine Vermutung dafür, daß die aus dem Arbeitsverhältnis erwachsenden Ansprüche im Verhältnis von Leistung und Gegenleistung zueinander stehen. Jedoch zeigt insbesondere die Vorschrift des § 618 BGB, daß gerade im Arbeitsverhältnis Schutzpflichten bestehen, die aus dem Gedanken des „do ut des" heraus nicht ohne weiteres zu begründen sind.

Aus den Bestimmungen des Bundesurlaubsgesetzes läßt sich ein überzeugendes Argument für den Fürsorgecharakter der Urlaubsgewährung nicht gewinnen. Der häufig zur Begründung herangezogene Satz 2 des § 7/IV BUrlG ist durch das Heimarbeitsänderungsgesetz vom 29. 10. 1974[23] gestrichen worden[24].

Das Rückforderungsverbot des § 5/III BUrlG widerstreitet für sich allein der Entgelttheorie nicht. Vielmehr ist das Rückforderungsverbot als Verhinderung einer unzulässigen Kündigungserschwerung zu rechtfertigen[25], auch wenn man den Urlaub als Entgelt für Leistungen des Arbeitnehmers auffaßt.

Im übrigen stehen der Vorschrift des § 5/III BUrlG die Regelung der Wartezeit in § 4 BUrlG sowie das Zwölftelungsprinzip[26] nach § 5/I BUrlG gegenüber, die vom Standpunkt der Fürsorgetheorie aus nicht haltbar sind, da in ihnen die Beziehung zwischen Dauer des Arbeitsverhältnisses und Höhe des Urlaubsanspruches sichtbar wird. Wäre die Urlaubsgewährung Ausdruck der Fürsorge des Arbeitgebers für den Arbeitnehmer, so könnte nur die Erholungsbedürftigkeit des Arbeitnehmers, nicht die Dauer des Arbeitsverhältnisses für die Höhe des

---

[22] Vgl. *Biedenkopf*, Kurt H., Grenzen der Tarifautonomie, Karlsruhe 1964, S. 123, Fußnote 11.

[23] BGBl 1974 I, S. 2879.

[24] Vgl. dazu *Wlotzke*, Otfried, Neuerungen im Arbeitsrecht, DB 1974, S. 2252 ff., S. 2259; *Siara*, Berthold, Wegfall der Urlaubsabgeltung, DB 1975, S. 836 ff.

[25] Vgl. *Schwerdtner*, S. 160 mit Nachweisen.

[26] Vgl. dazu *Nikisch*, Arthur, Die sogenannte Urlaubszwölftelung, BB 1959, S. 119 ff., S. 119.

Urlaubsanspruchs relevant sein. Die Beziehung zwischen Arbeitsleistung und Urlaubsanspruch ist — trotz Fehlens einer ausdrücklichen gesetzlichen Regelung — darüber hinaus allgemein anerkannt für den Fall, daß innerhalb des Urlaubsjahrs eine Arbeitsleistung nicht erbracht worden ist; dann steht dem Urlaubsbegehren der Einwand des Rechtsmißbrauchs entgegen[27].

Auch vom Parteiwillen her kann der Urlaubsanspruch nicht als Fürsorge des Arbeitgebers gewertet werden. Der Arbeitgeber betrachtet den Urlaub seiner Arbeitnehmer in erster Linie als Kalkulationsfaktor bei der Ermittlung der Personalkosten[28] sowie als betriebstechnisches und organisatorisches Problem[29], Erhöhungen der Urlaubsansprüche werden kalkulatorisch erfaßt und über die Preise weitergegeben. Der Arbeitgeber sieht die Urlaubsgewährung im Spiel der Mechanismen des Arbeitsmarkts als unabdingbare Voraussetzung für die Beschaffung von Arbeitskräften.

Der Arbeitnehmer faßt den Urlaubsanspruch ebensowenig als Fürsorgeleistung des Arbeitgebers auf; vielmehr sieht er in dem „wohlverdienten Urlaub" einen Teil der vom Arbeitgeber für die erbrachten Leistungen zu zahlenden Entgelte.

Der Qualifizierung des Urlaubsanspruchs als Entgelt für geleistete Dienste steht nicht entgegen, daß der einzelnen Urlaubsgewährung nicht direkt eine bestimmte Arbeitsleistung zugeordnet werden kann. Beim gewöhnlichen Austauschverhältnis ist eine solche Zuordnung möglich. Das Arbeitsverhältnis ist jedoch ein Dauerschuldverhältnis; daraus ergeben sich Konsequenzen für die Fragenbereiche Vertragsauflösung, Leistungsstörung und auch für das Verhältnis von Leistung und Gegenleistung. Die Teile der Leistungen können nicht mehr ohne weiteres in eine direkte Beziehung zueinander gebracht werden[30]. Die Gewährung des Urlaubs ist *eine* Leistung in einem Gefüge von Leistungen und Gegenleistungen, die innerhalb des Arbeitsverhältnisses erbracht werden. Die Frage nach der Entgeltlichkeit einer innerhalb des Arbeitsverhältnis erbrachten Leistung läßt sich nur unter Betrach-

[27] Vgl. dazu im einzelnen unten 7.10.

[28] Vgl. *Schlephorst*, S. 28.

[29] Vgl. *Schlephorst*, S. 28.

[30] Vgl. *Schwerdtner*, S. 160 f.; vgl. auch *Wiedemann*, Herbert, Das Arbeitsverhältnis als Austausch- und Gemeinschaftsverhältnis, Karlsruhe 1966, S. 16; *Lemke*, Bernhard, Sind Leistungen des Arbeitgebers für betriebliche Versorgungseinrichtungen Arbeitslohn?, BB 1957, S. 512 ff.; zu den Besonderheiten der Dauerschuldverhältnisse *Wiese*, Günther, Beendigung und Erfüllung von Dauerschuldverhältnissen, in: Festschrift für Hans Carl Nipperdey zum 70. Geburtstag, herausgegeben von Rolf Dietz und Heinz Hübner, Band I, München und Berlin 1965, S. 838 ff.; *Kreß*, Hugo, Lehrbuch des Besonderen Schuldrechts, München und Berlin 1934, S. 177.

tung des gesamten Gefüges der Leistungen und Gegenleistungen beantworten.

Schließlich läßt sich auch aus der grundsätzlichen Verpflichtung des Arbeitgebers zur Urlaubsgewährung trotz Nichtleistung der Arbeit ein Schluß auf den Fürsorgecharakter des Urlaubs zumindest in diesem Fall nicht ziehen. Der wirtschaftliche Wert der Urlaubsgewährung trotz Nichtleistung von Arbeit wird bei der Ermittlung der Gesamtpersonalkosten ebenso wie die Kosten der Lohnfortzahlung im Krankheitsfall einkalkuliert[31]; jede betriebswirtschaftliche Kalkulation geht von einem bestimmten Krankenstand aus; die für diese Kranken vom Arbeitgeber zu erbringenden Leistungen müssen aus den Erlösen für die von den gesunden Arbeitnehmern erbrachte Produktion erwirtschaftet werden. Die Mitarbeiter eines Betriebs bilden insoweit eine Risikogemeinschaft wie etwa die Versicherten. Ausfälle durch Krankheit müssen durch Mehrleistung der gesunden Arbeitnehmer nach Möglichkeit ausgeglichen werden; soweit dies nicht möglich ist, geht der durch den Betrieb für den erwarteten Krankenstand einkalkulierte Kostenfaktor den Arbeitnehmern als Spielraum für Lohnforderungen verloren.

Ebenso wie sich der Arbeitnehmer durch eine Tagegeldversicherung seinen Lohnfortzahlungsanspruch erkaufen könnte, so könnte er sich seinen Urlaubsanspruch auch für den Fall der Nichtleistung von Arbeit erkaufen, wenn der Arbeitgeber zur Gewährung von Urlaub nur insoweit verpflichtet wäre, als der Arbeitnehmer Arbeitsleistung erbracht hat. Der Arbeitgeber wäre teilweise von Urlaubsleistungen befreit, dem Arbeitnehmer stünde ein größerer Spielraum für Lohnverhandlungen zur Verfügung.

Es ist sonach festzuhalten, daß die Urlaubsgewährung weder normativ noch soziologisch als Fürsorgeleistung qualifiziert werden kann. Die Urlaubsgewährung ist vielmehr Entgelt des Arbeitgebers für geleistete oder noch zu leistende Arbeit.

Die Abkehr von der fürsorgerechtlichen Auffassung der Leistungen des Arbeitgebers außerhalb der Lohnzahlung für wirklich geleistete Arbeit beginnt sich unter dem Druck der soziologischen Gegebenheiten immer stärker durchzusetzen, so etwa bei der Lohnfortzahlung[32] und bei der Ruhegeldzahlung[33].

---

[31] Vgl. dazu für den Fragekreis der Lohnfortzahlung *Ehmann*, S. 256 ff.

[32] Vgl. etwa *Ehmann*, S. 256 ff.

[33] Vgl. etwa *Grunsky*, JuS 1970, S. 16 ff.; *Schwerdtner*, S. 149 ff.; *Säcker*, S. 178; vgl. *Hilger*, S. 22 f.; *Wiedemann*, Herbert, Ruhegeldanwartschaft und Kündigung, RdA 1969, S. 244 ff., S. 245 f.

2.3. Verzichtstheorie — Theorie der beschränkten Arbeitspflicht

Die Verzichtstheorie geht von der Vorstellung aus, daß der Arbeitnehmer an sich während des ganzen Jahres zur Arbeitsleistung verpflichtet ist; der Arbeitnehmer stelle dem Arbeitgeber seine ganze Arbeitskraft zur Verfügung. Am deutlichsten formuliert Zapf den Gedanken der grundsätzlich totalen Bereitstellung der Arbeitskraft: Der Arbeitnehmer sei an sich 24 Stunden täglich im Dienst, es gelte das Prinzip, daß die Pflicht zur Arbeitsleistung während der ganzen Dauer des Arbeitsverhältnisses bestehe[34]. Der Arbeitnehmer habe jedoch Anspruch auf teilweise Befreiung von der Arbeitspflicht, der Arbeitgeber müsse in bestimmtem Umfang auf seinen Anspruch auf Arbeitsleistung verzichten.

Die von der Verzichtstheorie angenommene zeitlich unbegrenzte Leistungsverpflichtung des Arbeitnehmers basiert auf der Konstruktion des Arbeitsverhältnisses als Gemeinschaftsverhältnis, in das der Arbeitnehmer mit seiner ganzen Person einbezogen ist. Die Theorie ist erklärbar vor dem Hintergrund eines Verständnisses des Arbeitsverhältnisses, wie es in der Zeit der Geltung des Gesetzes zur Ordnung der nationalen Arbeit etwa von Siebert vertreten wurde. Nach Siebert[35] zählt das Arbeitsverhältnis zu denjenigen Rechtsverhältnissen, die in besonders intensiver und totaler Art auf Beziehungen von Person zu Person gegründet sind, und durch die die beteiligten Personen als Persönlichkeiten im ganzen in ihren individuellen Eigenschaften, Fähigkeiten, Pflichten und Kräften erfaßt werden.

Von diesem Ausgangspunkt her ist die Annahme einer zeitlich unbeschränkten Leistungsverpflichtung des Arbeitnehmers möglich. Das Arbeitsverhältnis stellt jedoch ein Austauschschuldverhältnis dar, das beiden Vertragspartnern nur beschränkte Pflichten auferlegt. Der Gedanke der grundsätzlich totalen Eingliederung ist mit dem Parteiwillen nicht vereinbar. Molitor[36] spricht zu Recht in diesem Zusammenhang von einem Gedankenrelikt einer längst vergangenen arbeitsrechtlichen Periode. Kein Arbeitnehmer erklärt sich bereit, grundsätzlich 24 Stunden täglich, an Sonn- und Feiertagen, das ganze Jahr hindurch zu arbeiten. Beide Vertragspartner gehen von einer zeitlich beschränkten Arbeitspflicht aus; die Pflicht des Arbeitnehmers, bei Vorliegen betrieblicher Erfordernisse Überstunden zu leisten, ändert an diesem Grund-

---

[34] Vgl. *Zapf*, S. 80; vgl. etwa auch *Nikisch*, Arbeitsrecht, S. 170 ff., S. 287 ff.

[35] *Siebert*, Wolfgang, Das Arbeitsverhältnis in der Ordnung der nationalen Arbeit, Hamburg 1935, S. 82.

[36] Vgl. *Molitor*, Zur Theorie des Urlaubs, S. 92; dagegen auch *Kast*, Dietrich, Die Einrede des nichterfüllten Vertrags unter besonderer Berücksichtigung des Miet- und Dienstvertrags, Diss. Heidelberg 1973, S. 154 ff.

satz nichts. Ebensowenig erstreckt sich die Arbeitspflicht auf das ganze Jahr, vielmehr ist die Verpflichtung zur Arbeitsleistung nach dem Parteiwillen von vornherein um die vereinbarte Urlaubsdauer, bei Fehlen einer Vereinbarung um die Mindesturlaubsdauer nach dem Bundesurlaubsgesetz beschränkt[37].

Ist sonach ein teilweiser Verzicht des Arbeitgebers auf Leistung des Arbeitnehmers nicht erforderlich, da die Arbeitspflicht von vornherein begrenzt ist, so beschränkt sich die Leistung des Arbeitgebers bei der Urlaubsgewährung auf die Festlegung der Urlaubszeit und die Zahlung des Urlaubsentgelts. Die Festlegung der Urlaubszeit erfolgt dadurch, daß der Arbeitgeber im Rahmen seines Direktionsrechts Ende und Neubeginn der Arbeitszeit bestimmt.

2.4. Einheitstheorie — Theorie von der Doppelnatur

Die vom Reichsarbeitsgericht seit der Entscheidung vom 12. 1. 1929[38] vertretene modifizierte Theorie von der Doppelnatur des Urlaubsanspruchs, wonach der Urlaubsanspruch in erster Linie auf Freistellung von der Arbeit unter Fortzahlung von Lohn und in zweiter Linie auf Zahlung des Lohns allein geht, ist unter der Geltung des Bundesurlaubsgesetzes nicht mehr vertretbar. In § 7/IV geht das Bundesurlaubsgesetz davon aus, daß der Abgeltungsanspruch an die Stelle des unmöglich gewordenen, also erloschenen Naturalurlaubsanspruchs tritt; das Verhältnis von Naturalurlaubsanspruch und Abgeltungsanspruch ist folglich ein „Nacheinander“, kein „Nebeneinander“.

Zu entscheiden ist zwischen der vom Reichsarbeitsgericht bis zum Jahre 1929 und Teilen der Literatur vertretenen Theorie von der Doppelnatur des Urlaubsanspruchs und der Einheitstheorie. Festlegung des Urlaubszeitpunkts und Zahlung des Urlaubsentgelts werden von der Einheitstheorie zu einem einheitlichen Anspruch des Arbeitnehmers zusammengefaßt; die Theorie von der Doppelnatur nimmt das Bestehen zweier rechtlich selbständiger Ansprüche an.

Daß ein Anspruch auf mehrere Leistungen gerichtet sein kann, ist in der Schuldrechtsdogmatik anerkannt; die Leistung im Sinne des § 241 BGB kann ein „Pflichtenbündel“ darstellen[39]. Ob eine Mehrheit von Leistungen zu einem einheitlichen Anspruch zusammengefaßt ist,

---

[37] Vgl. *von der Laden*, S. 13.

[38] Vgl. oben 1.7.

[39] Vgl. *Fikentscher*, Wolfgang, Schuldrecht, 4. Aufl., Berlin, New York 1973, S. 31; *Soergel* / Reimer *Schmidt*, § 241 Anm. 7; *Staudinger* / *Weber*, § 241, Anm. 80.

läßt sich nur vom Zweck des jeweiligen Schuldverhältnisses her beantworten.

Zweck des vom Bundesurlaubsgesetz gewährten Urlaubsanspruchs ist — wie unten[40] im einzelnen zu zeigen sein wird — die Ermöglichung der Erholung von geleisteter für zu leistende Arbeit und die Schaffung eines Raums zur Selbstbestimmung. Dieser Zweck ist nur dann erreichbar, wenn der Lebensunterhalt des Arbeitnehmers während der arbeitsfreien Zeit gesichert ist. Da vielfach Arbeitnehmer nicht die Ersparnisse haben, um während der arbeitsfreien Zeit aus diesen Ersparnissen den Lebensunterhalt zu bestreiten, müßten die Arbeitnehmer während der Urlaubszeit sich durch Arbeit Geld verdienen; der Zweck des Erholungsurlaubs wäre vereitelt. Daraus folgt, daß der dem Bundesurlaubsgesetz zugrundeliegende Urlaubsbegriff Bestimmung der arbeitsfreien Zeit und Entgeltzahlung durch den Arbeitgeber umfaßt; weder Freizeit allein noch Entgeltzahlung füllen den dem Bundesurlaubsgesetz zugrundeliegenden Urlaubsbegriff aus. Das Bundesurlaubsgesetz formuliert folgerichtig in § 1: „Jeder Arbeitnehmer hat in jedem Kalenderjahr Anspruch auf bezahlten Erholungsurlaub", und nicht etwa: „Jeder Arbeitnehmer hat Anspruch auf Freizeit und Anspruch auf Bezahlung während dieser Freizeit."

Dem Bundesurlaubsgesetz liegt sonach die Vorstellung eines einheitlichen Anspruchs zugrunde, der auf zwei Leistungen — Bestimmung des Endes und des Neubeginns der Arbeitszeit und Entgeltzahlung — gerichtet ist. Zu Recht wird heute die Theorie vom Urlaubsanspruch als Doppelanspruch allgemein abgelehnt[41].

Zu lösen bleibt jedoch die Frage, in welchem Verhältnis die Anspruchsteile „Festlegung der Urlaubszeit" und „Zahlung von Urlaubsentgelt" zueinander stehen; diese Frage wird von der strengen und von der modifizierten Einheitstheorie unterschiedlich beantwortet[42].

Die strenge Einheitstheorie führt zu untragbaren Konsequenzen. Wenn beispielsweise der Arbeitgeber vor Beginn der arbeitsfreien Zeit — wie dies § 11/II Bundesurlaubsgesetz vorsieht — das Urlaubsentgelt ausgezahlt hat, so führt das bei folgerichtiger Anwendung der strengen Einheitstheorie nicht zum Erlöschen dieses Anspruchsteils, da ja der andere Anspruchsteil — Festlegung der Urlaubszeit — noch nicht erfüllt ist, somit auch nicht erloschen ist, und beide Anspruchsteile stets das gleiche rechtliche Schicksal teilen müssen. Folglich müßte der Arbeitnehmer nochmals Zahlung von Urlaubsentgelt fordern können. Das Ergebnis ist unsinnig.

---

[40] Vgl. unten 3.

[41] Vgl. statt aller *Boldt / Röhsler,* § 1, Anm. 5; *Dersch / Neumann,* § 1, Anm. 62 f., jeweils mit weiteren Nachweisen.

[42] Vgl. oben 1.8.

Die zwingende Notwendigkeit unterschiedlicher Behandlung der beiden Anspruchselemente aufgrund ihrer tatsächlichen Verschiedenheit zeigt sich auch etwa bei der Vollstreckung eines erfolgreich eingeklagten Urlaubsanspruchs. Während die zwangsweise Durchsetzung der Festlegung der Urlaubszeit nach § 894 ZPO erfolgt[43], muß die Zahlung des Urlaubsentgelts nach den Vorschriften der §§ 803 ff. ZPO vollstreckt werden[44].

Mit der höchstrichterlichen Rechtsprechung[45] ist angesichts der sachlichen Unterschiedlichkeit der beiden Anspruchsteile sowie angesichts der unhaltbaren Konsequenzen der strengen Einheitstheorie einer eingeschränkten Einheitstheorie zu folgen, die jeweils im konkreten Einzelfall entscheidet, ob die beiden Anspruchsteile gleich oder unterschiedlich zu behandeln sind. Die Notwendigkeit einer differenzierten Behandlung ergibt sich auch aus folgender Überlegung: Während die Gewährung von arbeitsfreier Zeit unmittelbar einen Freiraum zur körperlichen Erholung und zur Selbstbestimmung schafft, dient der Urlaubsentgeltanspruch der Aufrechterhaltung des Lebensstandards während der arbeitsfreien Zeit und nur mittelbar der Schaffung eines Freiraums zur physischen und psychischen Erholung und zur Selbstbestimmung. Aus dieser Unterschiedlichkeit der Zweckrichtung folgt die Notwendigkeit, im Einzelfall zu untersuchen, ob beide Anspruchsteile gleich behandelt werden können oder nicht.

---

[43] Zu den schwierigen prozessualen Problemen bei der Einklagung des Naturalurlaubsanspruchs vgl. etwa *Boldt / Röhsler*, § 1, Anm. 85 ff.; *Dersch / Neumann*, § 7, Anm. 44 ff. jeweils mit Nachweisen; BAG, AP Nr. 83 zu § 611 BGB Urlaubsrecht mit Anm. *Pohle;* BAG, AP Nr. 86 zu § 611 BGB Urlaubsrecht.

[44] Vgl. *Bongartz*, Albrecht, Rechtsnatur und Inhalt des Urlaubsanspruchs, insbesondere unter dem Aspekt einer anzustrebenden bundeseinheitlichen gesetzlichen Regelung, Diss. Bonn 1957, S. 96.

[45] Vgl. insbesondere BAGE 8, S. 239 ff.

3. Der Urlaubszweck

Für die Klärung der durch das Bundesurlaubsgesetz offen gelassenen Fragen ist neben der Rechtsnatur des Urlaubsanspruchs der Zweck dieses Anspruchs von Bedeutung[1].

3.1. Theorien des Urlaubszwecks

Der Zweck des Urlaubs wird teils ausschließlich in der Erholung von in der Vergangenheit geleisteter Arbeit für in Zukunft zu leistende Arbeit gesehen, teils wird neben die Reproduktion der Arbeitskraft als Urlaubszweck die Schaffung eines Raums der Freiheit zur Selbstbestimmung gestellt, teils wird der Sinn des Urlaubs ausschließlich in der Möglichkeit der Selbstbestimmung gesehen.

Nach Auffassung der älteren Schriften zum Urlaubsrecht[2] und der älteren Rechtsprechung[3] ist Zweck des Urlaubs die Erholung von geleisteter für zu leistende Arbeit sowohl im Interesse des Arbeitnehmers, der auf seine Arbeitskraft zur Sicherung des Lebensunterhalts angewiesen ist, als auch im Interesse des Arbeitgebers, der durch leistungsfähige Arbeitskräfte den Produktivitätsstand seines Unternehmens sichern und erhöhen kann. Die Reproduktion der Arbeitskraft ist nach dieser Auffassung ausschließlicher Urlaubszweck. Die Meinung, die Reproduktion der Arbeitskraft durch psychische und physische Erholung sei alleiniger Zweck des Urlaubs, blieb auch nach 1933 herrschend. Jedoch wurde — dem Zeitgeist entsprechend — die Regeneration der Arbeitskraft nicht mehr so sehr als im Interesse des Arbeitgebers und des Arbeitnehmers, als vielmehr im Interesse des Volksganzen liegend angesehen[4].

---

1 Vgl. zur Bedeutung des Zwecks bei der Auslegung arbeitsrechtlicher Gesetze etwa *Gamillscheg*, Franz, Gedanken zur Rechtsfindung im Arbeitsrecht, dargestellt an Beispielen aus der Rechtsprechung des Bundesarbeitsgerichts, in: Festschrift für Hans Schmitz, Band I, Wien, München 1967, S. 68 ff.

2 Vgl. etwa *Herold*, S. 5; *Ahlers*, S. 5; *Berndt*, S. 722; *Dissinger*, NZfA 1926, Sp. 596.

3 Vgl. etwa RAG, BS 8, S. 388 ff.; 9, S. 22 ff.; 15, S. 252 ff.

4 Vgl. zu dieser Entwicklung *Bongartz*, S. 29 f.; *Lindner*, Sp. 207; aus der Rechtsprechung etwa RAG, ARS 30, S. 233 ff., S. 240; 34, S. 21 ff., S. 24; 38, S. 40 ff., S. 46; RAGE 19, S. 299 ff., S. 303.

Ansätze zu einer veränderten Auffassung vom Zweck des Urlaubs finden sich in den 1938 erschienenen Dissertationen Renners[5] und Klingelhöfers[6]. Zwar wird die Gewinnung neuer Arbeitskraft — insbesondere im „völkischen" Interesse — als wesentlicher Zweck des Urlaubs angesehen, doch rechnen beide zum Urlaubszweck auch, daß der Arbeitnehmer aus der inneren Unfreiheit und Enge, in die er durch seine Berufstätigkeit gezwungen ist, einmal im Jahr herausgerissen wird[7]. Fern von seinem Arbeitsplatz und seinem Wohngebiet soll der Arbeitnehmer in anderer Umgebung von seinem engeren Lebensraum und seinen täglichen Gewohnheiten Abstand nehmen können[8].

Die Betonung der Reproduktion der Arbeitskraft blieb auch nach 1945 zunächst vorherrschend[9], wobei das Interesse des Volksganzen weiterhin vielfach betont wurde[10]. Die Sicht des Urlaubszwecks begann sich jedoch unter dem Eindruck der immer stärker werdenden Betonung der Rechte der Einzelpersönlichkeit, manifestiert etwa in der Entscheidung des Bundesgerichtshofs vom 25. 5. 1954[11] zum allgemeinen Persönlichkeitsrecht, allmählich zu wandeln. Die Auffassung, Erholungsurlaub sei nicht nur die zeitweise Befreiung von der Arbeit zur Überwindung der Folgen, die sich aus den physischen und psychischen Belastungen durch die moderne Arbeitswelt ergeben, sondern auch ein Freiraum zur Selbstbestimmung, setzte sich zunächst in der Literatur durch[12]. In der

[5] *Renner*, Gerhard, Der Anspruch auf Urlaub im Arbeitsrecht, Diss. Göttingen 1938, S. 2, S. 5 f.

[6] *Klingelhöfer*, Jakob, Das Urlaubsrecht im nationalsozialistischen Staat, dargestellt an Hand von Tarifordnungen, Diss. Marburg 1938, S. 4; ähnlich auch *Brandt*, Ilse, Die Regelung des Erholungsurlaubs in den Tarifordnungen des Reichstreuhänders der Arbeit, Diss. Berlin 1937, S. 5.

[7] Vgl. *Klingelhöfer*, S. 4; *Renner*, S. 5.

[8] Vgl. *Renner*, S. 6.

[9] Vgl. *Borrmann*, Kommentar, S. 33; *Dersch*, Hermann, Leitfaden des Arbeitsrechts, Bad Godesberg 1960, S. 197; *Hessel*, Philipp, Urlaubsanspruch bei Erholungsbedürftigkeit auch ohne Arbeitsleistung im Kalenderjahr?, BB 1963, S. 141 f.; *Maus*, Wilhelm, Das neue Urlaubsrecht, S. 22; *ders.*, Das deutsche Arbeits- und Sozialrecht, S. 262; *Schelp / Trieschmann*, BArbBl 1961, S. 45; *Schmelzer*, Oskar, Urlaubsrecht. Grundriß und alphabetischer Leitfaden, 2. Aufl., Heidelberg 1963, S. 17; BAG, AP Nr. 14 zu § 611 BGB Urlaubsrecht.

[10] Vgl. *Brodbeck*, Peter, Urlaubsabgeltungsansprüche nach unwirksamer Kündigung und Suspendierung, BB 1969, S. 498; *Rothe*, Hans, Die Barabgeltung von Urlaub, BlStSozArbR 1955, S. 266 ff.; *Natzel*, Benno, Bundesurlaubsgesetz mit urlaubsgesetzlichen Sonderbestimmungen, Münster 1963, S. 11; *Hecklinger*, S. 139; *Stecher*, Diss., S. 92; *Tauscher*, S. 76.

[11] BGHZ 13, S. 334 ff.

[12] Vgl. *Bongartz*, S. 30; *Gaul / Boewer*, S. 15; *Forster*, Karl, Freizeit, Persönlichkeit und Kultur, in: Arbeitszeit und Freizeit, Nürnberger Abhandlungen zu den Wirtschafts- und Sozialwissenschaften, Heft 15, Berlin 1961, S. 207 ff., S. 214 passim; *Herschel*, Wilhelm, Mittelbare Probleme der Arbeitszeitverkürzung, in: Arbeitszeit und Freizeit, Nürnberger Abhandlungen zu den Wirtschafts- und Sozialwissenschaften, Heft 15, Berlin 1961, S. 169 ff.; *Witting*, Ulrich, Zum Wesen des Urlaubs und der §§ 7 Abs. 2 - 4 und 8 des

Rechtsprechung brach sich diese Ansicht Bahn mit der Entscheidung des Bundesarbeitsgerichts vom 1. 3. 1972[13]. Im Anschluß an Herschel[14] führt das Gericht aus:

„Der Erholungsurlaub hat zwei Seiten: Der Urlauber soll nicht nur rational nach medizinischen oder quasi-medizinischen Gesichtspunkten gesund leben und damit seine verbrauchte Arbeitskraft wieder herstellen. Zu einer echten Erholung gehört auch eine Sphäre der Selbstbestimmung, der persönlichen Freiheit und des Lebensgenusses, nämlich das Erleben und Genießen fremder Gegenden und Schönheiten, das Reisendürfen, die Möglichkeit, mit Angehörigen zusammen zu sein und die Möglichkeit, Sport treiben zu können und dergleichen. Echte Erholung ist nicht möglich, wenn nicht auch eine derartige persönliche Freiheit und ein unbeschwerter Lebensgenuß und Erlebnischarakter des Urlaubs gegeben sind."

Unter Rückgriff auf die Artikel 1/I, 2/I des Grundgesetzes sowie mit dem Hinweis darauf, daß nach den Bestimmungen des Bundesurlaubsgesetzes — von dem in § 8 Bundesurlaubsgesetz festgelegten Verbot einer dem Urlaubszweck widersprechenden Erwerbstätigkeit abgesehen — der Urlaub auch in einer der physischen und psychischen Erholung abträglichen Weise verbracht werden könne, wird in neuerer Zeit die Auffassung vertreten, der Urlaub diene ausschließlich der persönlichen Freiheit. Urlaubszweck ist nach dieser Ansicht nicht Erholung von geleisteter für zu leistende Arbeit, sondern weitestmögliche Abkehr von der Pflichtenbindung des Arbeitsverhältnisses zu eigenverantwortlicher Freizeitverwertung[15]. Dies ergebe sich aus folgender Überlegung: Urlaub werde gewährt, ohne daß ein Erholungsbedürfnis im medizinischen Sinn vorliegen müsse; auch der Arbeitnehmer erhalte Urlaub, der die gesündeste Arbeit unter denkbar erholsamsten Verhältnissen leiste und völlig gesund sei. Außerdem sei in der Medizin unklar, was Erholung

---

Bundesurlaubsgesetzes, DB 1964, S. 106 ff.; *Schelp / Herbst,* § 1, Anm. 9; § 8, Anm. 6; *Siara,* Berthold, Mindesturlaubsgesetz für Arbeitnehmer (Bundesurlaubsgesetz), 2. Bearbeitung, Frankfurt/Main 1970, § 8, Anm. 1.

[13] BAGE 12, S. 311 ff. = AP Nr. 1 zu § 611 BGB, Urlaub und Kur, mit zustimmender Anm. *Zöllner;* vgl. LAG Stuttgart, DB 1963, S. 262.

[14] Vgl. *Herschel,* Probleme, S. 171.

[15] Vgl. *Bongartz,* S. 30; *Edelmann,* Klaus, Das Verbot der dem Urlaubszweck widersprechenden Erwerbstätigkeit nach § 8 Bundesurlaubsgesetz, Diss. Frankfurt 1970, S. 21 ff.; *Baumert,* Georg, Konsequenzen eines Verstoßes gegen § 8 Bundesurlaubsgesetz, DB 1966, S. 1565 ff., S. 1565; *Güntner,* Hans, Die Problematik der Urlaubsanrechnung, Rechtsformen und Rechtscharakter des Urlaubs, AuR 1963, S. 77 ff., S. 83; *Karakatsanis,* Alexander, Die kollektivrechtliche Gestaltung des Arbeitsverhältnisses und ihre Grenzen, Heidelberg 1963, S. 94; *Witting,* S. 806 ff.; *Klein,* Rüdiger, Urlaubsarbeit und Urlaubszweck, BB 1965, S. 712 ff., S. 714; vgl. auch *Hunn,* Felix, Heilverfahren ohne Arbeitsunfähigkeit und Urlaubsanrechnung, BB 1962, S. 300 ff., S. 303; *Klein,* Rüdiger, Die zeitliche Lage des Urlaubs, BB 1960, S. 251 ff., S. 253 f.

sei, und wie ein Optimum an Erholung erreicht werden könne; an einem solch unsicheren Kriterium könne sich das Recht nicht orientieren[16].

3.2. Stellungnahme zu den Theorien zum Urlaubszweck

Eine eindeutige Antwort auf die Frage, welcher Zweck durch die Urlaubszeit erreicht werden soll, gibt das Bundesurlaubsgesetz nicht.

In seinen §§ 1 und 15/II/1 verwendet das Bundesurlaubsgesetz den Begriff „Erholungsurlaub". Diese Formulierung dient jedoch der Abgrenzung zu anderen Urlaubsformen, beispielsweise der Beurlaubung aus persönlichen Gründen des Arbeitnehmers — etwa zur Teilnahme an einer Beerdigung, der Durchführung eines Umzuges —, des Bildungsurlaubs, der Beurlaubung zur Wahrnehmung staatsbürgerlicher Aufgaben[17]. Ein zwingender Schluß darauf, daß Zweck des Urlaubs lediglich physische und psychische Erholung sei, läßt sich daher aus den §§ 1, 15/II/1 Bundesurlaubsgesetz nicht ziehen. Gegen die Annahme der Erholung im medizinischen Sinn als Urlaubszweck spricht die Vorschrift des § 10 Bundesurlaubsgesetz, wonach Kuren und Schonzeiten insoweit nicht auf den Urlaub angerechnet werden, als ein Anspruch auf Fortzahlung des Arbeitsentgelts nach den gesetzlichen Vorschriften über die Entgeltfortzahlung im Krankheitsfalle besteht. Denn gerade Kuren und Schonzeiten gewährleisten Erholung im medizinischen Sinn. Würde sich der Urlaubszweck in der Erholung erschöpfen, so hätte es nahegelegen, Kuren und Schonzeiten in vollem Umfang auf den Urlaub anzurechnen.

Der Zweck des Urlaubs kann sich auch nicht in der Schaffung eines Raums zur Selbstbestimmung erschöpfen. Dies folgt aus dem in § 8 Bundesurlaubsgesetz normierten Verbot der Aufnahme einer dem Urlaubszweck widersprechenden Erwerbstätigkeit während des Urlaubs. Sollte der Urlaub dem Arbeitnehmer nur ermöglichen, während der Urlaubszeit zu tun und zu lassen, was er will, so müßte es dem Arbeitnehmer unbenommen sein, während des Urlaubs nach Belieben zu arbeiten. Die Annahme, Schaffung eines Raums der Selbstbestimmung sei alleiniger Urlaubszweck, läßt sich auch nicht damit begründen, daß das Bundesurlaubsgesetz für das Entstehen des Urlaubsanspruchs nicht den Nachweis konkreter Erholungsbedürftigkeit fordere, und daß ein Verbringen des Urlaubs in einer Weise, die der Erholung abträglich sei, vom Ausnahmefall des § 8 BUrlG abgesehen, ohne Sanktionen bleibe. Gesetze im materiellen Sinn sind generell-abstrakte Rechtssätze, die sich an eine unbestimmte Vielzahl von Personen zur Regelung einer

---

[16] Vgl. *Edelmann*, S. 21 ff.

[17] Vgl. *Edelmann*, S. 14 f.

unbestimmten Vielzahl von Fällen wenden[18]. Daraus folgt der Zwang zur Typisierung. Die Forderung des Nachweises der Erholungsbedürftigkeit würde in der Praxis zu großen Schwierigkeiten und zu einem hohen Aufwand für ärztliche Untersuchungen der Arbeitnehmer führen. Daß Gesetze Verstöße gegen den Normzweck ohne Sanktionen lassen, ist eine häufige Erscheinung[19].

Nur die Ansicht vom Bestehen zweier Urlaubszwecke wird dem Bundesurlaubsgesetz gerecht.

Zweck des Urlaubs ist einmal die Erholung von den psychischen und physischen Belastungen der zurückliegenden Arbeitszeit für die Bewältigung der zu erwartenden Belastungen der kommenden Arbeitszeit. Zum anderen ist es Zweck des Urlaubs, dem Arbeitnehmer einen Freiraum zur Selbstbestimmung zu gewähren. Das Erfordernis der Regeneration der Arbeitskraft ergibt sich zwingend aus den psychischen und physischen Belastungen der zurückliegenden Arbeitszeit und den zu erwartenden Belastungen der kommenden Arbeitszeit. Das Erfordernis der Schaffung eines Raums zur Selbstbestimmung folgt einmal aus der Notwendigkeit der Achtung und des Schutzes der menschlichen Persönlichkeit, die sich nicht ausschließlich in der Güterproduktion, in der Arbeit als Teil eines Betriebsorganismus erschöpfen kann; zum anderen machen hochgradige Arbeitsteilung und die Einfügung in immer größere Unternehmenseinheiten eine Identifikation des Arbeitnehmers mit dem Arbeitsergebnis zunehmend schwieriger, in vielen Fällen sogar unmöglich, so daß die persönliche Selbstbestätigung in immer stärkerem Maße in der Privatsphäre und nicht im Arbeitsbereich gesucht wird.

Die beiden Zwecke des Urlaubs gehen insoweit ineinander über, als die Belastungen der modernen Arbeitswelt weniger im physischen als vielmehr im psychischen Bereich zu suchen sind[20]; die Erholung von Belastungen im psychischen Bereich sind jedoch nicht durch reine Freistellung von der Arbeit erreichbar, sondern nur durch die Schaffung von Gegengewichten zu den psychischen Belastungen, also etwa durch die Gewährung einer Zeit der Ungebundenheit als Ausgleich zu den Unter- und Einordnungszwängen in Großbetrieben und als Abwechslung von der Monotonie einförmiger Arbeiten.

Der Zweck des Urlaubs ist Erholung von geleisteter für zu leistende Arbeit und die Schaffung eines Freiraums zur Selbstbestimmung[21].

---

[18] Vgl. *Maunz*, Theodor / *Dürig*, Günter / *Herzog*, Roman, Grundgesetz, 3. Aufl., München und Berlin 1973 ff., Art. 20, Randziffer 94.

[19] Vgl. *Enneccerus*, Ludwig, Allgemeiner Teil des Bürgerlichen Rechts, 15. Aufl. bearbeitet von Hans Carl *Nipperdey*, Tübingen 1959, S. 1151 ff.

[20] Vgl. dazu *Klemp*, Herbert, Urlaub aus ärztlicher Sicht, Arbeits- und Sozialrecht 1960, S. 108 ff., S. 109.

Der Urlaubsanspruch läßt sich definieren als privatrechtlicher Anspruch auf Festlegung des Urlaubszeitpunkts und Zahlung des Urlaubsentgelts zum Zweck der Erholung von geleisteter für zu leistende Arbeit und zum Zweck der Schaffung eines Freiraums der Selbstbestimmung. Der Urlaubsanspruch ist zu qualifizieren als Schutzanspruch mit angestaffeltem Austauschzweck[22].

---

21 Ähnlich etwa *Stahlhacke*, Eugen, Das Bundesurlaubsgesetz mit Nebenbestimmungen, 3. Aufl., Darmstadt 1971, § 10, Anm. 25; *Natzel*, Benno, Bundesurlaubsgesetz mit urlaubsgesetzlichen Sonderbestimmungen, Münster 1963, § 10, Anm. 3; *Schelp / Herbst*, § 10, Anm. 27; *Siara*, Kommentar, § 1, Anm. 3.

22 Vgl. zu dieser Terminologie *Kreß*, Hugo, Lehrbuch des Allgemeinen Schuldrechts, unveränderter Nachdruck der Ausgabe München 1929, Aalen 1974, S. 3 f., S. 35 ff., S. 578 ff.; zur Einordnung etwa des Lohnfortzahlungsanspruchs in diese Kategorie *Ehmann*, S. 256 ff.

4. Der Urlaubsabgeltungsanspruch

4.1. Der Grundsatz des Abgeltungsverbots

Nach § 7/IV BUrlG tritt der Urlaubsabgeltungsanspruch an die Stelle des Naturalurlaubsanspruchs, wenn der Urlaub wegen Beendigung des Arbeitsverhältnisses ganz oder teilweise nicht mehr gewährt werden kann.

Ursprünglich wurde unter Abgeltung des Urlaubs das Abkaufen des Urlaubsanspruchs aufgrund einer freiwilligen Vereinbarung zwischen Arbeitgeber und Arbeitnehmer verstanden, ohne daß es für die Zulässigkeit einer solchen Vereinbarung Einschränkungen gegeben hätte[1]. In der Zeit ab 1930 begann sich jedoch sowohl in der Rechtsprechung[2] als auch in der Literatur[3] die Auffassung durchzusetzen, daß die Abgeltung des Urlaubsanspruchs grundsätzlich verboten und nur in Ausnahmefällen zulässig sei. Von der höchstrichterlichen Rechtsprechung ist der Grundsatz des Abgeltungsverbots mit dem Inhalt entwickelt worden, daß die Abgeltung während bestehender Arbeitsverhältnisse untersagt, bei Beendigung des Arbeitsverhältnisses jedoch zulässig sei[4].

Besonders deutlich kam diese Auffassung des Abgeltungsverbots zum Ausdruck in Art. 7/III des Bayerischen Urlaubsgesetzes vom 11. 5. 1950[5], der bestimmte:

> „Eine Abgeltung des Urlaubs ist nur statthaft, wenn das Beschäftigtenverhältnis gelöst wird, ohne daß der zustehende Urlaub eingebracht wird."

Im Bundesurlaubsgesetz ist der Grundsatz des Abgeltungsverbots nicht ausdrücklich normiert. Aus dem Wortlaut des § 7/IV allein kann ein Abgeltungsverbot nicht abgeleitet werden, diese Vorschrift bestimmt nur, wann ein Urlaubsanspruch abzugelten *ist*, schließt jedoch dem Wortlaut nach nicht aus, daß der Urlaubsanspruch auch in anderen Fällen abgegolten werden *kann*.

---

[1] Vgl. *Wegener*, S. 26.

[2] Vgl. etwa RAG, BS 7, S. 36.

[3] Vgl. etwa *Schuster-Woldan*, Wolfgang, Die systematische Stellung des arbeitsrechtlichen Urlaubsanspruchs, Diss. Leipzig 1932, S. 33.

[4] Vgl. RAG, ARS 35, S. 44 ff., S. 47; 36, S. 443 f.; BAGE 3, S. 215 ff.; 9, S. 185 ff.

[5] GVBl 1950, S. 81.

Der Grundsatz des Abgeltungsverbots folgt jedoch aus dem oben[6] entwickelten Schutzzweck des Urlaubsanspruchs. Eine Regeneration der Arbeitskraft und die Selbstbestimmung ist grundsätzlich nur möglich durch Gewährung arbeitsfreier Zeit; eine Geldzahlung ist für sich allein zur Erreichung dieser Zwecke nicht geeignet. Da sonach der Zweck des Urlaubsanspruchs nur durch arbeitsfreie Zeit erreicht werden kann, ist eine Abgeltung als gegen diesen Zweck verstoßend grundsätzlich unzulässig. In Rechtsprechung[7] und Literatur[8] ist der Grundsatz des Abgeltungsverbots anerkannt; dieser Grundsatz entspricht dem Willen des Gesetzgebers[9].

Das Verbot der Abgeltung umfaßt alle Formen des Abkaufs des Naturalurlaubsanspruchs, also auch die Abgeltung in Form erhöhter Lohn-, Gehalts- oder Gagenzahlungen, wie sie insbesondere bei kurzfristigen Arbeitsverträgen vorkommen[10].

4.2. Die Reichweite des Abgeltungsverbots

Umstritten ist die Frage der Reichweite des Abgeltungsverbots, also die Frage, ob das Verbot der Abgeltung lediglich den gesetzlichen Mindesturlaub erfaßt[11], oder ob das Abgeltungsverbot auch den über den Mindesturlaub nach dem Bundesurlaubsgesetz hinausgehenden Urlaub ergreift[12].

Das Bundesurlaubsgesetz garantiert lediglich die in ihm festgelegten Mindesturlaubstage; ob darüber hinaus Urlaub gewährt wird, ist Sache der Tarifvertragsparteien bzw. der Parteien des Einzelarbeitsverhältnisses. Ist es diesen Vertragsparteien jedoch freigestellt, ob sie über-

---

[6] Vgl. oben 3., insbesondere 3.2.

[7] Vgl. BAG, BB 1960, S. 864; LAG Frankfurt, ARSt 1970, S. 31; LAG Stuttgart, RdA 1953, S. 360; ArbG Bremen, WAR 1953, S. 309, vgl. auch RAG, ARS 35, S. 34 ff.; LAG Hamm, ARSt 1967, S. 108; ArbG Kiel, ARSt 1957, S. 31 f.; ArbG Celle, ARSt 1968, S. 79.

[8] Vgl. *Boldt / Röhsler*, § 7, Anm. 66; *Brodbeck*, S. 498; *Böckel*, Eberhard, Das Bundesurlaubsgesetz, BlStSozArbR 1963, S. 59 ff.; *Savaête*, Eugen, Grundfragen des Arbeitsrechts, Schwenningen 1949, S. 38; *Schaub*, Günter, Arbeitsrechts-Handbuch, München 1972, S. 404; *Söllner*, Alfred, Arbeitsrecht, 3. Aufl., Stuttgart, Berlin, Köln, Mainz 1972, S. 226; *Schnorr von Carolsfeld*, Ludwig, Arbeitsrecht, 2. Aufl., Göttingen 1954, S. 256; *Sturn*, Helmuth, Urlaubsabwicklung in der Hochkonjunktur, Arbeits- und Sozialrecht 1970, S. 103 f.

[9] Vgl. Schriftlicher Bericht des Ausschusses für Arbeit, Bundestags-Drucksache IV/785, S. 3.

[10] Vgl. dazu BAG, BB 1960, S. 864; LAG Hamm, BB 1966, S. 1146.

[11] So BAG, DB 1971, S. 683 ff., S. 684; vgl. auch BAG, AP Nr. 1 zu § 9 BUrlG; *Soergel / Wlotzke / Volze*, § 611, Anm. 184.

[12] So *Dersch / Neumann*, § 7, Anm. 81; *Neumann*, Anm. zu BGH AP Nr. 89 zu § 611 BGB Urlaubsrecht; dagegen jedoch BGH, AP Nr. 89 zu § 611 BGB Urlaubsrecht.

haupt über das Bundesurlaubsgesetz hinaus Urlaubstage vereinbaren, so muß es ihnen unbenommen sein, bei der Gewährung solcher Urlaubstage Abgeltung generell oder aber unter gegenüber § 7/IV BUrlG erleichterten Voraussetzungen zu gewähren. Die gegenteilige Auffassung ist nicht haltbar. Im Einzelfall wird freilich immer zu prüfen sein, inwieweit insbesondere beim Abschluß von Tarifverträgen stillschweigend vom Verbot der Abgeltung des über den Mindesturlaub hinausgehenden Urlaubs ausgegangen worden ist.

4.3. Unabdingbarkeit des Abgeltungsverbots?

§ 13 BUrlG regelt das Verhältnis der Normen des Bundesurlaubsgesetzes zu kollektiv- und einzelvertraglichen Urlaubsvorschriften. Drei Grundsätze wirken zusammen: Das Unabdingbarkeitsprinzip, das Günstigkeitsprinzip und das tarifliche Vorrangprinzip.

Die Bestimmungen des Bundesurlaubsgesetzes sind nach § 13 BUrlG grundsätzlich unabdingbar. Durch einzelvertragliche Vereinbarungen kann nicht zu Ungunsten des Arbeitnehmers von den Normen des Bundesurlaubsgesetzes abgewichen werden. Aufgrund des tariflichen Vorrangprinzips dürfen Tarifverträge Normen enthalten, die den Arbeitnehmer — verglichen mit dem Bundesurlaubsgesetz — besser oder schlechter stellen; ausgenommen vom tariflichen Vorrangprinzip sind die §§ 1, 2, 3/I BUrlG; von diesen Normen kann auch in Tarifverträgen nicht zu Ungunsten des Arbeitnehmers abgewichen werden. Tarifverträgen gleichgestellt sind durch § 13/I/2 BUrlG Individualverträge zwischen nicht tarifgebundenen Arbeitgebern und Arbeitnehmern dann, wenn in diesen Verträgen die Anwendung der einschlägigen tariflichen Urlaubsregelung vereinbart ist.

Die Einschränkung des tariflichen Vorrangprinzips hinsichtlich der §§ 1, 2, 3/I BUrlG gilt nach § 13/II BUrlG nicht für das Baugewerbe oder sonstige Wirtschaftszweige, in denen „als Folge häufigen Ortswechsels der von den Betrieben zu leistenden Arbeit Arbeitsverhältnisse von kürzerer Dauer als einem Jahr in erheblichem Umfang üblich sind“.

Die Normen des Bundesurlaubsgesetzes sind — von den §§ 1, 2, 3/I abgesehen — sonach tarifdispositiv, jedoch nicht zum Nachteil des Arbeitnehmers parteidispositiv.

Umstritten ist, ob der Grundsatz des Abgeltungsverbots, der im Bundesurlaubsgesetz nicht ausdrücklich normiert ist, tarifdispositiv ist, oder ob dieser Grundsatz dem Unabdingbarkeitsprinzip unterliegt. Nach weit überwiegender Meinung in Rechtsprechung[13] und Literatur[14] ist

[13] Vgl. BAG, AP Nr. 9 zu § 7 BUrlG Abgeltung; ArbG Ulm, AuR 1970, S. 28.

der Grundsatz des Abgeltungsverbots unabdingbar. Die Erstreckung des Unabdingbarkeitsgrundsatzes auf das Abgeltungsverbot wird damit begründet, daß es zu den elementaren Grundsätzen des gesetzlichen Urlaubsrechts gehöre, jeden berechtigten Urlaubsanspruch in Gestalt der Freizeit zu erfüllen; daraus ergebe sich zwingend, daß die Abgeltung des Urlaubs grundsätzlich nicht über den im Gesetz vorgesehenen Bereich hinaus ausgedehnt werden dürfe[15]. Eine solche Erweiterung der Abgeltungsmöglichkeiten stelle einen mittelbaren Verstoß gegen den auch für Tarifvertragsparteien unabdingbaren § 1 BUrlG dar[16].

Dieser Auffassung kann nicht in vollem Umfang gefolgt werden; sie ist zu undifferenziert. Der Unabdingbarkeitsgrundsatz ist ein Ausfluß des Schutzcharakters des Urlaubsrechts. Dem Arbeitnehmer soll ein Mindestmaß an Erholung und an Möglichkeit zur Selbstbestimmung gesichert werden. Erholung ist jedoch nur möglich durch Freizeit. Der Schutzzweck des Bundesurlaubsgesetzes begrenzt die Unabdingbarkeit des Abgeltungsverbots. Daraus folgt, daß Abgeltung während des Bestehens des Arbeitsverhältnisses auch durch Tarifverträge nicht vorgesehen werden kann. Denn Abgeltungszahlung während des Bestehens des Arbeitsverhältnisses ermöglicht nicht die Verschaffung arbeitsfreier Zeit; wäre der Arbeitgeber willens und in der Lage, dem Arbeitnehmer arbeitsfreie Zeit zu gewähren, bedürfte es der Abgeltung nicht.

Ein Tarifvertrag kann sonach nicht die Abgeltung des Urlaubsanspruchs vorsehen für den Fall, daß der Naturalurlaubsanspruch nicht innerhalb der Grenzen des § 7/III/2, 3 BUrlG genommen werden kann; hier kommt nur eine weitere Übertragung des Urlaubs über die in § 7/III/2, 3 BUrlG vorgesehenen Zeiträume hinaus in Betracht[17].

Für die Beendigung des Arbeitsverhältnisses kann jedoch ein Tarifvertrag unter gegenüber § 7/IV BUrlG erleichterten Voraussetzungen

---

[14] Vgl. *Boldt / Röhsler*, § 7, Anm. 108; *Borrmann*, Kommentar, § 7, Anm. 33; *Dersch / Neumann*, § 7, Anm. 82; *Jung*, Bert, Urlaubsübertragung, Abgeltung und tarifvertragliche Regelung, BB 1967, S. 961 f.; *Maus*, Das neue Urlaubsrecht, Anm. 169; *Siara*, Kommentar, § 7, Anm. 40 d; *Stahlhacke*, § 7, Anm. 58; a. A. offenbar *Nikisch*, Anm. zu BAG AP Nr. 3 zu § 7 BUrlG; *Schmelzer*, Oskar, Das Urlaubsrecht der Arbeitnehmer im öffentlichen Dienst, RdA 1970, S. 1 ff.

[15] Vgl. BAG, AP Nr. 9 zu § 7 BUrlG Abgeltung.

[16] Vgl. *Boldt / Röhsler*, § 7, Anm. 108.

[17] Zu Recht hat das BAG in AP Nr. 9 zu § 7 BUrlG Abgeltung § 54/I/1 des Manteltarifvertrags für Arbeiter des Bundes — MTB II — für nichtig erklärt, soweit er die Abgeltung des Urlaubsanspruchs vorsieht, wenn dieser ohne Verschulden des Arbeitnehmers weder im Urlaubsjahr noch in der Übertragungsfrist genommen werden kann. Nicht zu folgen ist jedoch dem BAG, wenn es die Zulässigkeit der Abgeltung bejaht für den Fall, daß der Arbeitnehmer bewußt verhindert hat, daß der Urlaub innerhalb des Urlaubsjahres oder der Übertragungsfrist genommen werden konnte. Damit wird für zulässig erklärt, daß sich der Arbeitnehmer den Urlaub abkaufen läßt; der Grundsatz des Abgeltungsverbots und dessen Schutzzweck sind verletzt.

die Abgeltung zulassen, der Unabdingbarkeitsgrundsatz verbietet beispielsweise nicht, daß ein Tarifvertrag die Abgeltung in jedem Fall der Beendigung des Arbeitsverhältnisses vorsieht, gleichgültig, ob der Naturalurlaub bis zur Beendigung des Arbeitsverhältnisses genommen werden konnte oder nicht. Denn eine bei Beendigung des Arbeitsverhältnisses gezahlte Abgeltung kann zur Verschaffung von Freizeit verwendet werden.

Zulässig ist es auch, eine Geldzahlung für die Fälle vorzusehen, in denen wegen Zweckfortfalls[18] ein Abgeltungsanspruch nicht entsteht, also etwa für den Fall der Beendigung des Arbeitsverhältnisses bei gleichzeitigem Ausscheiden aus dem Arbeitsleben[19]. Da der Zweck des Abgeltungsanspruchs nicht mehr erreichbar ist, stellen solche Zahlungen jedoch reine Ausgleichzahlungen für geleistete Arbeit dar, die vom Abgeltungsanspruch wesensverschieden sind.

4.4. Der Zweck des Abgeltungsanspruchs

Zweck des Abgeltungsanspruchs ist es, den Arbeitnehmer, der bis zur Beendigung des Arbeitsverhältnisses seinen Urlaubsanspruch nicht realisieren kann, durch eine Geldzahlung die Möglichkeit zu geben, sich unter Aufrechterhaltung seines Lebensstandards Freizeit zur Regeneration seiner Arbeitskraft und zur Selbstbestimmung zu verschaffen, sei es dadurch, daß der Beginn des neuen Arbeitsverhältnisses sich nicht unmittelbar an das alte Arbeitsverhältnis anschließt, sei es durch die Inanspruchnahme unbezahlter Freizeit während des neuen Arbeitsverhältnisses. Dies ist in Rechtsprechung[20] und Literatur[21] nahezu unbestritten.

Die in neuerer Zeit nur von Natzel[22] vertretene Erweiterung des Zwecks des Abgeltungsanspruchs auf „anderweitige Kräftigung des Körpers“ ist abzulehnen. Denn durch eine „anderweitige Kräftigung des Körpers“ kann zwar möglicherweise die Regeneration der Arbeitskraft erreicht, nicht jedoch dem Arbeitnehmer ein Freiraum zur Selbstbestimmung geschaffen werden.

Der Abgeltungsanspruch läßt sich definieren als Geldzahlungsanspruch zu dem Zweck, dem Arbeitnehmer arbeitsfreie Zeit zur Regeneration der Arbeitskraft und zur Selbstbestimmung unter Aufrecht-

---

[18] Vgl. zum Zweck des Abgeltungsanspruchs unten 4.4.

[19] Vgl. dazu unten 4.8.1.

[20] Vgl. etwa RAGE 19, S. 299 ff., S. 304; 20, S. 3 ff., S. 5; LAG Bayern, Bayerisches Amtsblatt 1953 C, S. 112 ff., S. 115.

[21] Vgl. *Boldt / Röhsler*, § 7, Anm. 67; *Wegener*, S. 28; *Borrmann*, Kommentar, § 7, Anm. 23; *Gros*, AR-Blattei, Urlaub IX B II 1.

[22] *Natzel*, § 7, Anm. 81.

erhaltung des Lebensstandards zu verschaffen. Wie der Naturalurlaubsanspruch ist der Urlaubsabgeltungsanspruch als Schutzanspruch mit angestaffeltem Austauschzweck zu qualifizieren.

4.5. Theorie des Abgeltungsanspruchs

Zur Konstruktion des Abgeltungsanspruchs werden in der Literatur und der Rechtsprechung vier Theorien vertreten:

4.5.1. Die Identitätstheorie

Die Identitätstheorie faßt den Abgeltungsanspruch als mit dem Urlaubsentgeltanspruch identisch auf; vom ursprünglichen Anspruch auf Naturalurlaub entfällt der Anspruch auf Gewährung arbeitsfreier Zeit, der Urlaubsentgeltanspruch setzt sich als Abgeltungsanspruch fort[23].

4.5.2. Die Bereicherungstheorie

Die Bereicherungstheorie konstruiert den Abgeltungsanspruch als Anspruch aus ungerechtfertigter Bereicherung nach den §§ 812 ff. BGB. Der Arbeitgeber habe nicht Anspruch auf Arbeitsleistung während des ganzen Jahres, vielmehr entfalle der Anspruch auf Arbeitsleistung während der Urlaubszeit. Erbringe jedoch der Arbeitnehmer Arbeitsleistung ohne Urlaub zu erhalten, so sei der Arbeitgeber ungerechtfertigt bereichert; diese Bereicherung habe der Arbeitgeber herauszugeben[24].

4.5.3. Die Schadensersatztheorie

Die Schadensersatztheorie läßt entsprechend dem in den §§ 323 ff. BGB entwickelten System der Leistungsstörungen einen Schadensersatzanspruch auf Zahlung eines Geldbetrags an die Stelle des unmöglich gewordenen Anspruchs auf Naturalurlaub treten[25].

---

[23] Vgl. *Herold*, S. 13; *Linder*, Sp. 209; *Lenz*, S. 61; *Zwiebler*, Heinz, Der Urlaub im Arbeitsrecht, Diss. Berlin 1935, S. 76; vgl. auch *Schelp / Herbst*, § 7, Anm. 100 im Anschluß an LAG Kiel, BB 1951, S. 1005; gegen die Identitätstheorie beispielsweise *Nikisch*, Anm. zu BAG, AP Nr. 42 zu § 611 BGB Urlaubsrecht.

[24] Vgl. etwa *Simson*, Gerhard, Der Urlaubsanspruch nach der Beendigung des Arbeitsverhältnisses, NZfA 1929, Sp. 139 ff.; Sp. 143; *Schalhorn*, Ansprüche des Arbeitnehmers bei Verweigerung zugesagten Erholungsurlaubs, Gewerbe- und Kaufmannsgericht 1922, Sp. 163 ff.; Sp. 165; vgl. auch *Molitor*, Erich, Die Rechtsprechung des Reichsarbeitsgerichts zum Urlaubsrecht, DAR 1934, S. 170 ff., S. 173; dagegen etwa *Schaufuß*, Werner, Streitfragen des Urlaubsrechts, Diss. Köln 1941, S. 56.

[25] So etwa *Molitor*, Zur Theorie des Urlaubs, S. 93; ähnlich *Rieth*, Kurt, Der Urlaub im Arbeitsrecht, Diss. Würzburg 1938, S. 46; dagegen etwa

4.5.4. Die Surrogatstheorie

Die jetzt eindeutig herrschende Meinung in der Literatur[26] und in der Rechtsprechung[27] konstruiert den Abgeltungsanspruch als Surrogat des unmöglich gewordenen Urlaubsanspruchs, ohne daß es auf die Voraussetzungen der §§ 323 ff.BGB, also insbesondere auf das Vorliegen eines Schadens und das Vertretenmüssen des Schadenseintritts, ankäme.

Zum Teil wird die Auffassung vertreten, daß der Abgeltungsanspruch nur an die Stelle des Anspruchselements „Urlaubsentgelt" trete, nicht jedoch an die Stelle des einheitlichen Urlaubsanspruchs[28].

4.6. Stellungnahme zu den Theorien

Die Identitätstheorie ist nur haltbar, wenn der Urlaubsanspruch als Doppelanspruch konstruiert wird. Faßt man den Urlaubsanspruch als aus zwei selbständigen Ansprüchen bestehend auf — zum einen auf Festlegung der Urlaubszeit, zum anderen auf Zahlung des Urlaubsentgelts gerichtet —, so kann der Anspruch auf Festlegung der Urlaubszeit erlöschen, während der Urlaubsentgeltanspruch fortbesteht. Konstruiert man den Urlaubsanspruch als einheitlichen Anspruch, so geht mit dem Unmöglichwerden der Festlegung der Urlaubszeit der Urlaubsanspruch insgesamt, also auch der Anspruch auf Zahlung des Urlaubsentgelts unter.

Die Theorie vom Doppelanspruch ist oben[29] bereits widerlegt worden. Da die Theorie vom Doppelanspruch nicht haltbar ist, ist auch die Identitätstheorie abzulehnen.

Im übrigen steht der Annahme der Identität von Abgeltungsanspruch und dem Anspruchselement „Urlaubsentgeltzahlung" entgegen, daß sich der Zweck des Anspruchselements „Urlaubsentgeltzahlung" und der Zweck des Abgeltungsanspruchs nicht decken. Der Abgeltungsanspruch dient der Verschaffung von Freizeit zur Regeneration der Arbeitskraft und zur Schaffung eines Raums der Selbstbestimmung unter Aufrechterhaltung des Lebensstandards. Das Anspruchselement

---

RAGE 20, S. 3 ff., S. 4, im Gegensatz zu RAG, BS 5, S. 43 f.; vgl. auch *Molitor*, Urlaubsentgelt und Urlaubsabgeltung, S. 91.

[26] Vgl. etwa *Borrmann*, Kommentar, § 7, Anm. 23; *Natzel*, § 7, Anm. 90; *Nikisch*, Arbeitsrecht, S. 552; *ders.*, Die sogenannte Urlaubszwölftelung, BB 1959, S. 119 ff., S. 121; *Siara*, Kommentar, § 7, Anm. 25; *Koch*, Jürgen R., Fragen aus dem Urlaubsrecht, BB 1950, S. 510 ff., S. 512; *Hunn*, AuR 1955, S. 306.

[27] Vgl. BAG, AP Nr. 10 zu § 611 BGB Urlaubsrecht mit zustimmender Anm. *Dersch*.

[28] Vgl. *Boldt / Röhsler*, § 7, Anm. 67.

[29] Vgl. oben 2.4.

„Urlaubsentgelt" dient lediglich der Aufrechterhaltung des Lebensstandards während der arbeitsfreien Zeit. Der Zweck des Abgeltungsanspruchs geht demnach weiter als der Zweck des Anspruchselements „Urlaubsentgeltzahlung".

Der Abgeltungsanspruch läßt sich auch nicht als Bereicherungsanspruch konstruieren[30]. Bereichert im Sinne der §§ 812 ff. BGB ist der Arbeitgeber durch die Arbeitsleistung des Arbeitnehmers nur dann, wenn er die Arbeitsleistung ohne Rechtsgrund erlangt hat. Der Arbeitnehmer leistet jedoch zur Erfüllung eines bestehenden Arbeitsvertrags, also cum causa. Daran ändert auch nichts, daß der Arbeitnehmer an sich aufgrund des Arbeitsvertrags nicht verpflichtet ist, während des ganzen Jahres zu arbeiten[31]. Arbeitet der Arbeitnehmer bis zur Beendigung des Arbeitsverhältnisses, ohne seinen Urlaub zu nehmen, so erfolgt die zusätzliche Arbeitsleistung entweder aufgrund der den Arbeitnehmer treffenden Nebenpflicht zur Mehrarbeit bei Vorliegen eines dringenden betrieblichen Erfordernisses[32] oder aufgrund einer Vereinbarung zwischen Arbeitgeber und Arbeitnehmer[33]. Ein Rechtsgrund für die Leistung liegt demnach vor.

Die Bereicherungstheorie ist außerdem mit der Zweckrichtung des Bundesurlaubsgesetzes nicht vereinbar. Wäre der Abgeltungsanspruch ein Bereicherungsanspruch, so müßte der Anspruch mit dem Wegfall der Bereicherung beim Arbeitgeber erlöschen, die Fälle der §§ 819, 820 BGB ausgenommen. Das Bundesurlaubsgesetz will durch den Abgeltungsanspruch aber den jährlichen Mindesturlaub sichern, unabhängig davon, ob der Arbeitgeber durch Arbeitsleistung des Arbeitnehmers ungerechtfertigt bereichert ist oder nicht.

Als Schadensersatzanspruch im Sinne der §§ 323 ff. BGB kann der Abgeltungsanspruch ebenfalls nicht konstruiert werden. Unmöglichkeit der Erfüllung des Naturalanspruchs ist — wie unten[34] dargelegt — nicht Voraussetzung des Entstehens des Abgeltungsanspruchs. Außerdem ist es belanglos, ob der Arbeitgeber als Schuldner des Naturalurlaubsanspruchs die Nichtgewährung des Urlaubs zu vertreten hat; der Abgeltungsanspruch kann auch dann entstehen, wenn der Arbeitgeber zur Erfüllung des Naturalurlaubsanspruchs bereit und in der Lage ist[35].

---

[30] Dagegen auch *Klein*, Paul, S. 15, freilich mit unzutreffender Begründung; *Lenz*, S. 63 f., Fußnote 12.

[31] Vgl. dazu oben 2.3.

[32] Vgl. dazu *Hueck*, Alfred / *Nipperdey*, Hans Carl, Lehrbuch des Arbeitsrechts, Band I, 7. Aufl., Berlin und Frankfurt 1963, S. 211.

[33] Eine solche Vereinbarung ist trotz des grundsätzlichen Abgeltungsverbots — vgl. dazu oben 4.1. — rechtswirksam bei Vorliegen eines sachlichen Grundes zur Nichtinanspruchnahme des Naturalurlaubs, vgl. dazu unten 4.8.3.

[34] Vgl. unten 4.7.3.

[35] Vgl. unten 4.7.3.

Das Vorliegen eines Schadens ist nicht Voraussetzung des Abgeltungsanspruchs. Der Arbeitnehmer kann Urlaubsabgeltung auch dann beanspruchen, wenn er den Jahresurlaub vom neuen Arbeitgeber erhalten kann.

Ein durch die Nichtgewährung des Urlaubs eventuell entstehender Schaden besteht im Verlust der Freizeit[36]. Unter Zugrundelegung der Schadensersatztheorie müßte sich sonach die Höhe des Abgeltungsanspruchs jeweils nach dem Wert der entgangenen Freizeit bemessen. Der Abgeltungsanspruch errechnet sich jedoch gemäß § 11 BUrlG nach dem durchschnittlichen Arbeitsverdienst, den der Arbeitnehmer in den letzten dreizehn Wochen vor Beendigung des Arbeitsverhältnisses erhalten hat[37]. Daraus folgt, daß durch den Abgeltungsanspruch nicht ein beim Arbeitnehmer entstandener Schaden ausgeglichen werden soll. Der Urlaubsabgeltungsanspruch dient vielmehr der Sicherung des Urlaubszwecks — Erholung von geleisteter für zu leistende Arbeit und Schaffung eines Raums der Selbstbestimmung unter Aufrechterhaltung des Lebensstandards — für den Fall, daß Naturalurlaub nicht gewährt wird; wie der Naturalurlaubsanspruch ist der Abgeltungsanspruch ein Schutzanspruch[38]. Der Abgeltungsanspruch kann nur begriffen werden als Surrogat des einheitlichen Urlaubsanspruchs. Ohne mit diesem identisch zu sein, tritt der Abgeltungsanspruch unter den Voraussetzungen des § 7/IV BUrlG an die Stelle des Anspruchs auf Naturalurlaub.

Die von Boldt / Röhsler[39] vertretene Auffassung, der Abgeltungsanspruch surrogiere nur das Anspruchselement „Urlaubsentgelt“, ist deshalb abzulehnen, weil der Abgeltungsanspruch seinem Zweck nach nicht nur das Anspruchselement „Urlaubsentgelt“ ersetzen soll, sondern den gesamten Anspruch auf Naturalurlaub; durch den Abgeltungsanspruch soll dem Arbeitnehmer ermöglicht werden, sich Freizeit unter Aufrechterhaltung des Lebensstandards zu verschaffen.

---

[36] Ob für entgangene Freizeit angesichts der Vorschrift des § 253 BGB überhaupt Ersatz gefordert werden kann, ist sehr zweifelhaft. Vgl. dazu *Mammey*, Gotthold, Schadensersatz für entgangene Urlaubstage, NJW 1969, S. 1150 ff.; *Grunsky*, Wolfgang, Aktuelle Probleme zum Begriff des Vermögensschadens, Bad Homburg vor der Höhe, Berlin, Zürich 1968; OLG Frankfurt, NJW 1967, S. 1372 f. einerseits, *Heldrich*, Andreas, Vergeudung von Arbeitszeit als Vermögensschaden?, NJW 1967, S. 1737 ff.; *Lenz*, S. 64; *Mertens*, Hans-Joachim, Der Begriff des Vermögensschadens im Bürgerlichen Recht, Stuttgart, Berlin, Köln, Mainz 1967, S. 153 andererseits.

[37] Vgl. *Boldt / Röhsler*, § 7, Anm. 75.

[38] Vgl. dazu oben 3.2. und 4.4.

[39] Vgl. *Boldt / Röhsler*, § 7, Anm. 67.

4.7. Die Voraussetzungen für das Entstehen des Abgeltungsanspruchs nach § 7/IV BUrlG

4.7.1. Das Bestehen eines Naturalurlaubsanspruchs

Aus dem Surrogatscharakter des Abgeltungsanspruchs ist in Übereinstimmung mit der Rechtsprechung[40] und Literatur[41] zu folgern, daß ein Anspruch auf Urlaubsabgeltung nur dann entstehen kann, wenn zunächst der zu surrogierende Naturalurlaubsanspruch bestanden hat. Dabei kann unter Umständen die Existenz des Naturalurlaubsanspruchs trotz Fehlens der Voraussetzungen der §§ 1 ff. BUrlG im Einzelfall dann fingiert werden, wenn der Arbeitgeber die Entstehung des Urlaubsanspruchs wider Treu und Glauben verhindert hat. Dies ergibt sich aus der Anwendung der Grundsätze des § 162 BGB[42]. In Betracht kommt die Fingierung des Entstehens eines Anspruchs auf Naturalurlaub insbesondere dann, wenn der Arbeitgeber wider Treu und Glauben zu dem Zweck kündigt, das Entstehen des Urlaubsanspruchs zu vereiteln. Wegen der Bestimmung des § 5/I b BUrlG stellt sich das Problem nur dann, wenn das Arbeitsverhältnis weniger als einen Monat bestanden hat.

Ist ein Naturalurlaubsanspruch nicht entstanden — etwa weil kein voller Monat gearbeitet worden ist, oder weil das Entstehen eines Urlaubsanspruchs nach § 6/I BUrlG ausgeschlossen ist, oder weil der Arbeitnehmer im Urlaubsjahr keine Arbeitsleistung erbracht hat —, so kann auch ein Abgeltungsanspruch nicht entstehen.

Der Naturalurlaubsanspruch muß im Zeitpunkt der Beendigung des Arbeitsverhältnisses noch bestehen. Ist er vorher untergegangen, so entsteht ein Abgeltungsanspruch nicht.

Nicht behandelt ist in der neueren Literatur[43] die Frage des Erlöschens des Naturalurlaubsanspruchs im Falle des Eintritts dauernder Erwerbsunfähigkeit. Nach Eintritt der dauernden Erwerbsunfähigkeit wird das Arbeitsverhältnis früher oder später aufgelöst, so daß dann

---

[40] Vgl. RAG, BS 10, S. 527 ff., S. 533; 9, S. 14 ff.; 11, S. 164 ff.; 15, S. 229 ff.; RAG, ARS 33, S. 27 ff.; 35, S. 44 ff.; BAG, DB 1956, S. 733; DB 1956, S. 822; AP Nr. 13 zu § 611 BGB Urlaubsrecht.

[41] Vgl. *Boldt / Röhsler,* § 7, Anm. 77; *Dersch / Neumann,* § 7, Anm. 78; *Schelp / Herbst,* § 7, Anm. 100; *Stahlhacke,* § 7, Anm. 57.

[42] Vgl. *Boldt / Röhsler,* § 7, Anm. 71; § 4, Anm. 8; *Borrmann,* Kommentar, § 4, Anm. 1; *Siara,* Kommentar, § 4, Anm. 3; *Hueck / Nipperdey,* S. 440, Fußnote 49.

[43] Richtig erkannt ist die dauernde Erwerbsunfähigkeit als Erlöschenstatbestand für den Urlaubsanspruch vom RAG in RAGE 3, S. 331 ff.; 6, S. 336 ff.; RAG, BS 11, S. 164; 15, S. 229 ff.; ferner von *Schaufuß,* S. 59; vgl. auch LAG Bremen, AP 1950 Nr. 68; unrichtig BAG, AP Nr. 5 zu § 5 BUrlG Rechtmißbrauch; BAG, AP Nr. 88 zu § 611 BGB Urlaubsrecht.

zu überprüfen ist, ob Anspruch auf Urlaubsabgeltung besteht. Definiert man Urlaub als zeitweise Befreiung von der Arbeit zur Schaffung eines Raums der Selbstbestimmung und zur Regeneration der Arbeitskraft von geleisteter Arbeit für zu leistende Arbeit, so wird der Urlaubszweck gestört, wenn der Arbeitnehmer dauernd erwerbsunfähig wird.

Der Fortfall des Anspruchszwecks führt zur Unmöglichkeit der Erfüllung des Urlaubsanspruchs selbst. Dies ergibt sich aus der zentralen Bedeutung des Zwecks einer Leistung auch für den Fall, daß der äußere Tatbestand der Leistungshandlung noch durchführbar ist[44]. Denn Leistungsunmöglichkeit ist als ein von naturwissenschaftlichen Kategorien unabhängiger Rechtsbegriff zu verstehen[45]. Unmöglichkeit der Leistungserfüllung tritt daher auch dann ein, wenn der Zweck, den eine Leistung vereinbarungsgemäß erreichen soll, nicht mehr erreicht werden kann. Die Verpflichtung zu einer solchen Leistung ist in gleichem Maß gegenstandslos wie die Verpflichtung, etwas naturgesetzlich nicht mehr Bewirkbares zu leisten[46, 47]. Durch den Eintritt der dauernden Erwerbsunfähigkeit erlischt sonach der Urlaubsanspruch[48].

Zu klären ist, ob der Arbeitnehmer infolge des Erlöschens seines Urlaubsanspruchs über die §§ 323/III, 812 ff. BGB seine Arbeitsleistung vom Arbeitgeber zum Teil zurückfordern kann.

Der Arbeitsvertrag ist — wie oben[49] dargelegt — ein schuldrechtliches Austauschverhältnis; deshalb sind die §§ 320 ff. grundsätzlich auf den Arbeitsvertrag anzuwenden[50]. Aus diesem Grundsatz ergibt sich jedoch noch nicht, daß die §§ 320 ff BGB angewendet werden können, wenn der Urlaubsanspruch entfällt. Viele Vertragsverhältnisse sind so ausgestaltet, daß die aus dem Vertragsverhältnis erwachsenden Ansprüche teils im synallagmatischen Verhältnis, teils außerhalb des

---

44 Vgl. *Ehmann*, S. 175; *Beuthien*, Zweckerreichung, S. 160.

45 Vgl. *Beuthien*, Zweckerreichung, S. 162.

46 Vgl. *Beuthien*, Zweckerreichung, S. 162.

47 Daß das BGB das Unmöglichwerden der Zweckerreichung als Fall des Unmöglichwerdens der Leistung ansieht, folgt aus § 726 BGB; vgl. dazu auch *Kreß*, Allgemeiner Teil, S. 165.

48 Tarifverträge sehen gelegentlich Abgeltungszahlungen für den Fall vor, daß das Arbeitsverhältnis infolge Erwerbsunfähigkeit des Arbeitnehmers beendet wird und der Urlaub bis zur Beendigung des Arbeitsverhältnisses nicht mehr genommen werden kann, so etwa § 51/I d BAT. Derartige Bestimmungen sind zulässig. Allerdings stellen die Ansprüche aus solchen Regelungen keine Urlaubsansprüche dar; es handelt sich um Ausgleichszahlungen, die von Urlaubsleistungen infolge unterschiedlicher Zweckrichtung wesensverschieden sind.

49 Vgl. oben 2.2.

50 Vgl. etwa *Hueck / Nipperdey*, S. 133; *Wiedemann*, Arbeitsverhältnis, S. 9 f. mit weiteren Nachweisen; BAG, AP Nr. 18 zu § 615 BGB; BAG, AP Nr. 21 zu § 616 BGB.

Synallagmas stehen. Außerhalb des Synallagmas stehen beispielsweise die Schutzansprüche[51].

Die Regelung des Urlaubsanspruchs im Bundesurlaubsgesetz zeigt, daß ein synallagmatisches Verhältnis zwischen Urlaubsanspruch und Anspruch auf Arbeitsleistung nicht besteht. Bis zum Ablauf der Wartezeit nach § 4 BUrlG hat der Arbeitnehmer keinen Anspruch auf Urlaub, sondern lediglich eine Anwartschaft[52]. Nach Ablauf der Wartezeit entsteht der Anspruch voll[53]. Gegen einen synallagmatischen Zusammenhang zwischen Urlaubsanspruch und Anspruch auf Arbeitsleistung spricht vor allem, daß für das Entstehen des Urlaubsanspruchs grundsätzlich nicht die tatsächliche Arbeitsleistung, sondern die Dauer des Arbeitsverhältnisses von Belang ist[54]. Die §§ 320 ff. BGB sind daher auf den Urlaubsanspruch nicht anwendbar[55]. Der Arbeitnehmer kann nicht über die §§ 323/III, 812 ff. BGB Arbeitsleistung zurückfordern, wenn die Erfüllung des Urlaubsanspruchs unmöglich geworden ist.

Auch aus den §§ 812 ff. BGB ergibt sich ein Anspruch des Arbeitnehmers auf Herausgabe eines Teils der Arbeitsleistung nicht. Denn die Arbeitsleistung ist zur Erfüllung des Arbeitsvertrags, also cum causa erbracht worden.

4.7.2. Die Beendigung des Arbeitsverhältnisses

§ 7/IV BUrlG erfordert für das Entstehen eines Abgeltungsanspruchs des weiteren die Beendigung des Arbeitsverhältnisses; diese Voraussetzung ist Folge des Grundsatzes des Abgeltungsverbots. Erst mit dem Ende des Arbeitsverhältnisses wird die Gewährung des Naturalurlaubs unmöglich; die Kündigung eines Arbeitsverhältnisses führt noch nicht zum Entstehen des Abgeltungsanspruchs, da innerhalb der Kündigungszeit der Naturalurlaub noch genommen werden kann.

Der Grund der Beendigung des Arbeitsverhältnisses ist belanglos[56]. Es kann eine ordentliche oder auch eine außerordentliche Kündigung sein; in Betracht kommen als Beendigungsgründe ferner der Ablauf eines befristeten, die Beendigung eines bedingten Arbeitsverhältnisses,

---

[51] Vgl. *Kreß*, Allgemeiner Teil, S. 42; *Larenz*, Karl, Lehrbuch des Schuldrechts, Erster Band, Allgemeiner Teil, 10. Aufl., München 1970, S. 153.

[52] Vgl. *Boldt / Röhsler*, § 4, Anm. 6.

[53] Vgl. *Boldt / Röhsler*, § 4, Anm. 3.

[54] Vgl. *Boldt / Röhsler*, § 4, Anm. 9.

[55] Auch Leistungen aus einer betrieblichen Altersversorgung stehen nicht im synallagmatischen Verhältnis zur Arbeitsleistung, obwohl die Leistungen Entgelt sind; vgl. BAG, AP Nr. 9 zu § 242 BGB Ruhegehalt; *Lemke*, Bernhard, Sind die Leistungen des Arbeitgebers für betriebliche Versorgungseinrichtungen Arbeitslohn?, BB 1957, S. 512 ff., S. 513.

[56] Vgl. etwa *Boldt / Röhsler*, § 7, Anm. 72; *Natzel*, § 7, Anm. 82; *Schelp / Herbst*, § 7, Anm. 101.

ein Aufhebungsvertrag oder das Unmöglichwerden der Vertragserfüllung[57].

Zwei Fälle der Beendigung des Arbeitsverhältnisses sind jedoch unten[58] gesondert zu behandeln: Die Beendigung des Arbeitsverhältnisses bei gleichzeitigem Ausscheiden des Arbeitnehmers aus dem Erwerbsleben infolge Erreichens der Altersgrenze sowie die Beendigung des Arbeitsverhältnisses durch Tod des Arbeitnehmers. Hier treten Probleme der Zweckstörung auf.

4.7.3. Unmöglichkeit der Gewährung des Naturalurlaubs als Anspruchsvoraussetzung?

Der Wortlaut des § 7/IV BUrlG (*Kann* der Urlaub ... nicht mehr gewährt werden ...) läßt darauf schließen, daß Voraussetzung für das Entstehen des Abgeltungsanspruchs die durch die Beendigung des Arbeitsverhältnisses verursachte Unmöglichkeit der Gewährung des Naturalurlaubs ist. Kann der Urlaub noch bis zur Beendigung des Arbeitsverhältnisses genommen werden, so entsteht nach dem Wortlaut des Gesetzes ein Abgeltungsanspruch nicht, auch wenn etwa der Arbeitnehmer, der seine Urlaubsplanung für das laufende Jahr bereits getroffen hat, den Urlaub nicht nehmen kann, weil er seine Urlaubsplanung ansonsten ändern müßte.

In der Rechtsprechung[59] und Literatur[60] ist vor Erlaß des Bundesurlaubsgesetzes die Auffassung vertreten worden, daß Unmöglichkeit der Naturalurlaubsgewährung Voraussetzung des Entstehens des Abgeltungsanspruchs ist. Nach Erlaß des Bundesurlaubsgesetzes ist das Bundesarbeitsgericht in einer Entscheidung vom 21. 4. 1966[61] von dieser Auffassung abgewichen. Nach Ansicht des Bundesarbeitsgerichts führt die Beendigung des Arbeitsverhältnisses grundsätzlich zum Entstehen des Abgeltungsanspruchs, es sei denn, die Verwirklichung des Freizeitanspruchs werde ohne triftigen Grund bewußt verhindert, um statt des Naturalurlaubsanspruchs die vorteilhafter erscheinende Abgeltung zu erlangen. Der Auffassung des Bundesarbeitsgerichts, wonach Bestehen eines Anspruchs auf Naturalurlaub und Beendigung des Arbeitsverhältnisses für das Entstehen des Abgeltungsanspruchs grundsätzlich ausreichen, ohne daß es auf die Unmöglichkeit der Erfüllung

---

[57] Vgl. *Beuthien*, Zweckerreichung, S. 44; von *Boldt / Röhsler*, § 7, Anm. 72 wird dieser Gesichtspunkt übersehen.

[58] Unten 4.8.1. und 4.8.2.

[59] Vgl. BAG, BB 1960, S. 864; ArbG Heide, ARSt XVIII, S. 190 f.; weniger streng LAG Bremen, BB 1960, S. 94 f.; LAG Bremen, AP Nr. 1 zu § 6 Bremisches Urlaubsgesetz; LAG Hannover, BB 1959, S. 118.

[60] Vgl. *Koch*, S. 512.

[61] AP Nr. 3 zu § 7 BUrlG.

des Naturalurlaubsanspruchs ankäme, stimmt die neuere urlaubsrechtliche Literatur weitgehend zu[62].

Unproblematisch sind die Fälle, in denen der Gewährung des Naturalurlaubs bis zur Beendigung des Arbeitsverhältnisses dringende betriebliche Belange oder die Urlaubswünsche anderer Arbeitnehmer, die unter sozialen Gesichtspunkten den Vorrang verdienen, entgegenstehen. Wann betriebliche Belange dringend sind, und wann Urlaubswünsche anderer Arbeitnehmer den Vorrang verdienen, ist durch Interessenabwägung in jedem Einzelfall zu entscheiden[63]. Will der Arbeitnehmer vor Beendigung des Arbeitsverhältnisses seinen Naturalurlaubsanspruch realisieren, so sind aufgrund des Vorrangs des Naturalurlaubsanspruchs gegenüber dem Abgeltungsanspruch besonders hohe Anforderungen an die betrieblichen Belange und an die Vorrangigkeit der Urlaubswünsche anderer Arbeitnehmer zu stellen. Ergibt die Interessenabwägung den Vorrang betrieblicher Erfordernisse oder der Urlaubswünsche anderer Arbeitnehmer, so muß der Urlaubsanspruch des ausscheidenden Arbeitnehmers abgegolten werden, da Naturalurlaub nicht genommen werden kann.

Unproblematisch sind auch die Fälle, in denen der Arbeitnehmer den Urlaub während der verbleibenden Dauer des Arbeitsverhältnisses nehmen *muß*. Dies ist der Fall, wenn in diese Zeit Betriebsferien gelegt sind; die in der Anordnung von Betriebsferien erkennbaren betrieblichen Belange — in der Regel werden Betriebsferien aus wirtschaftlichen, technischen oder saisonalen Gründen festgelegt — verdienen gewöhnlich den Vorrang gegenüber den Urlaubswünschen des Arbeitnehmers. Der Arbeitnehmer muß grundsätzlich seinen Urlaub während der verbleibenden Arbeitszeit ferner dann nehmen, wenn er wegen Auftragsmangel nicht beschäftigt werden kann[64], oder wenn dem Arbeitgeber eine weitere Beschäftigung nicht zumutbar ist, was etwa bei Arbeitnehmern denkbar ist, die Kenntnis wichtiger Betriebsinterna erhalten, die nach dem Ausscheiden durch den Arbeitnehmer zum Nachteil des Unternehmens verwendet werden können.

Problematisch sind dagegen die Fälle, in denen weder betriebliche Belange noch vorrangige Wünsche anderer Arbeitnehmer der Urlaubs-

---

62 Vgl. *Boldt / Röhsler*, § 7, Anm. 73; enger § 7, Anm. 27; *Schelp / Herbst*, § 7, Anm. 102; *Stahlhacke*, § 7, Anm. 61; unklar *Dersch / Neumann*, § 7, Anm. 84 f.; ebenfalls unklar *Görner*, Willy, Die Urlaubsabgeltung, DB 1959, S. 830; einschränkend *Trappe*, S. 46.

63 Vgl. *Dersch / Neumann*, § 7, Anm. 19; *Boldt / Röhsler*, § 7, Anm. 10; *Natzel*, § 7, Anm. 26; *Schelp / Herbst*, § 7, Anm. 21; a. A. *Stahlhacke*, § 7, Anm. 7; *von der Laden*, S. 29 ff.; vgl. auch *Meisel*, Peter G., Die zeitliche Lage des Urlaubs und die Abwicklung des Urlaubs nach dem Bundesurlaubsgesetz, DB 1965, S. 896 ff., S. 931 ff., S. 934.

64 Vgl. dazu *Schaub*, S. 160.

gewährung während der Kündigungszeit entgegenstehen, noch der Urlaub durch den Arbeitgeber gegen den Willen des Arbeitnehmers in die Kündigungszeit gelegt werden kann. Es ist zu klären, ob aufgrund des Abgeltungsverbots der Arbeitnehmer Naturalurlaub nehmen muß, soweit dies möglich ist, der Abgeltungsanspruch also nur entsteht, wenn die Erfüllung des Naturalurlaubsanspruchs unmöglich ist.

Bei der Lösung der Frage, ob die Unmöglichkeit der Gewährung des Naturalurlaubs Voraussetzung des Entstehens des Abgeltungsanspruchs ist, sind der Urlaubszweck, der Sinn des Abgeltungsverbots, der in § 7/II BUrlG verankerte Grundsatz der Unteilbarkeit des Urlaubs sowie die in § 7/I BUrlG normierten Grundsätze für die Festlegung der Urlaubszeit zu berücksichtigen.

Sinn des aus § 7/IV BUrlG abzuleitenden Abgeltungsverbots ist es, die Erreichung der Urlaubszwecke zu sichern und zu verhindern, daß der Arbeitnehmer seinen Urlaubsanspruch zu Geld macht. Zur Sicherung der Erreichung der Urlaubszwecke ist der Grundsatz des Abgeltungsverbots im Prinzip auch auf den Fall der Beendigung des Arbeitsverhältnisses zu erstrecken.

Aus dem Zweck des Urlaubs, als Raum der Selbstbestimmung zu dienen, aus dem in § 7/I BUrlG festgelegten Grundsatz der Berücksichtigung der Urlaubswünsche des Arbeitnehmers[65], sowie aus dem Grundsatz der Einheitlichkeit des Urlaubs ergeben sich jedoch Einschränkungen des Abgeltungsverbots bei Beendigung des Arbeitsverhältnisses.

Durch den Grundsatz des Abgeltungsverbots darf dem Arbeitnehmer nicht die zeitliche Lage seines Urlaubs aufgezwungen werden. Will der Arbeitnehmer beispielsweise im Winter Urlaub nehmen, da er Ski laufen möchte, endet das Arbeitsverhältnis jedoch im August, so kann der Arbeitnehmer auch dann nicht durch § 7/IV BUrlG zur Verlegung des Urlaubs in den Sommer gezwungen werden, wenn die Erfüllung des Naturalurlaubsanspruchs an sich möglich wäre.

Durch § 7/IV BUrlG darf der Anspruch auf zusammenhängenden Urlaub nicht gegen den Willen des Arbeitnehmers vereitelt werden. Kann der Urlaubsanspruch aus einem gekündigten Arbeitsverhältnis noch innerhalb der Kündigungsfrist genommen werden in einer Jahreszeit, in der der Arbeitnehmer seinen Urlaub geplant hat, so kann er dennoch Abgeltung beanspruchen, wenn er es vorzieht, den Urlaubsanspruch zusammen mit dem beim neuen Arbeitgeber zu erwartenden Anspruch zu realisieren, vorausgesetzt, der Arbeitnehmer kann bei dem neuen Arbeitgeber innerhalb des Kalenderjahrs noch einen fälli-

---

[65] Vgl. dazu im einzelnen *von der Laden*, insbesondere S. 26 f.; vgl. auch *Zapf*, S. 166 ff.

gen Urlaubsanspruch erwerben[66], was aufgrund der Vorschrift des § 4 BUrlG nur möglich ist, wenn das neue Arbeitsverhältnis vor dem 1. Juli beginnt.

Die gegenteilige Auffassung, die eine Verpflichtung zum Nehmen des Naturalurlaubs bei Beendigung des Arbeitsverhältnisses bejaht[67], übersieht, daß das Abgeltungsverbot abgeleitet wird aus dem Urlaubszweck, dessen Sicherung das Abgeltungsverbot dienen soll[68]. Folglich kann das Abgeltungsverbot nicht soweit gehen, daß es den Urlaubszweck „Selbstbestimmung" einschränkt. Die Festlegung der zeitlichen Lage des Urlaubs ist jedoch wesentliche Voraussetzung der Realisierung dieses Zwecks.

Unmöglichkeit der Erfüllung des Naturalurlaubsanspruchs bis zur Beendigung des Arbeitsverhältnisses ist sonach nicht Voraussetzung für das Entstehen des Abgeltungsanspruchs. Nur dann wird in der Regel das Verbot der Abgeltung eingreifen, wenn der Arbeitnehmer bereits seinen gesamten Anspruch innerhalb des alten Arbeitsverhältnisses realisieren kann in einem Zeitraum, in dem er ohnehin seinen Urlaub verbringen wollte. Die Abgeltung des Urlaubs bei Beendigung des Arbeitsverhältnisses wird erst dann unzulässig, wenn ein sachlicher Grund für die Nichtrealisierung des Naturalurlaubsanspruchs nicht vorhanden ist; bei der Prüfung der Frage des Vorliegens eines sachlichen Grundes sind die vom Arbeitnehmer für die Gestaltung seines Urlaubs als richtig angesehenen Maßstäbe anzulegen; es findet also eine rein subjektive Überprüfung statt. Das Erfordernis des Anlegens eines subjektiven Maßstabs ergibt sich aus dem Urlaubszweck „Selbstbestimmung" sowie aus dem Grundsatz der Berücksichtigung der Urlaubswünsche des Arbeitnehmers[69].

---

[66] Vgl. *Natzel*, § 7, Anm. 21; a. A. *Schelp / Herbst*, § 7, Anm. 40; *Frey*, Erich, Zwei Jahre Bundesurlaubsgesetz im Spiegel der Rechtsprechung, AuR 1965, S. 70 ff., jeweils ohne Begründung; vgl. auch *Dersch / Neumann*, § 7, Anm. 43, 49; *Boldt / Röhsler*, §7, Anm. 26; entgegen der Auffassung *von der Ladens*, S. 58, ist durch den Wortlaut des § 7/IV BUrlG keineswegs abgeklärt, daß der Naturalurlaub wenigstens teilweise zu gewähren ist, wenn er bis zur Beendigung des Arbeitsverhältnisses nicht mehr vollständig gewährt werden kann, daß durch das Abgeltungsverbot also der Grundsatz der Einheitlichkeit des Urlaubsanspruchs durchbrochen ist. Der Wortlaut des § 7/IV BUrlG läßt vielmehr die Interpretation zu, daß der Urlaubsanspruch insgesamt abzugelten ist, wenn er nicht mehr vollständig realisiert werden kann; die Formulierung des § 7/IV BUrlG legt diese Interpretation sogar nahe. Sollte das durch von der Laden angestrebte Ergebnis erzielt werden, so hätte der Gesetzgeber etwa formulieren müssen: „*Soweit* der Urlaub wegen Beendigung des Arbeitsverhältnisses nicht mehr gewährt werden kann, ist er abzugelten." § 7/IV BUrlG lautet jedoch: „Kann der Urlaub wegen Beendigung des Arbeitsverhältnisses ganz oder teilweise nicht mehr gewährt werden, so ist er abzugelten."

[67] Vgl. *von der Laden*, S. 58; *Stahlhacke*, § 7, Anm. 22; einschränkend *Dersch / Neumann*, § 7, Anm. 41; vgl. auch *Siara*, Kommentar, § 7, Anm. 9.

[68] Vgl. oben 4.1.

4.8. Negative Tatbestandsvoraussetzungen des Abgeltungsanspruchs

4.8.1. Beendigung des Arbeitsverhältnisses bei gleichzeitigem Ausscheiden aus dem Erwerbsleben

Definiert man Urlaub als zeitweise Befreiung von der Arbeit zur Gewährung eines Raums der Selbstbestimmung und zur Regeneration der Arbeitskraft von geleisteter Arbeit für zu leistende Arbeit, so wird der Urlaubszweck gestört, wenn der Arbeitnehmer aus dem Erwerbsleben ausscheidet; der Pensionär bedarf seiner Arbeitskraft für den Beruf nicht mehr; seiner Selbstbestimmung ist durch berufliche Tätigkeit keine Grenze gesetzt.

Der Fortfall des Anspruchszwecks führt zur Unmöglichkeit der Leistung. Dies ergibt sich aus der zentralen Bedeutung des Zwecks einer Leistung auch für den Fall, daß der äußere Tatbestand der Leistungshandlung noch durchführbar ist[70]. Denn Leistungsunmöglichkeit ist als ein von naturwissenschaftlichen Kategorien unabhängiger Rechtsbegriff zu verstehen[71]. Unmöglichkeit der Leistungserfüllung tritt daher auch dann ein, wenn der Zweck, den eine Leistung vereinbarungsgemäß erreichen soll, nicht mehr erreicht werden kann. Die Verpflichtung zu einer solchen Leistung ist in gleichem Maße gegenstandslos wie die Verpflichtung, etwas naturgesetzlich nicht mehr Bewirkbares zu leisten.

Da ein Anspruch regelmäßig nur dann entstehen kann, wenn seine Erfüllung im Entstehungszeitpunkt möglich ist[72], entsteht ein Abgeltungsanspruch dann nicht, wenn das Arbeitsverhältnis dadurch beendet wird, daß der Arbeitnehmer infolge Erreichens der Altersgrenze aus dem Arbeitsverhältnis und gleichzeitig aus dem Berufsleben ausscheidet.

Ohne das Problem des Zweckfortfalls zu erkennen, bejahen höchstrichterliche Rechtsprechung[73] und Literatur[74] das Entstehen eines Ab-

---

[69] Zu eng etwa *Bongartz,* S. 214, der zwingende persönliche Gründe fordert; zu eng auch LAG Hamburg, ARSt XIV, S. 396; zu weit freilich die Auffassung des ArbG Köln, AuR 1970, S. 316, wonach ein Abgeltungsanspruch nur entfällt, wenn er bewußt verhindert wird; zustimmend *Stahlhacke,* § 7, Anm. 61; diese Auffassung übersieht, daß Gründe für ein Abweichen vom Prinzip des Vorrangs des Freizeitanspruchs vorliegen müssen; die bloße Nichtgeltendmachung des Naturalurlaubsanspruchs stellt keinen Grund dar. Es ist vielmehr ein — wenn auch aus subjektiver Sicht — vernünftiger Anlaß für die Nichtinanspruchnahme des Naturalurlaubs zu fordern.

[70] Vgl. *Ehmann,* S. 175; *Beuthien,* Zweckerreichung, S. 160.

[71] Vgl. *Beuthien,* Zweckerreichung, S. 162.

[72] Vgl. § 306 BGB; Ausnahmen von der Regelung dieser Vorschrift sind etwa §§ 437, 459 BGB; vgl. auch Art. 100 des Einheitlichen Kaufgesetzes über den Abschluß von internationalen Kaufverträgen über bewegliche Sachen vom 17. Juli 1973, BGBl 1973 I, S. 868.

[73] Vgl. BAG, AP Nr. 92 zu § 611 BGB Urlaubsrecht; BAG, AP Nr. 3 zu § 7 BUrlG; BAG, DB 1966, S. 824; ebenso ArbG Emden, ARSt 1971, S. 146;

geltungsanspruchs bei Beendigung des Arbeitsverhältnisses und Ausscheiden aus dem Erwerbsleben durch Erreichen der Altersgrenze. Von der von ihr vertretenen Fürsorgetheorie aus müßte die Rechtsprechung bereits den sachlichen Grund für die Urlaubsgewährung, die Notwendigkeit der Fürsorge für den Arbeitnehmer leugnen; denn der pensionierte Arbeitnehmer bedarf der bezahlten Freizeit zur Regeneration seiner Arbeitskraft nicht mehr. Die Rechtsprechung wendet sich mit ihrer Auffassung der Entgelttheorie zu, offenbar ohne sich dessen bewußt zu werden. Gleichzeitig wird die Zweckbindung des Naturalurlaubsanspruchs und des Abgeltungsanspruchs übersehen.

4.8.2. Beendigung des Arbeitsverhältnisses durch Tod des Arbeitnehmers

Durch den Tod des Arbeitnehmers wird das Arbeitsverhältnis beendet; die Voraussetzungen für das Entstehen eines Abgeltungsanspruchs sind daher an sich dann gegeben, wenn dem Arbeitnehmer ein Anspruch auf Naturalurlaub zustand. Durch den Tod des Arbeitnehmers fällt jedoch der Zweck des Abgeltungsanspruchs fort; die Erfüllung des Abgeltungsanspruchs ist daher von Anfang an unmöglich, der Abgeltungsanspruch entsteht trotz Beendigung des Arbeitsverhältnisses nicht[75].

4.9. Abgeltung in sonstigen Fällen?

In der Literatur und Rechtsprechung wird die Abgeltung des Naturalurlaubsanspruchs zum Teil auch dann zugelassen, wenn das Arbeitsverhältnis nicht beendet ist. Als Abgeltungstatbestand werden etwa angesehen die langandauernde Erkrankung des Arbeitnehmers[76], die Überschreitung der Übertragungsfristen des § 7/III/2 BUrlG[77] sowie das Ruhen des Arbeitsverhältnisses[78].

---

zu weitgehend ArbG Stade, ARSt XXVI, S. 152 f. für den Fall länger dauernder Haft, wobei übersehen wird, daß hier die Zweckerreichung noch möglich ist; richtig dagegen ArbG Stade, ARSt XIX, S. 23.

[74] Vgl. *Boldt / Röhsler*, § 7, Anm. 72; *Nikisch*, Anm. zu BAG Nr. 2 zu § 7 BUrlG.

[75] Vgl. RAG, BS 8, S. 386 ff., S. 388; *Stehl*, Heinrich, Pfändbarkeit des Urlaubsentgelts, DB 1964, S. 334 ff.; vgl. auch LAG Essen, BS 10, S. 26 f.

[76] Vgl. *Boldt / Röhsler*, § 9, Anm. 32; *Borrmann*, Kommentar, § 7, Anm. 21; anders wohl § 9, Anm. 23; *Trieschmann*, Günther, Urlaub und Krankheit, DB 1958, S. 599 ff., S. 602; *ders.*, Zur Frage der Rechtseinheit im Urlaubsrecht, DB 1963, S. 692 ff., S. 695; *Trappe*, S. 46; *Siara*, Kommentar, § 7, Anm. 26; *Schelp / Herbst*, § 7, Anm. 113; § 9, Anm. 26; vgl. auch *Witting*, S. 808; BAG, AR-Blattei D — Blatt „Urlaub“ Entscheidung 82; RAG, ARS 35, S. 44 ff.; LAG Bremen, AP 1950 Nr. 58; LAG Bremen, AP Nr. 1 zu § 6 Urlaubsgesetz Bremen; LAG Mannheim, BB 1955, S. 1025 — sehr weitgehend.

[77] Vgl. *Dersch*, Anm. zu BAG AP Nr. 4 zu § 611 BGB Urlaubsrecht; *Trieschmann*, AuR 1963, S. 69; *ders.*, DB 1963, S. 695; BGH, AP Nr. 89

Begründet wird das Entstehen eines Abgeltungsanspruchs für den Fall der langdauernden Krankheit des Arbeitnehmers damit, daß der kranke Arbeitnehmer nicht schlechter gestellt werden dürfe als der Arbeitnehmer eines beendeten Arbeitsverhältnisses; dieser aber erhalte einen Abgeltungsanspruch[79].

Die Vertreter dieser Auffassung übersehen, daß sich das Ziel, den kranken Arbeitnehmer nicht schlechter zu stellen als den Arbeitnehmer bei Beendigung des Arbeitsverhältnisses, auch dadurch erreichen läßt, daß Übertragung des Urlaubs im Falle der Erkrankung des Arbeitnehmers über die Grenzen des § 7/III/3 BUrlG hinaus zugelassen wird. Die Zahlung einer Abgeltung während des bestehenden Arbeitsverhältnisses stellt eine sachlich nicht begründete, da nicht notwendige Durchbrechung des Grundsatzes des Abgeltungsverbotes dar[80]. Der Zweck des Abgeltungsanspruchs ist ohnehin nur dadurch realisierbar, daß sich der Arbeitnehmer arbeitsfreie Zeit verschafft; der Arbeitgeber müßte also zunächst Urlaubsabgeltung bezahlen, anschließend unbezahlte arbeitsfreie Zeit gewähren, damit der Zweck des Abgeltungsanspruchs verwirklicht werden kann. Dann aber ist es sinnvoller, unmittelbarer Anspruch auf Naturalurlaub zu geben.

Auch in den Fällen, in denen die Fristen des § 7/III/3 BUrlG aus wichtigen Gründen nicht eingehalten werden können, besteht ein Anlaß zur Durchbrechung des Grundsatzes des Abgeltungsverbots nicht. Der Vorrang des Naturalurlaubsanspruchs kann gewahrt werden durch Übertragung des Urlaubs über die Grenzen des § 7/III/3 BUrlG hinaus.

Das vom BGH[81] vorgetragene Argument, der durch zwingende betriebliche Erfordernisse an der Inanspruchnahme des Urlaubs gehinderte Arbeitnehmer dürfe nicht bestraft werden, vermag eine erweiterte Zulassung der Abgeltung nicht zu begründen, denn auch in diesem Fall genügt die Möglichkeit einer über § 7/III/3 BUrlG hinausgehenden Übertragung des Naturalurlaubsanspruchs.

Entgegenzutreten ist der vom BAG[82] angedeuteten Möglichkeit der Abgeltung bei „übergroßer Verzögerung der Freizeitgewährung". Tatsächlich würde in solchen Fällen der Abgeltungsanspruch zum reinen Zahlungsanspruch, da der Arbeitnehmer der arbeitsfreien Zeit bedürfte, um den Zweck des Abgeltungsanspruchs zu realisieren. Das vom BAG zur Begründung seiner Auffassung herangezogene Argument

---

zu § 611 BGB Urlaubsrecht mit ablehnender Anm. *Neumann;* LAG Bremen, AP Nr. 1 zu § 6 Urlaubsgesetz Bremen.

[78] Vgl. *Natzel,* § 7, Anm. 82.

[79] Vgl. *Gros,* AR-Blattei D Urlaub IX B II 2.

[80] Gegen Abgeltung in diesen Fällen *Stahlhacke,* § 9, Anm. 7.

[81] BGH, AP Nr. 89 zu § 611 BGB Urlaubsrecht.

[82] BAG, DB 1971, S. 683 f., S. 684.

der Bindung des Urlaubs an das Urlaubsjahr fordert als sachlogische Konsequenz den Wegfall des Urlaubsanspruchs bei „übergroßer Verzögerung" und nicht die Durchbrechung des Abgeltungsverbots.

Das Entstehen eines Abgeltungsanspruchs für den Fall des Ruhens des Arbeitsverhältnisses begründet Natzel[83] aus einer Identität der Interessenlage bei Beendigung des Arbeitsverhältnisses einerseits und bei Ruhen des Arbeitsverhältnisses andererseits.

Der Auffassung Natzels ist nicht zu folgen. Fälle des Ruhens des Arbeitsverhältnisses sind insbesondere die Suspendierung des Arbeitnehmers wegen Verdachts schwerer Arbeitsvertragsverletzung, Suspendierung durch Streik oder Aussperrung (mit Ausnahme der lösenden Aussperrung[84]) sowie die Ableistung des Grundwehrdienstes oder einer Wehrübung durch den Arbeitnehmer (§ 1/I Arbeitsplatzschutzgesetz). Durch das Ruhen des Arbeitsverhältnisses werden die gegenseitigen Hauptpflichten nur suspendiert, jedoch nicht inhaltlich verändert[85]; das Ruhen des Arbeitsverhältnisses kann daher nicht zu einer Umwandlung des Naturalurlaubsanspruchs in einen Abgeltungsanspruch führen. Außerdem besteht die von Natzel angenommene Identität der Interessenlage nicht. Während durch die Beendigung des Arbeitsverhältnisses die Gewährung des Naturalurlaubs unmöglich wird, dem Arbeitnehmer also nur der Abgeltungsanspruch verbleiben kann, ist beim Ruhen des Arbeitsplatzverhältnisses die Gewährung des Naturalurlaubs möglich, wenn das Arbeitsverhältnis fortgesetzt wird. In § 4/II Arbeitsplatzschutzgesetz sieht der Gesetzgeber denn auch für den häufigen Fall, daß der Arbeitnehmer den ihm zustehenden Urlaub vor seiner Einberufung zum Grundwehrdienst nicht oder nicht vollständig erhalten hat, vor, daß der Arbeitgeber den Resturlaub nach dem Grundwehrdienst im laufenden oder im nächsten Kalenderjahr gewähren muß[86]. Nur dann, wenn das Arbeitsverhältnis während oder bei Abschluß des Grundwehrdienstes endet, gibt § 4/III Arbeitsplatzschutzgesetz einen Abgeltungsanspruch.

Es bleibt sonach festzuhalten, daß die Beendigung des Arbeitsverhältnisses unabdingbare Voraussetzung des Entstehens des Abgeltungsanspruchs ist. Während des Bestehens des Arbeitsverhältnisses ist die Abgeltung ausgeschlossen. Zeitliche Schwierigkeiten bei der Inanspruchnahme des Urlaubs lassen sich durch Überschreiten der Fristen des § 7/III/2 BUrlG überwinden.

---

83 Vgl. *Natzel*, § 7, Anm. 72.

84 Vgl. dazu *Schaub*, S. 796.

85 Vgl. *Boldt / Röhsler*, § 7, Anm. 72.

86 Vgl. *Heusner*, Hermann, Der Einfluß des Wehrdienstes auf den Erholungsurlaub des Arbeitnehmers, DB 1964, S. 1336 ff.

5. Das Verhältnis des Naturalurlaubsanspruchs zum Abgeltungsanspruch und das Verhältnis mehrerer Abgeltungsansprüche zueinander

5.1. Das Verhältnis des Naturalurlaubsanspruchs zum Abgeltungsanspruch

Nach § 4 BUrlG wird der volle Urlaubsanspruch erstmalig nach sechsmonatigem Bestehen des Arbeitsverhältnisses erworben; bis zu diesem Zeitpunkt besteht lediglich eine Anwartschaft[1]. Ist die Wartezeit erfüllt, so entsteht in den folgenden Kalenderjahren der volle Urlaubsanspruch jeweils zu Beginn des Kalenderjahres[2].

Ausnahmen von diesen Grundsätzen regelt § 5/I BUrlG. Nach § 5/I a entsteht entgegen dem Prinzip, daß der Urlaubsanspruch erst nach sechsmonatiger Dauer des Arbeitsverhältnisses erworben wird, ein Anspruch in Höhe von je einem Zwölftel des Jahresurlaubs für jeden vollen Monat des Bestehens des Arbeitsverhältnisses in einem Kalenderjahr, in dem der Arbeitnehmer die Wartezeit nicht erfüllt. Ebenfalls entgegen dem Wartezeitprinzip des § 4 BUrlG entsteht ein Anspruch in Höhe von je einem Zwölftel für jeden vollen Monat des Bestehens des Arbeitsverhältnisses, wenn der Arbeitnehmer vor Ablauf der Wartezeit aus dem Arbeitsverhältnis ausscheidet.

Im Widerspruch zu dem Grundsatz, daß nach Erfüllung der Wartezeit zu Beginn jedes Kalenderjahrs der volle Urlaubsanspruch entsteht, bestimmt § 5/I c, daß der Arbeitnehmer einen Anspruch lediglich in Höhe von je einem Zwölftel des Jahresurlaubs für jeden vollen Monat hat, wenn er nach erfüllter Wartezeit in der ersten Hälfte des Kalenderjahres aus dem Arbeitsverhältnis ausscheidet[3].

Beim Wechsel des Arbeitsplatzes während des Urlaubsjahrs können aufgrund der Bestimmungen der §§ 4, 5/I BUrlG folgende Konstellationen auftreten:

---

[1] Vgl. *Boldt / Röhsler,* § 4, Anm. 6.

[2] Vgl. *Boldt / Röhsler,* § 4, Anm. 21.

[3] Der Anspruch nach § 5/I c ist — mit *Dersch / Neumann,* § 5, Anm. 14 — als gekürzter Vollurlaub zu bezeichnen, da mit Beginn des Urlaubsjahrs der Urlaubsanspruch in voller Höhe zunächst entsteht und erst aufgrund des Ausscheidens des Arbeitnehmers aus dem Arbeitsverhältnis gekürzt wird.

1. Das Entstehen mehrerer Teilurlaubsansprüche nach § 5/I a, b und c BUrlG.
2. Das Entstehen eines Vollurlaubs im ersten Arbeitsverhältnis und eines Teilurlaubsanspruchs oder mehrerer Teilurlaubsansprüche im zweiten Arbeitsverhältnis, gegebenenfalls in den weiteren Arbeitsverhältnissen.
3. Das Entstehen eines Teilurlaubs im ersten Arbeitsverhältnis und eines Vollurlaubs im zweiten Arbeitsverhältnis; gegebenenfalls das Entstehen mehrerer Teilurlaubsansprüche und eines Vollurlaubsanspruchs.

Umstritten ist die Frage der Behandlung des Abgeltungsanspruchs, der im ersten Arbeitsverhältnis entsteht, wenn im nachfolgenden Arbeitsverhältnis ein Anspruch auf Gewährung von Freizeit entstehen kann oder bereits entstanden ist. Zu dieser Frage haben sich drei Auffassungen herausgebildet:

5.1.1. Theorie des Wahlrechts

Diese Auffassung geht davon aus, daß dem Arbeitnehmer ein Wahlrecht zwischen dem Abgeltungsanspruch gegen den alten Arbeitgeber und dem Freizeitanspruch gegen den neuen Arbeitgeber zusteht[4].

Begründet wird diese Auffassung damit, daß ein Vorrang des Naturalurlaubs sich aus dem Bundesurlaubsgesetz, insbesondere auch aus dem Abgeltungsverbot nicht herleiten lasse. Der Abgeltungsanspruch sei nach Beendigung des ersten Arbeitsverhältnisses wirksam entstanden. Das Verbot der Abgeltung könne nur Bedeutung haben innerhalb eines bestehenden Arbeitsverhältnisses; hier solle das Abgeltungsverbot verhindern, daß der Naturalurlaub abgekauft werde, der Arbeitnehmer also ununterbrochen ohne Urlaub in Arbeit bleibe. Sei das Arbeitsverhältnis beendet und könne keine Freizeit mehr gewährt werden, so entstehe ein Abgeltungsanspruch, der nicht mehr nachträglich entfallen könne. Der Arbeitnehmer könne sich wahlweise an den alten oder an den neuen Arbeitgeber halten.

5.1.2. Theorie vom Vorrang des Freizeitanspruchs

Die weit überwiegende Meinung in Literatur und Rechtsprechung geht dahin, daß der Freizeitanspruch aus einem zweiten Arbeitsver-

[4] Vgl. *Natzel*, § 6, Anm. 13; *Zöllner*, Anm. zu BAG AP Nr. 2 zu § 5 BUrlG für den Fall, daß gegen den ersten Arbeitgeber ein Teilurlaubsanspruch, gegen den zweiten Arbeitgeber ein Vollurlaubsanspruch entstanden ist. Für die Zeit vor Erlaß des Bundesurlaubsgesetzes vgl. *Nikisch*, Arbeitsrecht, S. 529; *Diekhoff*, DB 1962, S. 1047; *Rothe*, S. 266 ff.; ArbG Bremen, BB 1951, S. 446; ArbG Wilhelmshaven, DB 1959, S. 813.

hältnis dem Abgeltungsanspruch aus dem ersten Arbeitsverhältnis vorgeht. Diese Ansicht war sowohl vor Erlaß des Bundesurlaubsgesetzes[5] als auch nach Erlaß des Gesetzes herrschend[6]. Die Vorrangstellung des Freizeitanspruchs folgert man aus dem Zweck des Urlaubsgesetzes der Sicherung eines Minimums an bezahlter Freizeit[7]. Aus der Vorrangstellung des Freizeitanspruchs wird ein Recht des alten Arbeitgebers abgeleitet, den Arbeitnehmer auf den im neuen Arbeitsverhältnis entstandenen Freizeitanspruch zu verweisen[8].

5.1.3. Theorie vom Vorrang des Abgeltungsanspruchs

Den Vorrang des Abgeltungsanspruchs generell bejahen lediglich Diekhoff[9] und Boldt-Röhsler[10]. Das LAG-Baden-Württemberg[11] sowie Zöllner[12] vertreten die Auffassung des Vorrangs des Abgeltungsanspruchs nur für den Fall, daß beim alten Arbeitgeber bereits ein Anspruch auf vollen Jahresurlaub entstanden ist. Gestützt wird diese Auffassung auf den Grundsatz der Einheitlichkeit des Urlaubsanspruchs.

Diekhoff[13] begründet seine Auffassung lediglich — ganz formal — aus dem Wortlaut des § 7/IV BUrlG, wo es heißt: „Der Urlaub *ist* abzugelten." Der Wortlaut des Gesetzes unterscheide sich von den bisherigen Formulierungen der Länderurlaubsgesetze unverkennbar durch die Wendung von einer Kann- zu einer Mußbestimmung.

---

5 Vgl. BAG, AP Nr. 21 zu § 611 BGB Urlaubsrecht = SAE 1958, S. 50 ff. mit zustimmender Anm. *Dissinger;* BAG, AP Nr. 46, 47 zu § 611 BGB Urlaubsrecht jeweils mit zustimmender Anm. *Dersch; Sturn,* Helmuth, Der Urlaubsanspruch bei Arbeitsplatzwechsel, Arbeits- und Sozialrecht 1960, S. 190; *Trieschmann,* AuR 1961, S. 158 ff.; LAG Bremen, AP Nr. 4 zu § 9 Urlaubsgesetz Bremen; ArbG Bremen, ARSt XIV, S. 61; LAG Hamburg, BB 1952, S. 804; ArbG Kaiserslautern, ARSt XXI, S. 115.

6 Vgl. BAG, AP Nr. 8 zu § 7 BUrlG Abgeltung; BAG, SAE 1966, S. 241 ff. mit zustimmender Anm. *Herschel;* LAG Düsseldorf, DB 1968, S. 1912; ArbG Heilbronn, DB 1969, S. 179 f.; *Gumpert,* Jobst, Anspruch auf Teilurlaub und auf vollen Urlaub, BB 1966, S. 539 ff.

7 Vgl. statt aller BAG, AP Nr. 8 zu § 7 BUrlG Abgeltung; *Neumann,* Dirk, Die Urlaubsabgeltung bei Wechsel des Arbeitsverhältnisses, AuR 1971, S. 107 ff., S. 108.

8 Vgl. LAG Bremen, SAE 1960, S. 40 ff., S. 42; weitergehend ArbG Heilbronn, BB 1969, S. 179 ff., S. 180, das davon ausgeht, daß der Abgeltungsanspruch aufschiebend bedingt sei durch die Nichtentstehung von Teilfreizeitansprüchen.

9 Vgl. *Diekhoff,* Ludwig, Der Urlaubsanspruch bei Arbeitsplatzwechsel nach dem BUrlG, BB 1963, S. 1258 f.

10 Vgl. *Boldt / Röhsler,* § 6, Anm. 18.

11 Vgl. LAG Baden-Württemberg, DB 1964, S. 1230 f.

12 Vgl. *Zöllner,* Anm. zu BAG AP Nr. 2 zu § 5 BUrlG.

13 Vgl. *Diekhoff,* BB 1963, S. 1258 f.

Boldt / Röhsler[14] stützen sich ebenfalls auf den Wortlaut des § 7/IV BUrlG und gründen — sachlich — die Richtigkeit ihres Ergebnisses darauf, daß es nicht gerechtfertigt erscheine, dem neuen Arbeitgeber die wirtschaftliche Belastung der Urlaubsgewährung für einen Zeitraum aufzuerlegen, in dem der Arbeitnehmer noch für den früheren Arbeitgeber tätig gewesen sei[15].

5.1.4. Stellungnahme zu den Theorien

Die Vorschriften des Bundesurlaubsgesetzes enthalten eine Klärung der Frage des Verhältnisses des Freizeitanspruchs zum Abgeltungsanspruch nicht.

Im Gegensatz zur Auffassung Diekhoffs[16] und Boldt / Röhslers[17] kann aus der Formulierung des § 7/IV BUrlG ein Vorrang des Abgeltungsanspruchs nicht abgeleitet werden. Diese Norm besagt lediglich, daß dem Arbeitnehmer ein Anspruch auf Abgeltung des aus einem Arbeitsverhältnis entstandenen Urlaubsanspruchs dann zusteht, wenn dieser Urlaubsanspruch in Natur nicht mehr realisiert werden kann. § 7/IV BUrlG regelt jedoch nicht das Verhältnis zwischen mehreren Urlaubsansprüchen aus mehreren Arbeitsverhältnissen. Der Auffassung Diekhoffs und Boldt / Röhslers steht zudem der Wortlaut des § 6 BUrlG entgegen, wonach aus dem Urlaubsanspruch aus einem zweiten Arbeitsverhältnis nur der *gewährte* Urlaub aus einem früheren Arbeitsverhältnis angerechnet wird. Ein Anspruch auf Urlaub oder Urlaubsabgeltung aus dem früheren Arbeitsverhältnis allein hat nach dem Wortlaut des Bundesurlaubsgesetzes also auf den Urlaubsanspruch aus dem zweiten Arbeitsverhältnis keinen Einfluß.

Die Auffassung vom Vorrang des Freizeitanspruchs wird im wesentlichen aus dem Grundsatz des Abgeltungsverbots abgeleitet.

Ein Vorrang des Freizeitanspruchs in dem Umfang, wie er zur Begründung des Vorrangs des Freizeitanspruchs im Verhältnis zum Abgeltungsanspruch aus einem neuen Arbeitsverhältnis notwendig wäre, läßt sich dem im Bundesurlaubsgesetz verankerten Abgeltungsverbot nicht entnehmen. Sinn des Abgeltungsverbots ist es, die Vereitelung des Urlaubszwecks durch Abkauf von Urlaubsansprüchen zu verhindern[18]. Dieser Sinn des Abgeltungsverbots fordert nicht, bei Arbeitsplatzwechsel den Arbeitnehmer auf den Freizeitanspruch aus

[14] Vgl. *Boldt / Röhsler*, § 6, Anm. 18.

[15] Für die Zeit vor Erlaß des Bundesurlaubsgesetzes vertritt die Auffassung vom Vorrang des Abgeltungsanspruchs *Nikisch*, Arbeitsrecht, S. 528.

[16] Vgl. *Diekhoff*, BB 1963, S. 1258.

[17] Vgl. *Boldt / Röhsler*, § 6, Anm. 18.

[18] Vgl. *Natzel*, § 6, Anm. 13.

dem neuen Arbeitsverhältnis zu verweisen. Denn der alte Arbeitgeber hat keineswegs versucht, einen Freizeitanspruch abzukaufen, vielmehr stehen gegen den alten Arbeitgeber nach Maßgabe des Bundesurlaubsgesetzes dem Arbeitnehmer Abgeltungsansprüche zu. Das Verbot des Abkaufs von Freizeitansprüchen gehört sicherlich zu den fundamentalen Bestimmungen des Bundesurlaubsgesetzes. Dieser Grundsatz findet dort seine Grenze, wo die Gefahr des Abkaufs nicht besteht. Die Gefahr des Abkaufs von Urlaubsansprüchen wird durch die Norm des § 7/IV BUrlG gebannt. Es besteht keine Notwendigkeit, Abgeltungsansprüche, die in Übereinstimmung mit dieser Vorschrift entstanden sind, nachträglich wegfallen zu lassen[19].

Es ist festzuhalten, daß sich aus dem Bundesurlaubsgesetz ein Vorrang des Freizeitanspruchs gegen den neuen Arbeitgeber nicht ableiten läßt. Eine ausdrückliche Normierung des Vorrangs wäre jedoch zu erwarten gewesen, weil im Zeitpunkt des Erlasses des Bundesurlaubsgesetzes das Problem bekannt war.

Da sich weder aus dem Wortlaut des Bundesurlaubsgesetzes, noch aus den in diesem Gesetz festgelegten Prinzipien der Vorrang des Freizeitanspruchs oder der Vorrang des Abgeltungsanspruchs ableiten läßt, ist dem Arbeitnehmer ein Wahlrecht zwischen Abgeltungsanspruch gegen den alten Arbeitgeber und dem Freizeitanspruch gegen den neuen Arbeitgeber zuzubilligen. Beide Ansprüche stehen nach der Systematik des Bundesurlaubsgesetzes grundsätzlich selbständig nebeneinander[20]. Eine Verbindung zwischen beiden Ansprüchen entsteht nach § 6 BUrlG und — wie unten[21] darzulegen ist — nach § 422 BGB erst dann, wenn der Anspruch gegen den alten Arbeitgeber ganz oder teilweise erfüllt ist. Solange dies nicht geschehen ist, hat der Arbeitnehmer ein Wahlrecht.

5.2. Der Regreß zwischen den Arbeitgebern

Der Arbeitsplatzwechsel des Arbeitnehmers kann zu Belastungen der einzelnen Arbeitgeber mit Urlaubsleistungen führen, die nicht der Dauer des Arbeitsplatzverhältnisses im Urlaubsjahr entsprechen. Da der Urlaubsanspruch nach erfüllter Wartezeit am Beginn jedes Urlaubsjahrs in voller Höhe entsteht, kann der Arbeitnehmer zum Beispiel im Januar seinen vollen Jahresurlaub nehmen und im März aus dem Arbeitsverhältnis ausscheiden; wegen der Vorschrift des § 5/II BUrlG ist der Arbeitgeber nicht berechtigt, den zuviel gewährten Urlaub zurückzufordern; der neue Arbeitgeber ist durch § 6 BUrlG von der

---

19 Vgl. *Diekhoff*, DB 1962, S. 1047 ff., S. 1048.

20 Vgl. LAG Düsseldorf, BB 1968, S. 1912.

21 Vgl. unten 5.2.3.

Urlaubsleistung befreit. Umgekehrt kann aufgrund des Wahlrechts[22] des Arbeitnehmers der neue Arbeitgeber stärker mit Urlaubsleistungen belastet werden, als der Dauer des Arbeitsverhältnisses im Urlaubsjahr entspricht. Scheidet der Arbeitnehmer zum Beispiel zum 1. Juni aus seinem Arbeitsverhältnis aus und tritt sofort eine neue Arbeitsstelle an, so kann er nach erfüllter Wartezeit, also am 1. Dezember den vollen Jahresurlaub von seinem neuen Arbeitgeber fordern; auf einen Abgeltungsanspruch gegen den alten Arbeitgeber braucht sich der Arbeitnehmer nicht verweisen zu lassen[23].

Im folgenden ist zu klären, ob zwischen den Arbeitgebern ein Regreßanspruch entsteht.

5.2.1. Regreßanspruch aus § 683 BGB?

Die Anwendung des § 683 BGB setzt voraus, daß das Geschäft eines anderen geführt wird mit dem Willen, für den anderen zu handeln.

Erfüllt der erste Arbeitgeber den Urlaubsanspruch zu einer Zeit, in der er mit dem Ausscheiden seines Arbeitnehmers nicht rechnet, so liegen die Voraussetzungen der Geschäftsführung ohne Auftrag schon deshalb nicht vor, weil es an dem Willen fehlt, für einen anderen zu handeln.

Schwieriger zu beurteilen sind die Fälle, in denen der Arbeitgeber weiß, daß der Arbeitnehmer aus dem Arbeitsverhältnis ausscheiden wird, oder in denen der Arbeitgeber den Abgeltungsanspruch erfüllt, der Arbeitnehmer also bei Erfüllung des Anspruchs bereits aus dem Arbeitsverhältnis ausgeschieden ist, oder in denen der neue Arbeitgeber den Urlaubsanspruch erfüllt.

Nach Auffassung der Rechtsprechung, der sich ein erheblicher Teil der Literatur angeschlossen hat, kann ein Geschäft auch dann ein fremdes sein, und der Handelnde bewußt im fremden Interesse agieren, wenn er ein eigenes Interesse verfolgt, ja selbst dann, wenn der Handelnde eine ihn treffende Rechtspflicht erfüllt[24].

Diese Ausweitung des Anwendungsbereichs der Geschäftsführung ohne Auftrag führt zu einer Denaturierung des Rechtsinstituts[25]. Vom

---

[22] Vgl. dazu oben 5.1.4.

[23] Vgl. dazu oben 5.1.4.

[24] Vgl. statt aller *Soergel / Mühl*, § 677, Anm. 4, mit zahlreichen Nachweisen; *Enneccerus*, Ludwig, Recht der Schuldverhältnisse, 15. Bearbeitung von Heinrich *Lehmann*, Tübingen 1958, S. 700.

[25] Vgl. dazu vor allem *Rabel*, Ernst, Ausbau oder Verwischung des Systems? Zwei praktische Fragen, in: Ernst Rabel, Gesammelte Aufsätze, herausgegeben von Hans G. Leser, Tübingen 1965, S. 309 ff., S. 313; *Schmidt*, Rudolf, Unechte Solidarität, Ihering JB 72, S. 1 ff., S. 70 ff.; *Wahl*, Eduard, Vertragsansprüche Dritter im französischen Recht unter Vergleichung mit dem

Gesetzgeber verfolgter Sinn des §§ 677 ff. BGB ist die Regelung der Rechtsfolgen altruistischer Initiative[26]. Mit diesem Zweck des Rechtsinstituts der Geschäftsführung ohne Auftrag mag es noch vereinbar sein, wenn der Gestor ein eigenes Interesse mitverfolgt. Erfüllt der Handelnde aber eigene Rechtspflichten, fehlt das Moment des Altruismus völlig; für eine Anwendung der §§ 667 ff. BGB besteht kein Raum.

Erfüllt der Arbeitgeber eine ihn nach dem Bundesurlaubsgesetz treffende Verpflichtung, so kann ein Ausgleichsanspruch gegen einen anderen Arbeitgeber nicht über die §§ 677 ff. BGB konstruiert werden. Die Anwendung der Bestimmungen der §§ 677 ff. BGB würde auch zu einer nicht gerechtfertigten Differenzierung der Fälle führen, in denen der Arbeitgeber den Urlaubsanspruch zu einem Zeitpunkt erfüllt, in dem er nicht damit rechnet, daß der Arbeitnehmer aus dem Arbeitsverhältnis ausscheidet. Hier scheitert — wie oben[27] dargelegt — die Annahme einer Geschäftsführung ohne Auftrag am Fehlen des Willens, für einen anderen zu handeln. Es ist kein sachlicher Grund dafür ersichtlich, daß dem Arbeitgeber ein Ausgleichsanspruch versagt bleibt, wenn er beispielsweise im August den vollen Jahresurlaub des Arbeitnehmers erfüllt und nicht damit rechnet, daß der Arbeitnehmer den Arbeitsplatz wechselt, ein Ausgleichsanspruch aber bestehen soll, wenn der Arbeitgeber im selben Zeitraum in Kenntnis des bevorstehenden Arbeitsplatzwechsels den Jahresurlaub gewährt.

5.2.2. Regreßanspruch aus § 812/I/1 BGB?

Eine Leistungskondiktion zwischen den Arbeitgebern kommt nicht in Betracht, weil es an einer gewollten und zweckgerichteten Vermögensverschiebung zwischen beiden Arbeitgebern fehlt.

Fraglich ist, ob eine Bereicherung in „sonstiger Weise" vorliegt. § 812/I/1 BGB wird — wie die §§ 677 ff. BGB — von der Rechtsprechung und Teilen der Literatur[28] herangezogen, um eine Rückgriffsmöglichkeit zwischen mehreren Schuldnern eines Gläubigers zu schaffen. Wie bei der Geschäftsführung ohne Auftrag läßt sich die Frage, ob über § 812/I/1 BGB ein Rückgriffsanspruch konstruiert werden kann, nur unter Beachtung des Sinns der §§ 812 ff. BGB beantworten.

---

deutschen Recht dargestellt anhand der Fälle der action directe, Berlin und Leipzig 1935, S. 143 ff., insbesondere S. 157.

[26] Vgl. *Erman / Hauß*, Handkommentar zum Bürgerlichen Gesetzbuch, 5. Aufl., Münster 1972, § 677, Anm. 1.

[27] Vgl. oben S. 116.

[28] Vgl. dazu etwa *Selb*, Walter, Schadensbegriff und Regreßmethoden, Heidelberg 1963, S. 37 f.; *Marschall von Bieberstein*, Wolfgang Freiherr, Reflexschäden und Regreßrechte, Stuttgart, Berlin, Köln, Mainz 1967, S. 196 f., mit zahlreichen Nachweisen.

Ein einheitlicher Zweck liegt den §§ 812 ff. BGB nicht zugrunde. § 812/I/1 BGB 1. Alternative dient der Rückabwicklung von Leistungen, deren Zweck verfehlt worden ist, ist also dem Bereich der Güterbewegung zuzuordnen[29]. § 812/I/1 BGB 2. Alternative dient dagegen dem Güterschutz[30]. Durch diese Bestimmung sollen Vermögensverschiebungen ausgeglichen werden, die im Widerspruch zum Zuweisungsgehalt eines Rechts stehen. Mit den Grundgedanken des § 812/I/1 BGB 2. Alternative mag es noch vereinbar sein, wenn Rechten ein weiter Zuweisungsgehalt zugebilligt wird. Leistet jedoch eine Person an eine andere mit Rechtsgrund, und wird durch die Leistung ein Dritter von Verbindlichkeiten befreit, so ist nicht erkennbar, inwieweit der Zuweisungsgehalt eines Rechts des Leistenden ohne dessen Willen beeinträchtigt, also verletzt sein soll. Die Heranziehung des Kondiktionsrechts zur Schaffung eines Ausgleichsanspruchs zwischen mehreren Schuldnern eines Gläubigers bedeutet ebenso eine Denaturierung dieses Rechtsinstituts wie bei der Geschäftsführung ohne Auftrag[31]. Ein Regreßanspruch aus § 812/I/1 BGB ist folglich abzulehnen.

5.2.3. Regreßanspruch aus § 426/I/1 BGB?

Die Rechtsprechung und die weit überwiegende Meinung der Literatur vertreten die Auffassung, daß ein Gesamtschuldverhältnis zwischen Freizeitanspruch und Abgeltungsanspruch nicht bestehe. Begründet wird diese Auffassung zum einen damit, daß Naturalurlaubsanspruch und Abgeltungsanspruch den Arbeitgeber nicht zu identischen, sondern zu unterschiedlichen Leistungen verpflichten[32]; zum anderen wird argumentiert, zwischen Abgeltungsanspruch und Naturalurlaubsanspruch bestünde nicht die für die Annahme eines Gesamtschuldverhältnisses zu fordernde Zweckidentität, da lediglich der Naturalurlaubsanspruch Erholung sichere, nicht jedoch der Abgeltungsanspruch, der häufig nicht zur Erholung, sondern für Anschaffungen verwendet werde[33].

---

[29] Vgl. *Kreß*, Hugo, Lehrbuch des Besonderen Schuldrechts, München und Berlin 1934, S. 330.

[30] Vgl. *Kreß*, Besonderer Teil, S. 330; *ders.*, Allgemeiner Teil, S. 4, Fußnote 7; vgl. auch *Soergel / Mühl*, vor § 812, Anm. 4.

[31] So auch *Ehmann*, S. 65, S. 300.

[32] Vgl. BAG, AP Nr. 21 zu § 611 BGB Urlaubsrecht mit zustimmender Anm. *Dersch; Meisel*, Anm. zu BAG AP Nr. 8 zu § 7 BUrlG Abgeltung.

[33] Vgl. insbesondere *Lamsfuß*, Winfried, Der Urlaubsausgleichsanspruch unter mehreren Arbeitgebern, Diss. Köln 1964, S. 35 f.; BAG, AP Nr. 21 zu § 611 BGB Urlaubsrecht; BAG, DB 1960, S. 239; DB 1962, S. 243; LAG Hamburg, BB 1952, S. 992; LAG Hannover, DB 1960, S. 825 f.; *Boldt / Röhsler*, § 6, Anm. 19; *Gros*, AR-Blattei D Urlaub V C II; *Schelp / Herbst*, § 6, Anm. 15; für Gesamtschuld dagegen ArbG Bremen, WAR 1951, Nr. 167; *Wagner*, J., Der Urlaubsanspruch gegen mehrere Arbeitgeber und sein Ausgleich,

Die Lösung der Frage, ob Naturalurlaubsanspruch und Abgeltungsanspruch gegen verschiedene Arbeitgeber eine Gesamtschuld bilden, setzt zunächst die Klärung des Begriffs der Gesamtschuld voraus.

Festzustellen ist, daß die Identität der geschuldeten Leistung kein geeignetes Kriterium zur Abgrenzung des Begriffs der Gesamtschuld darstellt. Weder liegt in jedem Fall identischer Leistung eine Gesamtschuld vor, noch schließt das Vorliegen nicht identischer Leistungen eine Gesamtschuld aus. Ehmann, der in jüngster Zeit den Begriff der Gesamtschuld eingehend untersucht hat, weist zu Recht darauf hin, daß einerseits mehrere Gattungsschulden sowie die Forderungen auf Schadensersatz in Geld zu Gesamtschulden verbunden werden können, wie andererseits eine Speziessache durch mehrere Personen kumuliert geschuldet werden kann[34]. In der Rechtsprechung ist anerkannt, daß eine Gesamtschuld nicht deshalb entfällt, weil der Inhalt der Ansprüche nicht völlig identisch ist[35]. Ein Gesamtschuldverhältnis zwischen Naturalurlaubsanspruch und Abgeltungsanspruch kann daher nicht mit der Begründung abgelehnt werden, daß der eine Anspruch auf Freizeitgewährung und Entgeltzahlung, der andere lediglich auf Geldzahlung gehe.

Entscheidend für die Abgrenzung des Bereichs der Gesamtschuld ist nach Ehmann die Zweckbeziehung zwischen Gläubiger und Schuldner[36]. Bei seiner Untersuchung gelangt Ehmann zu dem Ergebnis, daß sich der Begriff der Gesamtschuld nicht einheitlich, aus einer Wurzel definieren läßt, vielmehr seien drei Fallgruppen zu unterscheiden, und zwar die gleichgründige Gesamtschuld, die Sicherungsgesamtschuld und die Schutzzweckgesamtschuld.

Eine gleichgründige Gesamtschuld liege dann vor, wenn ein Gläubiger mit mehreren Schuldnern vereinbare, daß die Verpflichtung demselben (nicht dem gleichen) Zweck dienen solle[37]. Eine Sicherungsgesamtschuld ist nach Ehmann anzunehmen, wenn eine Verpflichtung der Sicherung einer anderen Schuld dienen soll[38]. Ein Schutzzweckgesamtschuld bilden Ansprüche, die einem Gläubiger gegen mehrere Schuldner zum Schutz desselben Rechtsguts zustehen. Aus der Anerkennung der gesamtschuldnerischen Bindung mehrerer wegen einer unerlaubten Handlung zum Ersatz desselben Schadens entstandener Verpflichtungen ist

---

RdA 1952, S. 135 ff.; *Diekhoff*, Ludwig, Der Urlaubsanspruch beim Betriebswechsel, DB 1962, S. 1047 ff.; *Natzel*, § 6, Anm. 13.

[34] *Ehmann*, S. 49 f.

[35] Vgl. dazu etwa BGHZ 43, S. 223 f.; BGHZ 51, S. 275 f.; vgl. auch RG Gruchot 54, S. 149; RAG, ARS 42, S. 349 ff.; OLG Schleswig, NJW 1952, S. 1019; *Diekhoff*, BB 1962, S. 1047 ff.; *Wagner*, S. 136.

[36] *Ehmann*, S. 130 f.; S. 240 f.

[37] Vgl. *Ehmann*, S. 210.

[38] *Ehmann*, S. 210.

— verallgemeinernd — der Grundsatz zu entwickeln, daß gesamtschuldnerische Bindung bei allen Fällen des Zusammentreffens mehrerer auf den Schutz bzw. die Wiederherstellung desselben Rechtsguts gerichteter Ansprüche gegen mehrere Schuldner anzunehmen ist. Bezug genommen wird dabei von Ehmann[39] insbesondere auf die viel diskutierte Architektenentscheidung des Großen Zivilsenats des BGH vom 1. 2. 1956[40], in der Architekt und Bauunternehmer als Gesamtschuldner eines den Bauherrn aus der Verletzung der Pflicht zur plangerechten und fehlerfreien Errichtung des Bauwerks entstehenden Schadens angesehen wurden, sowie auf die Entscheidung des 7. Zivilsenats des BGH vom 27. 3. 1969[41], in der der BGH ein Gesamtschuldverhältnis annimmt zwischen dem Schadensersatzanspruch des Eigentümers einer Sache gegen den Dieb und dem Kondiktionsanspruch aus § 816/I BGB gegen den Abnehmer und Veräußerer der Sache.

Festzustellen ist, ob Naturalurlaubsanspruch und Abgeltungsanspruch in eine der von Ehmann entwickelten Kategorien eingeordnet werden kann.

Eine „gleichgründige" Gesamtschuld liegt wegen Fehlens der eadem causa nicht vor. Auch eine Sicherungsgesamtschuld bilden Naturalurlaubsanspruch und Abgeltungsanspruch gewiß nicht.

Naturalurlaubsanspruch und Abgeltungsanspruch stellen jedoch eine Schutzzweckgesamtschuld dar. Eine Schutzzweckgesamtschuld liegt vor bei Verpflichtungen mehrerer Schuldner gegenüber demselben Gläubiger, wenn die Verpflichtungen den Schutz desselben Rechtsguts bezwecken.

Der Naturalurlaubsanspruch war oben[42] definiert worden als privatrechtlicher Anspruch auf Gewährung von Freizeit zum Zweck der Erholung von geleisteter für zu leistende Arbeit und zum Zweck der Schaffung eines Freiraums zur Selbstbestimmung; der Urlaubsabgeltungsanspruch war oben[43] definiert worden als Geldzahlungsanspruch zu dem Zweck, dem Arbeitnehmer arbeitsfreie Zeit zur Regeneration der Arbeitskraft und zur Selbstbestimmung zu verschaffen. Beide Ansprüche sind Schutzansprüche; beide Ansprüche bezwecken den Schutz derselben Rechtsgüter, nämlich der Arbeitskraft einerseits und der Selbstbestimmung andererseits[44]. Daß der Abgeltungsanspruch den Schutzzweck unvollkommener erfüllt als der Naturalurlaubsanspruch,

[39] *Ehmann*, S. 223 f.
[40] BGHZ 43, S. 227 ff.
[41] BGHZ 52, S. 39 ff., S. 44.
[42] Vgl. oben 3.2.
[43] Vgl. oben 4.4.
[44] Vgl. *Wagner*, S. 136.

ist einzuräumen. An der Identität der geschützten Rechtsgüter ändert dies nichts; Grund für die Bindung auf den Schutz gleicher Rechtsgüter gerichteter Ansprüche in ein Gesamtschuldverhältnis ist der identische Schutzzweck und nicht die identische Schutzeignung. Naturalurlaubsanspruch und Abgeltungsanspruch bilden daher eine Schutzzweckgesamtschuld.

Da Abgeltungsansprüche gegen mehrere Arbeitgeber dem Schutz derselben Rechtsgüter dienen, sind sie ebenfalls als Schutzzweckgesamtschulden zu qualifizieren[45]. Die in der Rechtsprechung und Literatur weit verbreitete gegenteilige Auffassung übersieht die Identität der geschützten Rechtsgüter[46].

Ein Einschränkung der Identität des Schutzzwecks des Naturalurlaubsanspruchs und des Abgeltungsanspruchs bzw. mehrerer Abgeltungsansprüche ergibt sich jedoch aus der grundsätzlichen Bindung des Urlaubs an das Kalenderjahr, die in § 1 BUrlG ihren Niederschlag gefunden hat. Nach § 1 BUrlG hat der Arbeitnehmer Urlaubsanspruch für jedes Kalenderjahr. Der Urlaubsanspruch soll die in *einem* Kalenderjahr verbrauchten Kräfte regenerieren; er soll Freiraum für die während eines Arbeitsjahres erfahrene Einengung der persönlichen Bewegungsmöglichkeit bieten. Die Bindung des Urlaubsanspruchs an das Kalenderjahr kommt insbesondere in § 7/III BUrlG zum Ausdruck. Nach § 7/III BUrlG kann der Urlaub nur bei dringenden betrieblichen oder in der Person des Arbeitnehmers liegenden Gründen in das nächste Urlaubsjahr übertragen werden. Liegen solche Gründe nicht vor, so verfällt der Anspruch. Selbst wenn die Übertragung des Urlaubsanspruchs in das nächste Kalenderjahr zulässig ist, so muß doch der Urlaub innerhalb von drei Monaten genommen werden; andernfalls verfällt der Anspruch. Mit diesen Bestimmungen will der Gesetzgeber erzwingen, daß der Urlaub möglichst innerhalb des Kalenderjahres genommen wird.

Urlaubsansprüche, die nicht im selben Kalenderjahr entstanden sind, können sonach nicht in einem Gesamtschuldverhältnis stehen.

Fraglich ist, ob die Grundsätze der Gesamtschuld auch dann angewendet werden können, wenn zunächst der erste Arbeitnehmer den Jahresurlaubsanspruch ganz erfüllt hat, und anschließend der Arbeitnehmer den Arbeitsplatz wechselt. Bei dieser Fallgestaltung schulden

---

[45] Vgl. LAG Mainz, WAR 1958, S. 132; *Dersch / Neumann*, § 6, Anm. 23; *Gros*, AR-Blattei Urlaub V C II 2; *Schulte-Langforth*, Marie, Einzelfragen zum Jugendurlaub, DB 1965, S. 1361 ff.

[46] Vgl. vor allem *Meisel*, Anm. zu BAG AP Nr. 8 zu § 7 BUrlG Abgeltung; vgl. auch BAG, SAE 1958, S. 50 f.; LAG Hannover, DB 1960, S. 825 f.; *Boldt / Röhsler*, § 6, Anm. 19; *Trappe*, S. 47; *Schelp / Herbst*, § 6, Anm. 15; *Siara*, Kommentar, § 6, Anm. 12.

zu keinem Zeitpunkt „mehrere eine Leistung" (§ 421 BGB). Solange das zweite Arbeitsverhältnis nicht eingegangen worden ist, schuldet der neue Arbeitgeber noch keine Urlaubsleistung. Die Verbindlichkeit des ersten Arbeitgebers erlischt mit Erfüllung vor Eingehung des zweiten Arbeitsverhältnisses.

Zweck der §§ 421 ff. BGB ist es nicht nur, dem Gläubiger eine besonders sichere Rechtsstellung dadurch zu verschaffen, daß ihm die Vermögen zweier oder mehrerer Schuldner haften. Die §§ 421 ff. BGB bezwecken auch den gerechten Ausgleich zwischen den Gesamtschuldnern[47]. Deshalb kann eine Gesamtschuld auch dann vorliegen, wenn eine der Verbindlichkeiten unter einer Bedingung steht[48], eine Zugriffsmöglichkeit auf zwei Vermögen also noch nicht besteht; deshalb werden die Grundsätze der §§ 421 ff. BGB angewendet, wenn einer mehrerer Schädiger vor dem Schadensereignis mit dem Geschädigten einen Haftungsverzicht vereinbart hat[49], oder einer der Schädiger kraft gesetzlicher Vorschrift von der Haftung befreit ist[50]. Ein Regreßanspruch aus § 426 BGB ist daher auch dann zu bejahen, wenn der erste Arbeitgeber den Urlaubsanspruch voll erfüllt und anschließend der Arbeitnehmer in ein neues Arbeitsverhältnis eintritt, also ex post feststeht, daß dem Arbeitnehmer zwei Schuldner zur Erfüllung des Urlaubsanspruchs zur Verfügung standen, jedoch einer der Schuldner die ganze Urlaubslast getragen hat.

5.2.4. Der Umfang des Regreßanspruchs

Nach § 426/I/1 BGB sind mehrere Gesamtschuldner im Verhältnis zueinander zu gleichen Anteilen verpflichtet, soweit nicht ein anderes bestimmt ist. Eine „andere Bestimmung" im Sinne des § 426/I/1 BGB kann sich dabei aus einer besonderen gesetzlichen Bestimmung, aus einem Vertrag, einer stillschweigenden Vereinbarung, aber auch aus dem Inhalt und Zweck des in Frage stehenden Rechtsverhältnisses ergeben[51]. Sinn des § 426/I/1 BGB ist eine gerechte Ausgleichung unter den Gesamtschuldnern im Innenverhältnis[52].

---

[47] Vgl. *Ehmann*, S. 46 ff.; S. 98 ff.; S. 109; S. 224.

[48] Vgl. *Kreß*, Allgemeiner Teil, S. 608; *Ehmann*, S. 213; *Soergel* / Reimer *Schmidt*, § 421, Anm. 8; Das Bürgerliche Gesetzbuch, Kommentar herausgegeben von Reichsgerichtsräten und Bundesrichtern, 11. Aufl., Berlin 1959 ff., § 421, Anm. 2; RG Gruchot 54, S. 149.

[49] Vgl. BGHZ 12, S. 213 ff., S. 216; vgl. auch *Wacke*, Andreas, Der Erlaß oder Vergleich mit einem Gesamtschuldner, AcP 170, S. 42 ff.

[50] Vgl. BGHZ 35, S. 317 ff., S. 322.

[51] Vgl. BGHZ 28, S. 297 ff., S. 300 ff.; BGH, NJW 1963, S. 2067 f.; BAG, NJW 1964, S. 2445; RGZ 61, S. 56 ff.; RGZ 75, S. 251 ff.; *Ehmann*, S. 242; *Mayer-Maly*, Theo, Das Leiharbeitsverhältnis, ZfA 1972, S. 1 ff.; S. 27.

[52] Vgl. RGZ 75, S. 251 ff.

Das Bundesurlaubsgesetz sieht in § 5/I für den Fall des Ausscheidens des Arbeitnehmers vor Erfüllung der Wartezeit und für den Fall des Ausscheidens nach Erfüllung der Wartezeit in der ersten Hälfte des Kalenderjahrs einen Urlaubsanspruch in Höhe von je einem Zwölftel für jeden angefangenen Monat vor. Daraus ergibt sich die Tendenz des Gesetzgebers, bei Arbeitsplatzwechsel den Arbeitgeber jeweils mit einem Anteil von der Zahl der Beschäftigungsmonaten entsprechenden Zwölfteln des Gesamturlaubsanspruchs zu belasten. Es entspricht daher dem in § 5 BUrlG zum Ausdruck gekommenen Verteilungsgrundsatz, daß die Arbeitgeber im Innenverhältnis die Urlaubslast entsprechend der Dauer der jeweiligen Betriebszugehörigkeit des Arbeitnehmers im Urlaubsjahr tragen.

5.2.5. Der Ausgleich in besonderen Fällen

In zwei Wirtschaftszweigen, in denen die Arbeitnehmer üblicherweise ihre Arbeitsplätze häufig wechseln, ist die gerechte Verteilung der Urlaubslasten durch besondere Regelungen gesichert.

Im Bereich des Baugewerbes ist aufgrund des § 8 des Rahmentarifvertrags für das Baugewerbe und des Tarifvertrags über das Verfahren für den Urlaub, den Lohnausgleich und die Zusatzversorgung im Baugewerbe vom 10. 8. 1962 in der Fassung vom 16. 8. 1963 das Urlaubskassensystem eingeführt worden, das die Urlaubsmarkenregelung abgelöst hat. Im Bundesrahmentarifvertrag für das Baugewerbe vom 1. 4. 1971 und 8. 4. 1974 ist das Urlaubskassensystem beibehalten.

Nach dem Urlaubskassensystem wird für jeden Arbeitnehmer eine sogenannte Lohnnachweiskarte geführt, in die der jeweilige Arbeitgeber für das jeweilige Arbeitsverhältnis den Bruttoarbeitsverdienst einschließlich des erarbeiteten Urlaubsentgelts nach § 8 Ziffer 3 des Bundesrahmentarifvertrags einträgt. Die Einzelheiten regelt der Tarifvertrag vom 12. 11. 1960 über das Verfahren für den Urlaub, den Lohnausgleich und die Zusatzversorgung im Baugewerbe (Verfahrenstarifvertrag), zuletzt geändert durch den Änderungstarifvertrag vom 7. 11. 1974. Gemäß § 8 Ziffer 2.1. des Bundesrahmentarifvertrags Bau kann der Arbeitnehmer den Anspruch auf Urlaub dann geltend machen, wenn der Anspruch auf Urlaubsentgelt mindestens den Lohn für die Hälfte des Jahresurlaubs deckt. Der Arbeitgeber, dem gegenüber der Arbeitnehmer seinen Urlaubsanspruch geltend macht, muß gemäß § 2/II/1 des Verfahrenstarifvertrags das Vorliegen dieser Voraussetzung nachprüfen. Liegt die sogenannte „Halbdeckung“ vor, so zahlt der Arbeitgeber die Urlaubsentgeltbeträge an den Arbeitnehmer aus. Die Urlaubskasse erstattet gemäß § 2/II/4 des Verfahrenstarifvertrags dem Arbeitgeber die ausbezahlten Urlaubsentgeltbeträge.

Die Urlaubskasse wird finanziert durch Beiträge der Arbeitgeber. Die Arbeitgeber müssen nach § 2/I/6 des Verfahrenstarifvertrags zur Bezahlung der Urlaubsleistungen, des Winterlohnausgleichs und der Zusatzversorgung der Arbeitnehmer 17,5 % der Bruttolohnsumme der Arbeitnehmer des Betriebs, soweit sie unter den Verfahrenstarifvertrag fallen, an die Urlaubskasse abführen. Durch dieses System wird eine Belastung des einzelnen Arbeitgebers mit Urlaubsleistungen entsprechend der Höhe der jeweils an den Arbeitnehmer gezahlten Bruttolohnsumme nach § 2/II/4 b/6 des Verfahrenstarifvertrags erreicht. Der Verteilungsmaßstab weicht von dem oben[53] entwickelten ab, der sich nicht an der Höhe der ausbezahlten Bruttolohnsumme, sondern an der Dauer der Betriebszugehörigkeit orientiert. Von Bedeutung wird der unterschiedliche Verteilungsmaßstab im Falle langer Krankheit des Arbeitnehmers. Nach dem System des Verfahrenstarifvertrags wird der Arbeitgeber nur entsprechend seinen Lohnzahlungen, also bei Krankheit für die Dauer von 6 Wochen mit Urlaubsleistungen belastet[54]. Durch den oben[55] entwickelten Verteilungsmaßstab ergibt sich dagegen eine Belastung über 6 Wochen hinaus für die ganze Dauer des Arbeitsverhältnisses.

Für den Bereich der Hafenarbeit ist durch das Bundesgesetz über die Schaffung eines besonderen Arbeitgebers für Hafenarbeiter (Gesamthafenbetrieb) vom 3. 8. 1950[56] die Möglichkeit geschaffen worden, einen Gesamthafenbetrieb als fiktiven Arbeitgeber der Hafenarbeiter zu schaffen. Vorläufer dieses Gesetzes ist die 12. Durchführungsverordnung zum Arbeitsordnungsgesetz betreffend die Bildung und Aufgaben von Gesamthafenbetrieben vom 8. 4. 1935[57]. Das Gesamthafenbetriebsgesetz überläßt es den Beteiligten, ob sie einen Gesamthafenbetrieb bilden, und in welcher Rechtsform sie ihn betreiben. In den Seehäfen ist es jedoch aufgrund einer Rahmenvereinbarung zwischen dem Zentralverband der deutsche Seehafenbetriebe und der Gewerkschaft ÖTV vom 9. 2. 1951 zu einer im Grundsätzlichen einheitlichen Regelung gekommen[58]. Danach schließen die Hafenarbeiter Arbeitsverträge mit

---

[53] Vgl. oben 5.2.4.

[54] Nach § 8, Ziffer 3.4., 3.5. umfaßt das Urlaubsentgelt auch einen Ausgleich für den Arbeitsausfall infolge von Krankheit, Wehrübungen und Schlechtwetter, soweit der Lohnausfall nicht bezahlt worden ist. Diese Leistungen müssen über die Beiträge der Arbeitgeber zur Urlaubskasse finanziert werden, belasten also die Arbeitgeber. Sie ändern jedoch nichts daran, daß die Urlaubslasten entsprechend der Lohnzahlung des einzelnen Arbeitgebers verteilt werden.

[55] Vgl. oben 5.2.4.

[56] BGBl I 1950, S. 352.

[57] RGBl 1935, S. 510.

[58] Vgl. *Wiebel*, Emil, Die Gestaltung der Gesamthafenbetriebe, RdA 1953, S. 219 ff., S. 292.

den Gesamthafenbetrieben ab; die Gesamthafenbetriebe werden gewöhnlich in der Form von Gesellschaften mit beschränkter Haftung, Aktiengesellschaften oder rechtsfähigen Vereinen errichtet[59]. Der Gesamthafenbetrieb teilt den Einzelbetrieben die Arbeitnehmer nach Bedarf zu. Um den Arbeitnehmern Urlaub gewähren zu können, erhebt der Gesamthafenbetrieb Zuschläge in bestimmten Prozentsätzen auf die Lohnzahlungen, die der Einzelbetrieb für die von den Arbeitern geleistete Arbeit zahlt[60]. Die Einzelbetriebe werden folglich entsprechend dem Umfang, in dem der Hafenarbeiter für sie gearbeitet hat, zu den Urlaubsleistungen herangezogen.

---

[59] Vgl. *Wiebel*, S. 293; vgl. auch *Plett*, E., Die Rechtsform der Gesamthafenbetriebe, RdA 1955, S. 50 ff.; *Gramm*, Hans, Zum Gesamthafenbetrieb, RdA 1958, S. 330 ff.

[60] Vgl. *Wiebel*, S. 295.

6. Die Höhe des Abgeltungsanspruchs

6.1. Lohnausfallprinzip und Bezugsprinzip

§ 11 BUrlG regelt die Berechnung des Urlaubsentgelts und damit die Berechnung der Urlaubsabgeltung. Die Vorschrift des § 11 BUrlG ist Ausdruck eines tragenden Grundsatzes des Urlaubsrechts, des sogenannten Lebensstandardprinzips[1]: Der Arbeitnehmer soll während der Urlaubszeit finanziell so gestellt werden wie während der Zeit der Arbeit.

Zur Sicherung des Lebensstandards sind zwei Berechnungsmethoden entwickelt worden: Das sogenannte Bezugs- oder Referenzperiodensystem und das sogenannte Lohnausfallprinzip[2]. Während das Bezugs- oder Referenzperiodensystem die Höhe des Urlaubsentgelts nach der Lohnhöhe eines bestimmten Zeitraums vor dem Urlaubsantritt bemißt, ermittelt das Lohnausfallprinzip den — hypothetischen — Lohn, den der Arbeitnehmer erhalten hätte, wenn er — statt Urlaub zu nehmen — gearbeitet hätte.

Das Bundesurlaubsgesetz hat sich in § 11 für das Bezugssystem entschieden, das jedoch in § 11/I/2, 3 durch Elemente des Lohnausfallprinzips modifiziert wird. Aufgrund des in § 13 BUrlG verankerten tariflichen Vorrangprinzips kann in Tarifverträgen von § 11 BUrlG grundsätzlich abgewichen werden, beispielsweise das Lohnausfallprinzip an die Stelle des Bezugssystems gesetzt werden.

Umstritten ist, ob in Tarifverträgen nicht für das Urlaubsentgelt, sondern auch für die Urlaubsabgeltung das Lohnausfallprinzip vorgesehen werden kann. Dersch / Neumann[3] verneinen diese Möglichkeit, da durch die Abgeltungszahlung das Arbeitsverhältnis nicht verlängert werde, der Zeitraum nach Beendigung des Arbeitsverhältnisses in keiner Beziehung zu dem Arbeitsverhältnis mehr stehe.

Diese Argumentation ist formalistisch und überspitzt. Zwar ist das Lohnausfallprinzip für den Fall der Abgeltung nicht sehr sachlogisch.

---

1 Vgl. dazu RAG, BS 14, S. 50 f.; RAG, ARS 36, S. 359 ff.; 40, S. 122 ff.; 44, S. 185 ff.; BAG, AP Nr. 9, 11, 12, 54 zu § 611 BGB Urlaubsrecht; BAG, AP Nr. 2 zu § 5 Urlaubsgesetz Hessen; *Gaul / Boewer*, S. 52.

2 Vgl. etwa *Schelp / Herbst*, § 11, Anm. 1.

3 Vgl. *Dersch / Neumann*, § 7, Anm. 88; ebenso *Boldt / Röhsler*, § 7, Anm. 108.

§ 11 BUrlG bezweckt jedoch nicht mehr, als den Lebensstandard des Arbeitnehmers zu sichern. Dies wird durch die Anwendung des Lohnausfallprinzips auch im Falle der Urlaubsabgeltung erreicht. Es ist sehr wohl hypothetisch zu ermitteln, was der Arbeitnehmer verdient hätte, wenn er das Arbeitsverhältnis fortgesetzt hätte. Auch bei der Ermittlung der Höhe des Urlaubsentgelts stellt das Lohnausfallprinzip eine hypothetische Berechnung dar, ohne daß ihre Zulässigkeit bezweifelt wird[4]. Tarifverträge können daher das Lohnausfallprinzip für die Berechnung der Urlaubsabgeltung vorsehen. Die Festlegung des Prinzips ist in Betriebsvereinbarungen und in Individualverträgen insoweit zulässig, als der Arbeitnehmer günstiger gestellt wird.

6.2. Die Berechnung der Urlaubsabgeltung

Die Höhe des Urlaubsentgelts bemißt sich gemäß § 11/I BUrlG „nach dem durchschnittlichen Arbeitsverdienst, den der Arbeitnehmer in den letzten dreizehn Wochen vor Beginn des Urlaubs erhalten hat. Bei Verdiensterhöhungen nicht nur vorübergehender Natur, die während des Berechnungszeitraums oder des Urlaubs eintreten, ist von dem erhöhten Verdienst auszugehen. Verdienstkürzungen, die im Berechnungszeitraum infolge von Kurzarbeit, Arbeitsausfällen oder unverschuldeter Arbeitszeitversäumnisse eintreten, bleiben für die Berechnung des Urlaubsentgelts außer Betracht."

Nach Maßgabe dieser Vorschrift wird auch die Höhe des Urlaubsabgeltungsanspruchs berechnet. Allerdings tritt an die Stelle des Verdienstes der letzten dreizehn Wochen vor dem Beginn des Urlaubs der Verdienst der letzten dreizehn Wochen vor der Beendigung des Arbeitsverhältnisses.

Der Verdienst der letzten dreizehn Wochen wird bei der Sechs-Tage-Woche durch 78 (13 Wochen × 6 Arbeitstage) geteilt; aus dem Quotienten ergibt sich dann der auf den einzelnen Tag entfallende Abgeltungsbetrag. Arbeitet der ausscheidende Arbeitnehmer nur fünf Tage in der Woche, und bestimmt sich sein Urlaub nach Arbeitstagen (nicht nach „Werktagen"), so erfolgt die Errechnung des auf jeden Urlaubstag entfallenden Abgeltungsbetrags durch die Division des Entgelts der letzten dreizehn Wochen vor dem Ausscheiden aus dem Arbeitsverhältnis durch den Divisor 65 (13 Wochen × 5 Arbeitstage).

Umstritten ist die Berechnung des auf je einen Urlaubstag entfallenden Abgeltungsbetrags dann, wenn einerseits die Zahl der Urlaubstage nach Werktagen (nicht nach Arbeitstagen) bemessen ist, andererseits

---

[4] Ebenso *Görner*, Willy, Die Urlaubsabgeltung, DB 1959, S. 830.

jedoch der Arbeitnehmer nur fünf Tage in der Woche arbeitet. Zum Teil wird die Auffassung vertreten, der Abgeltungsbetrag sei in diesem Fall nach dem Fünftelungsprinzip, also durch die Teilung des Entgelts der letzten dreizehn Wochen vor Beendigung des Arbeitsverhältnisses durch den Divisor 65 zu ermitteln[5]. Zum Teil wird die Ansicht vertreten, der Abgeltungsbetrag pro Urlaubstag sei nach dem Sechstelungsprinzip, also durch Division des Arbeitsverdienstes der letzten dreizehn Wochen durch 78 zu errechnen[6].

Die Befürworter des Fünftelungsprinzips argumentieren, durch dieses Prinzip werde dem Lebensstandardgrundsatz am besten Rechnung getragen[7]. Die Vertreter des Sechstelungsprinzips weisen dagegen darauf hin, daß nach § 3/II BUrlG der Urlaub nach Werktagen zu bemessen sei; nach § 1 BUrlG sei der Urlaub bezahlter Urlaub. Daraus folge, daß für jeden Werktag anteilig ein Urlaubsentgelt bezahlt werden müsse. Umgerechnet auf jeden Werktag einer Woche erhalte der Arbeitnehmer jedoch pro Tag ein Sechstel seines Wochenlohns. Der Arbeitnehmer habe seinen Lebensunterhalt auch an arbeitsfreien Samstagen zu bestreiten; folglich müsse er unter Berücksichtigung des Lebensstandardprinzips auch für diesen Tag Urlaubsentgelt bzw. Urlaubsabgeltung erhalten[8].

Die Vertreter des Fünftelungsprinzips halten dem entgegen, daß im Urlaub — ebenso wie während der Zeit der Arbeit — der arbeitsfreie Samstag nicht bezahlt werden könne[9].

Die Hinweise auf die §§ 1, 3/II BUrlG vermögen zur Klärung der Streitfrage nichts beizutragen. Durch die Anwendung des Fünftelungsprinzips wird der Urlaub nicht zum unbezahlten; auch § 3/II BUrlG, der lediglich eine Mindestzahl gewährleisten soll, hat auf die Frage des Berechnungsprinzips für die Höhe des Urlaubsentgelts bzw. der Urlaubsabgeltung keinen Einfluß.

Die Berechnung des Abgeltungsanspruchs ist allein aus § 11 BUrlG abzuleiten. Tragender Grundsatz des § 11 BUrlG ist das Lebensstandardprinzip[10]. Daraus folgt, daß die Urlaubsentgelt- oder Urlaubsab-

---

[5] Vgl. *Dersch / Neumann*, § 11, Anm. 72 f.; *Schelp / Herbst*, § 11, Anm. 44; *Siara*, Kommentar, § 11, Anm. 9.

[6] Vgl. *Boldt / Röhsler*, § 11, Anm. 94; *Borrmann*, Kommentar, § 11, Anm. 4 a; *Natzel*, § 11, Anm. 22; *Stahlhacke*, § 11, Anm. 47; *Hueck / Nipperdey*, S. 446; *Gumpert*, Jobst, Berechnung des Urlaubsentgelts bei Fünf-Tage-Woche, BB 1963, S. 228; *Muth*, Werner, Probleme des Urlaubsrechts, BlStSozArbR 1954, S. 219 f.

[7] Vgl. *Dersch / Neumann*, § 11, Anm. 74.

[8] Vgl. *Boldt / Röhsler*, § 11, Anm. 94.

[9] Vgl. *Dersch / Neumann*, § 11, Anm. 74; vgl. auch *Siara*, Kommentar, § 3, Anm. 9; § 11, Anm. 9.

[10] Vgl. BAGE 3, S. 52 ff., S. 55; S. 99 ff., S. 102; *Boldt / Röhsler*, § 11, Anm. 1.

geltungszahlung den Arbeitnehmer nicht schlechter, aber auch nicht besser stellen soll, als er gestanden hätte, wenn er gearbeitet hätte. Unter diesem Aspekt sind folglich Fünftelungs- und Sechstelungsprinzip zu überprüfen; es ist zu fragen, welches der beiden Prinzipien dem Lebensstandardgrundsatz am besten Rechnung trägt. Eine Überprüfung beider Prinzipien ergibt, daß keines der Prinzipien für alle denkbaren Fallgestaltungen zufriedenstellende Ergebnisse liefert.

Erhält der Arbeitnehmer nur für Bruchteile einer Woche Abgeltung, so ist bei Anwendung des Sechstelungsprinzips der Lebensstandard nicht gesichert.

Beispiel: Der Arbeitnehmer erhält Abgeltung für zwei Urlaubstage. Nimmt er die freie Zeit von Montag bis Dienstag, so erhält er 2/6 seines Lohns als Abgeltung; für die restlichen drei Tage erhält er 3/5 des Lohns, insgesamt also lediglich 14/15 des ihm eigentlich zustehenden Entgelts.

Werden dagegen genau sechs Urlaubstage abgegolten, so sichert das Sechstelungsprinzip den Lebensstandard, da der Arbeitnehmer 6/6, also seinen vollen Wochenlohn als Abgeltung erhält. Werden weniger als sechs Urlaubstage abgegolten, so führt das Sechstelungsprinzip zu einer Herabsetzung des Lebensstandards, es sei denn, daß einer der mit der Abgeltung erkauften Tage auf einen arbeitsfreien Samstag fällt.

Das Fünftelungsprinzip dagegen führt zu einer Besserstellung des Arbeitnehmers, wenn die Zahl der Urlaubstage durch sechs teilbar ist.

Beispiel: Dem Arbeitnehmer steht Abgeltung für sechs Urlaubstage zu. Der Arbeitnehmer legt die erkaufte Freizeit in die Tage Donnerstag, Freitag, Samstag, Montag, Dienstag, Mittwoch. Der Arbeitnehmer erhält für die erste Woche 3/5 des Lohns vom alten Arbeitgeber und 3/5 als Abgeltungsbetrag, insgesamt also 6/5; für die zweite Woche erhält er 3/5 eines Wochenlohns als Abgeltungsbetrag und 2/5 vom neuen Arbeitgeber. Insgesamt erhält der Arbeitnehmer für die beiden Wochen 11/10 seines Einkommens.

Zur Lösung des Problems wird von Dersch / Neumann[11] vorgeschlagen, jeden sechsten Urlaubstag bei der Abgeltung unbezahlt zu lassen. Der Ansatz Dersch / Neumanns ist nicht sachlogisch, wenn er auch zu richtigen Ergebnissen führt.

§ 1 BUrlG läßt unbezahlte Urlaubstage nicht zu. Der Ausgleich für die Ungereimtheiten des Fünftelungsprinzips und des Sechstelungsprinzips läßt sich nicht dadurch erreichen, daß die Zahl der abzugeltenden Urlaubstage vermindert wird. Vielmehr muß der Berechnungsmodus so geändert werden, daß eine Besserstellung und eine Schlechterstellung

[11] Vgl. *Dersch / Neumann*, § 11, Anm. 74 a.

ausgeschlossen ist. Dies wird dadurch erreicht, daß grundsätzlich das Fünftelungsprinzip angewendet wird, jedoch die durch sechs teilbaren Urlaubstage nach dem Sechstelungsprinzip abgegolten werden.

Beispiel: Abzugelten sind dreizehn Urlaubstage, davon sind zwölf nach dem Sechstelungsprinzip zu vergüten, einer nach dem Fünftelungsprinzip. Oder: Abzugelten sind neun Urlaubstage, davon sind sechs nach dem Sechstelungsprinzip abzugelten, drei nach dem Fünftelungsprinzip.

Durch dieses Mischsystem wird das Lebensstandardprinzip gewährleistet; der Arbeitnehmer wird nicht schlechter, aber auch nicht besser gestellt, als wenn er gearbeitet hätte.

6.3. Die Abgeltung der Bruchteile von Urlaubstagen

§ 5 BUrlG regelt das Entstehen von Teilurlaubsansprüchen. Nach § 5/II BUrlG sind Bruchteile von Urlaubstagen, die mindestens einen halben Tag ergeben, auf volle Urlaubstage aufzurunden. Solche Bruchteile sind daher auch als volle Urlaubstage abzugelten[12].

Umstritten ist, ob Bruchteile von weniger als einem halben Tag abgegolten werden müssen. In der Rechtsprechung und in der Literatur wird dazu überwiegend die Auffassung vertreten, solche Bruchteile seien nicht abzugelten[13]. Ein erheblicher Teil der Literatur vertritt dagegen die Auffassung, daß auch Bruchteile von weniger als einem halben Urlaubstag abzugelten seien. Zum Teil wird dabei argumentiert, auch Bruchteile von weniger als einem halben Tag seien als Naturalurlaub, folglich auch als Abgeltung zu gewähren[14]. Zum Teil wird zwar das Entstehen eines Naturalurlaubsanspruchs auf Bruchteile von weniger als einem halben Tag abgelehnt, ein Anspruch auf Abgeltung solcher Bruchteile jedoch bejaht[15].

---

[12] Vgl. LAG Düsseldorf, PrAR §§ 4 - 6 BUrlG, Nr. 73, 74.

[13] Vgl. BAG, AP Nr. 6, 8 zu § 5 BUrlG mit zustimmenden Anmerkungen *Thiele* in SAE 1969, S. 156 und *Meisel* in SAE 1971, S. 59 ff.; *Boldt / Röhsler*, § 5, Anm. 52; *Meisel*, Peter, Die Behandlung von Einviertel-Urlaubstagen, DB 1971, S. 527 ff.; *Natzel*, § 5, Anm. 18; *Schelp / Herbst*, § 5, Anm. 12; *Siara*, Kommentar, § 5, Anm. 9; *Witting*, S. 806; ArbG Hamburg, PrAR §§ 4 - 6 BUrlG, Nr. 68.

[14] So etwa *van Gelder*, Alfons / *Böttner*, Walter, Bruchteile von Urlaubstagen und ihre Abgeltung, AuR 1969, S. 321 ff.; *van Gelder*, Alfons, Teilurlaub und „Ganztagsprinzip", AuR 1970, S. 267 ff.; *Thies*, Heinrich, Die Behandlung von Viertel-Urlaubstagen, DB 1970, S. 1880.

[15] Vgl. *Borrmann*, Kommentar, § 5, Anm. 12; *Bobrowski*, Paul / *Gaul*, Dieter, Das Arbeitsrecht im Betrieb, 6. Aufl., Heidelberg 1970, S. 365; *Boewer*, Dietrich, Die Abgeltung von 1/4 Urlaubstagen, AuR 1968, S. 325 ff.; aus der Rechtsprechung vgl. ArbG Düsseldorf, AuR 1970, S. 91 f.

Die Auffassung, Bruchteile von weniger als einem halben Tag seien nicht abzugelten, wird dabei im wesentlichen auf folgende Argumente gestützt:

§ 5/II BUrlG bestimme, daß Bruchteile von mindestens einem halben Tag aufzurunden seien. Daraus sei im Umkehrschluß zu folgern, daß kleinere Bruchteile abgerundet werden müßten[16]. Die Gewährung von Urlaub in Bruchteilen widerspreche dem Erholungszweck des Urlaubs[17]; außerdem führe sie zu innerbetrieblichen Schwierigkeiten[18]. Das Bundesurlaubsgesetz sei beherrscht vom sogenannten Ganztagsprinzip. Dieses Prinzip sei seit jeher wesentlicher Bestandteil des Urlaubsrechts; es entspreche den durch das Bundesurlaubsgesetz abgelösten landesgesetzlichen Regelungen. Hätte das Bundesurlaubsgesetz von diesem Grundsatz abweichen wollen, wäre eine ausdrückliche Regelung zu erwarten gewesen[19]. Das Ganztagsprinzip besage aber, daß keine Bruchteile von Urlaubstagen gewährt werden können.

Diese Argumente vermögen nicht zu überzeugen. Aus dem Wortlaut des § 5/II BUrlG kann formallogisch nicht der Schluß gezogen werden, daß kleinere Bruchteile abzurunden seien. Aus der Formulierung des § 5/II BUrlG läßt sich lediglich folgern, daß kleinere Bruchteile nicht aufzurunden sind. Aus dem Erholungszweck läßt sich das Nichtentstehen eines Anspruchs auf Urlaubsbruchteile von weniger als einem halben Tag nicht herleiten. Der Erholungszweck ist eine medizinische Kategorie[20]. In der Medizin ist jedoch anerkannt, daß der Erholung lediglich Zeiträume von mindestens zwei bis drei Wochen dienen. Erfüllt aber ein Teilurlaub — und dessen Entstehen regelt § 5 BUrlG — den Urlaubszweck ohnehin nicht, so kann auch mit Rückgriff auf den Erholungszweck nicht die Gewährung von Urlaubsbruchteilen verweigert werden.

Ein Teilurlaub wird in der Regel nicht der Erholung im medizinischen Sinn, sondern lediglich der Entspannung dienen können. Entspannung aber kann durch Bruchteile von Urlaubstagen erreicht werden[21]. Der Entspannungserfolg eines Urlaubstages ist größer, wenn der Arbeitnehmer bereits den Vortag zum Teil zur Entspannung nutzen und dem Betriebsablauf einige Stunden vor dem normalen Feierabend entweichen kann.

---

16 Vgl. *Boldt / Röhsler*, § 5, Anm. 32; *Schelp / Herbst*, § 5, Anm. 12; *Hueck / Nipperdey*, S. 437.

17 Vgl. *Boldt / Röhsler*, § 5, Anm. 52; *Borrmann*, Kommentar, § 5, Anm. 12.

18 Vgl. *Borrmann*, Kommentar, § 5, Anm. 12; *Dersch / Neumann*, § 5, Anm. 29.

19 Vgl. BAG, AP Nr. 6 zu § 5 BUrlG.

20 Vgl. *van Gelder*, S. 270; *van Gelder / Böttner*, S. 322.

21 Vgl. *Thies*, S. 1881.

Der Hinweis auf „betriebstechnische Schwierigkeiten“ bei der Gewährung von Urlaubsbruchteilen vermag nicht zu überzeugen. Der kurzzeitige Ausfall eines Mitarbeiters ist im allgemeinen betriebstechnisch ohne weiteres lösbar[22]. Zur kurzfristigen Arbeitsbefreiung führen auch § 629 BGB, der dem Arbeitnehmer im gekündigten Arbeitsverhältnis Zeit zur Stellungsuche sichert, sowie die Vorschriften der §§ 16 Mutterschutzgesetz und 14 Arbeitsplatzschutzgesetz, nach denen den Arbeitnehmern Bruchteile von Tagen als arbeitsfreie Zeit zur Verfügung gestellt werden müssen[23]. Nach § 616/I BGB bleibt der Arbeitgeber zur Zahlung des Lohns oder Gehalts verpflichtet, wenn der Arbeitnehmer für verhältnismäßig nicht erhebliche Zeit — also u. U. für den Bruchteil eines Tages — durch einen in seiner Person liegenden Grund ohne sein Verschulden an der Dienstleistung verhindert wird.

Auch der Hinweis auf das sogenannte Ganztagsprinzip überzeugt nicht.

Ein Ganztagsprinzip in dem vom BAG[24] vertretenen Sinn — nämlich in dem Sinn, daß auch bei einem Teilurlaub nur ganze Urlaubstage gewährt werden können — hat es auch in der Zeit vor dem Erlaß des Bundesurlaubsgesetzes nicht gegeben[25]. Die Urlaubsgesetze der Länder waren so gefaßt, daß Bruchteile von Urlaubstagen entstehen konnten nach den Landesurlaubsgesetzen Württemberg-Baden[26], Bayern[27] sowie nach dem Jugendschutzgesetz[28] in der in Württemberg-Hohenzollern geltenden Fassung[29]. Im übrigen konnten Bruchteile von Urlaubstagen nach den Landesurlaubsgesetzen nur entstehen in Ausnahmefällen wie etwa der Gewährung eines Zusatzurlaubs von drei Tagen für Opfer des Faschismus nach Maßgabe des Landesurlaubsgesetzes Niedersachsen[30].

Von den Landesgesetzen wiesen nur Nordrhein-Westfalen[31] und Niedersachsen eine Regelung über die Behandlung der durch Zwölftelung entstehenden Bruchteile auf; dabei ordnete § 3/II/2 des Urlaubsgesetzes Niedersachsen an, daß Bruchteile von halben Tagen aufzurunden seien, während nach § 5/II/3 des Urlaubsgesetzes Nordrhein-West-

[22] Vgl. *van Gelder / Böttner*, S. 322.

[23] Vgl. *Thies*, S. 1832.

[24] Vgl. BAG, AP Nr. 6 zu § 5 BUrlG.

[25] Vgl. *van Gelder / Böttner*, S. 324.

[26] RegBl 1947, S. 78 in der Fassung des Gesetzes vom 6. 4. 1949 (RegBl 1949, S. 57) in der Fassung des Gesetzes vom 3. 4. 1950 (RegBl 1950, S. 30).

[27] GVBl 1950, S. 81 in der Fassung des Gesetzes vom 8. 11. 1954 (GVBl 1954, S. 291).

[28] RGBl 1938 I, S. 437.

[29] RegBl. 1948, S. 103, S. 175.

[30] GVBl 1948, S. 179.

[31] GVBl 1956, S. 325.

falen alle durch Zwölftelung entstehenden Bruchteile aufgerundet wurden.

Im Schrifttum zu den Landesurlaubsgesetzen, die eine Regelung über die Behandlung der entstehenden Bruchteile nicht enthielten, ist einhellig die Meinung vertreten worden, daß Bruchteile auf einen vollen Tag aufzurunden sind. Die Aufrundung ist als allgemeiner Grundsatz des Urlaubsrechts bezeichnet worden, der aus dem Erholungszweck und dem Schutzcharakter des Urlaubs abzuleiten ist. Es entspreche dem Fürsorgecharakter des Urlaubsrechts, Bruchteile von Urlaubstagen nicht gänzlich wegfallen zu lassen, sondern zugunsten des Arbeitnehmers aufzurunden und zu erhalten[32].

Die Regelung des § 3/III/2 Urlaubsgesetz Niedersachsen durchbrach den allgemeinen Aufrundungsgrundsatz. Stimmen in der Rechtsprechung oder Literatur dahin, daß aufgrund der Bestimmung des § 3 Urlaubsgesetz Niedersachsen Bruchteile von weniger als einem halben Tag abzurunden seien, existieren jedoch nicht[33]. Das Ganztagsprinzip besagt daher nur, daß Bruchteile von Urlaubstagen auf ganze Urlaubstage aufgerundet werden, wenn sie zumindest einen halben Urlaubstag erreichen. Der Ganztagsgrundsatz hat jedoch nicht zum Inhalt, daß kleinere Bruchteile von Urlaubstagen entfallen.

Die Entstehungsgeschichte des Bundesurlaubsgesetzes gibt für die Annahme, es wolle durch § 5/II BUrlG die Gewährung der Urlaubsbruchteile von weniger als einem halben Tag ausschließen, keinen Anhaltspunkt[34]. Im Gesetzentwurf der Fraktion der SPD vom 23. 1. 1962[35] fehlt eine Aufrundungsregelung; der Entwurf der Fraktion der CDU/CSU vom 20. 2. 1962[36] enthält die Formulierung „Bruchteile von Urlaubstagen sind auf volle Urlaubstage aufzurunden". Im Entwurf des Ausschusses für Arbeit[37] findet sich bereits § 5/II BUrlG in seinem jetzigen Wortlaut; im schriftlichen Bericht zum Entwurf heißt es lediglich: „Bei der Anwendung der Zwölftelung können sich mitunter Bruchteile von Urlaubstagen ergeben. § 5/II BUrlG bestimmt für diesen Fall, daß solche Bruchteile, die mindestens einen halben Tag ergeben, auf volle Urlaubstage aufzurunden sind[38]."

Da Bruchteile von Urlaubstagen von weniger als einem halben Tag sonach als Naturalurlaub gewährt werden müssen, sind sie beim Vorliegen der Voraussetzungen des § 7/III BUrlG abzugelten.

---

[32] Vgl. *van Gelder / Böttner*, S. 323 ff.
[33] Vgl. *van Gelder / Böttner*, S. 323 ff.
[34] Vgl. *van Gelder / Böttner*, S. 326 f.
[35] Bundestags-Drucksache IV Nr. 142.
[36] Bundestags-Drucksache IV Nr. 207.
[37] Bundestags-Drucksache IV Nr. 785.
[38] Bundestags-Drucksache IV Nr. 785.

7. Die rechtliche Behandlung des Abgeltungsanspruchs

7.1. Die Unabdingbarkeit des Abgeltungsanspruchs

Durch Betriebsvereinbarungen oder Einzelarbeitsverträge kann der Urlaubsabgeltungsanspruch nicht abbedungen[1] werden; dies folgt aus dem in § 13/I/3 BUrlG normierten Günstigkeitsprinzip. Überwiegend wird die Auffassung vertreten, der Abgeltungsanspruch könne auch durch Tarifverträge nicht abbedungen werden[2].

Der herrschenden Meinung ist zuzustimmen. Zwar führt § 13/I BUrlG unter den Vorschriften, von denen durch Tarifvertrag nicht abgewichen werden kann, die Bestimmung des § 7/IV BUrlG nicht auf. § 7/IV BUrlG dient jedoch in erster Linie einer Limitierung der Abgeltungsmöglichkeiten; die Vorschrift soll nicht den Abgeltungsanspruch, das Surrogat des Naturalurlaubsanspruchs, aus dem Schutz der §§ 1, 2, 3/I, 13 BUrlG herauslösen. Das Bundesurlaubsgesetz garantiert grundsätzlich die in § 3/I BUrlG festgelegten Mindesturlaubstage. Wäre der Urlaubsabgeltungsanspruch abdingbar, so wäre die Mindestgarantie für den häufigen Fall ausgehöhlt, daß bei Beendigung eines Arbeitsverhältnisses der erworbene Urlaubsanspruch nicht in natura realisiert worden ist. Naturalurlaubsanspruch und Abgeltungsanspruch verfolgen — wie oben[3] dargelegt — den gleichen Zweck. Daher müssen beide Ansprüche mit dem gleichen Schutz ausgestattet sein[4]. Durch Tarifvertrag kann deshalb nicht generell die Abgeltung des Urlaubsanspruchs bei Beendigung des Arbeitsverhältnisses ausgeschlossen werden.

Die Unabdingbarkeit des Abgeltungsanspruchs folgt aus der Mindesturlaubsgarantie des § 3/I BUrlG in Verbindung mit § 13 /I/1 BUrlG. Die Voraussetzungen für das Entstehen des Abgeltungsanspruchs sind in § 7/IV BUrlG normiert; diese Vorschrift unterliegt nicht dem Unabdingbarkeitsgrundsatz. Wie Voraussetzungen des Entstehens des

---

[1] Vgl. zum Unabdingbarkeitsanspruch oben 4.3.

[2] Vgl. LAG Berlin, AuR 1968, S. 188; BAG, AP Nr. 1 zu § 12 UrlG Schleswig-Holstein; ArbG Wilhelmshaven, AuR 1968, S. 188; *Dersch*, Hermann, Die Urlaubsgesetze, München, Berlin 1954, Anm. 689; *Dirr*, Helmut, Probleme aus dem Urlaubsrecht, Diss. München 1958, S. 4; *Siara*, Kommentar, § 7, Anm. 28; a. A. *Boldt / Röhsler*, § 7, Anm. 108.

[3] Vgl. oben 3.2.; 4.4.

[4] Vgl. *Dirr*, S. 33.

Naturalurlaubsanspruchs — beispielsweise die Wartezeit nach § 4 BUrlG — durch Tarifverträge zum Nachteil des Arbeitnehmers geändert werden können, so ist es auch zulässig, die Entstehungsvoraussetzungen des Abgeltungsanspruchs über die durch § 13/I/1 BUrlG nicht erfaßte Vorschrift des § 7/IV BUrlG hinaus in Tarifverträgen zu verschärfen. Eine tarifvertragliche Bestimmung dahin, daß ein Abgeltungsanspruch nur entsteht, wenn der Arbeitnehmer bei der Kündigung des Arbeitsverhältnisses seinen Naturalurlaubsanspruch geltend macht, ist zulässig. Tarifvertragliche Verschärfungen der Entstehungsvoraussetzungen des Abgeltungsanspruchs müssen jedoch so gefaßt sein, daß das Nichtentstehen des Abgeltungsanspruchs bei Beendigung des Arbeitsverhältnisses ein Ausnahmefall bleibt. Andernfalls liegt ein Verstoß gegen die Mindesturlaubsgarantie des § 3/I BUrlG vor; ein solcher Verstoß macht die tarifvertragliche Bestimmung nichtig.

Umstritten ist, ob tarifvertragliche Regelungen zulässig sind, die der durch das Heimarbeitsänderungsgesetz vom 29. 10. 1974[5] gestrichenen Bestimmung des § 7/IV/2 BUrlG entsprechen, oder gar das Nichtentstehen des Abgeltungsanspruchs unter gegenüber dem früheren Satz 2 des § 7/IV BUrlG erleichterten Voraussetzungen zulassen[6]. Nach § 7/IV/2 BUrlG alter Fassung entstand ein Abgeltungsanspruch nicht, wenn der Arbeitnehmer durch eigenes Verschulden aus einem Grund entlassen worden war, der eine fristlose Kündigung rechtfertigte, oder der Arbeitnehmer das Arbeitsverhältnis unberechtigt vorzeitig gelöst hatte, und in diesen Fällen eine grobe Verletzung der Treupflicht aus dem Arbeitsverhältnis vorlag.

Wlotzke[7] vertritt die Auffassung, auch in Tarifverträgen könne eine dem § 7/IV/2 BUrlG alter Fassung entsprechende Einschränkung des Entstehens des Abgeltungsanspruchs nicht aufgenommen werden. Der Abgeltungsanspruch trete an die Stelle des Freizeitanspruchs und nehme an dessen unabdingbarem Schutz teil.

Dagegen wendet sich Siara[8] mit dem Argument, § 7/IV/2 BUrlG alter Fassung sei eine gesetzliche Normierung des Rechtsmißbrauchstatbestands gewesen. Dieser Bestimmung habe sonach ein Rechtsgrundsatz zugrundegelegen, der auch ohne gesetzliche Regelung gegolten hätte.

---

[5] BGBl 1974 I, S. 2879.

[6] Regelungen, die das Nichtentstehen des Abgeltungsanspruchs unter gegenüber § 7/IV/2 BUrlG alter Fassung erleichterten Voraussetzungen vorsahen, wurden unter der Geltung dieser Bestimmung überwiegend für zulässig erachtet; vgl. etwa ArbG Berlin, BB 1963, S. 1424; ArbG Düsseldorf, DB 1965, S. 600; ArbG Ulm, DB 1964, S. 1695 f.

[7] Vgl. *Wlotzke*, Otfried, Neuerungen im gesetzlichen Arbeitsrecht, DB 1974, S. 2252 ff., S. 2259; vgl. auch *Meisel*, Peter G., Die Änderungen des Bundesurlaubsgesetzes durch das Heimarbeitsänderungsgesetz vom 29. 10. 1974, RdA 1975, S. 166 ff., S. 169 f.

[8] Vgl. *Siara*, Berthold, DB 1975, S. 836 ff.

Ausgangspunkt der Überlegungen muß der Grundsatz der Unabdingbarkeit des Abgeltungsanspruchs sein; Naturalurlaubsanspruch und Abgeltungsanspruch genießen grundsätzlich den gleichen Schutz. Dem § 7/IV/2 BUrlG alter Fassung entsprechende Regelungen sind jedenfalls dann zulässig, wenn § 7/IV/2 BUrlG alter Fassung eine Ausformung des Grundsatzes des Rechtsmißbrauchsverbots war. Denn der Unabdingbarkeitsgrundsatz soll Schutz gegen Druck des Arbeitgebers und gegen Eingriffe in die Mindesturlaubsgarantie durch die Tarifvertragsparteien bieten. nicht jedoch Schutz gegen Eingriffe in den Abgeltungsanspruch durch das objektive Recht selbst[9].

Seiner historischen Entwicklung nach basiert § 7/IV/2 BUrlG alter Fassung auf dem Gedanken des Rechtsmißbrauchsverbots[10]. Die Vorschrift ist jedoch von der Rechtsprechung auf Fälle ausgedehnt worden, in denen Rechtsmißbräuchlichkeit der Geltendmachung des Urlaubsanspruchs nicht bejaht werden kann. So ist § 7/IV/2 BUrlG alter Fassung angewendet worden in Fällen beharrlicher Arbeitsverweigerung[11], bei Verstößen gegen das Direktionsrecht des Arbeitgebers[12] und in Fällen des Vertragsbruchs des Arbeitnehmers[13], auch wenn es jeweils nicht zu einer Schädigung des Arbeitgebers kam. Das LAG Niedersachsen hat § 7/IV/2 BUrlG alter Fassung angewendet in einem Fall, in dem eine Kassenverwalterin den ihr an sich zustehenden Abgeltungsbetrag aus der Kasse entnommen hatte[14].

Da die Anwendung des § 7/IV/2 BUrlG alter Fassung von der Rechtsprechung über die Fälle hinaus ausgedehnt worden ist, in denen die Geltendmachung des Abgeltungsanspruchs als so grob unbillig und rücksichtslos zu werten ist, daß die Geltendmachung rechtsmißbräuchlich erscheint, kann nicht mit Siara[15] argumentiert werden, § 7/IV/2 BUrlG alter Fassung sei lediglich eine Präzisierung des den Abgeltungsanspruch aufgrund objektiven Rechts einschränkenden Grundsatzes des Rechtsmißbrauchsverbots.

---

[9] Vgl. dazu oben 7.2.; 7.11.

[10] Vgl. etwa die vor Erlaß des BUrlG ergangenen Entscheidungen RAG ARS 36, S. 310 ff.; BAG, PrAR BUrlG §§ 1 - 3, Nr. 2; LAG Berlin, DB 1960, S. 1339; LAG Düsseldorf, DB 1961, S. 612; BB 1962, S. 562; LAG Hannover, DB 1960, S. 644; vgl. auch *Steudle*, Mirko, Der Rechtsmißbrauch im Arbeitsrecht, dargestellt unter besonderer Berücksichtigung der Rechtsprechung zum Urlaubs- und Ruhegehaltsrecht, Diss. Göttingen 1972, S. 48.

[11] Vgl. etwa ArbG Ulm, DB 1966, S. 1695 f.; ArbG Hamburg, BB 1965, S. 749; ArbG Stade, ARSt, 1966, S. 138; ArbG Pirmasens, ARSt 1966, S. 91.

[12] Vgl. etwa LAG Düsseldorf, BB 1965, S. 1110; ArbG Bayreuth, ARSt 1970, S. 143; ArbG Hamburg, BB 1964, S. 1045.

[13] Vgl. etwa LAG Düsseldorf/Köln, BB 1962, S. 598; vgl. auch BAG, PrAR BUrlG §§ 1 - 3, Nr. 2; LAG Niedersachsen, ARSt 1965, S. 366; LAG Schleswig-Holstein, ARSt 1966, S. 63.

[14] Vgl. LAG Niedersachsen, ARSt 1968, S. 23.

[15] Vgl. *Siara*, DB 1975, S. 837.

Wie oben[16] dargelegt, wird der Abgeltungsanspruch in gleichem Umfang durch den Unabdingbarkeitsgrundsatz geschützt wie der Naturalurlaubsanspruch. Einschränkungen des Entstehens des Naturalurlaubsanspruchs sind nur insoweit möglich, als Entstehungsvoraussetzungen geändert werden, die — wie etwa die Wartezeit nach § 4 BUrlG — außerhalb der §§ 1 - 3/I BUrlG geregelt sind. Mit der Möglichkeit der für den Arbeitnehmer nachteiligen Abänderungen solcher außerhalb der §§ 1 - 3/I BUrlG normierten Entstehungsvoraussetzungen ist der Urlaubsanspruch belastet[17].

Für das Entstehen des Urlaubsanspruchs ist nach den Normen des Bundesurlaubsgesetzes nicht Voraussetzung, daß der Arbeitnehmer nicht durch eigenes Verschulden aus einem Grund entlassen wurde, der eine fristlose Kündigung rechtfertigte, er ferner nicht das Arbeitsverhältnis unberechtigt vorzeitig löste, und in diesen Fällen nicht eine grobe Verletzung der Treuepflicht aus dem Arbeitsverhältnis vorlag. Die Aufnahme einer solchen oder einer weitergehenden Bestimmung in einen Tarifvertrag verstieße gegen den Unabdingbarkeitsgrundsatz, da der Naturalurlaubsanspruch mit einer solchen Einschränkung seines Entstehens nicht belastet ist. Nach der Streichung des § 7/IV/2 BUrlG alter Fassung ist auch der Abgeltungsanspruch mit solchen Entstehungsvoraussetzungen nicht belastet; da der Unabdingbarkeitsgrundsatz Naturalurlaubsanspruch und Abgeltungsanspruch in gleicher Weise schützt, kann ein Tarifvertrag auch für den Abgeltungsanspruch keine dem § 7/IV/2 BUrlG alter Fassung entsprechende oder eine weitergehende Regelung vorsehen.

7.2. Erlaßvertrag über den Abgeltungsanspruch

Strittig ist die Frage, ob über den Abgeltungsanspruch ein Erlaßvertrag abgeschlossen werden kann. Die weit überwiegende Meinung in Rechtsprechung[18] und Literatur[19] verneint die Zulässigkeit eines Erlaßvertrags.

---

[16] Vgl. oben S. 144.

[17] Freilich sind auch Abänderungen der §§ 3/II ff. BUrlG nicht uneingeschränkt zulässig; der Umfang der jeweils zulässigen Abweichungen läßt sich nur im Einzelfall bestimmen, vgl. *Boldt / Röhsler*, § 13, Anm. 16.

[18] Vgl. BAG, AP Nr. 2 zu § 7 BUrlG Abgeltung; BAG, ARSt 1968, S. 80; LAG Baden-Württemberg, BB 1967, S. 757 — einschränkend —; LAG Bremen, BB 1958, S. 738; LAG Hamburg, BB 1968, S. 1080; LAG Hamm, DB 1964, S. 775; ArbG Bad Oldesloe, ARSt 1970, S. 143; ArbG Arnsberg, ARSt 1971, S. 28 f.; ArbG Celle, ARSt 1969, S. 59; ArbG Göttingen, BB 1961, S. 863; ArbG Ludwigshafen, ARSt 1968, S. 172 f.; ArbG Wilhelmshaven, WAR 1964, S. 167; vgl. aber auch RAG, BS 8, S. 394 ff.; LAG Stuttgart, DB 1953, S. 192, S. 486; ArbG Ulm, DB 1968, S. 670 f.

[19] Vgl. *Borrmann*, Kommentar, § 7, Anm. 23; *Soergel / Wlotzke / Volze*, § 611, Anm. 190; *Stahlhacke*, § 7, Anm. 69; *Sturn*, Helmuth, Urlaubsabwicklung

Begründet wird diese Auffassung mit der Zweckbindung des Abgeltungsanspruchs[20] und seinem Charakter als soziales Schutzrecht[21]. Außerdem wird der Grundsatz der Unabdingbarkeit des Abgeltungsanspruchs zur Begründung herangezogen[22]; schließlich wird darauf hingewiesen, daß nach § 4/IV des Tarifvertragsgesetzes tarifvertragliche Ansprüche unverzichtbar seien. Das gleiche müsse — „erst recht" — für gesetzliche Ansprüche gelten[23]. Eine Differenzierung zwischen dem Abschluß eines Erlaßvertrags während des Bestehens des Arbeitsverhältnisses und dem Abschluß nach Beendigung des Arbeitsverhältnisses wird abgelehnt, da der Grundsatz der Unabdingbarkeit weder während des laufenden Arbeitsverhältnisses noch nach Beendigung des Arbeitsverhältnisses durchbrochen werden dürfe[24].

Ausgangspunkt der Erörterungen muß der Grundsatz der Verzichtbarkeit privatrechtlicher Ansprüche[25] sein. Es bedarf also eines besonderen Grundes zur Annahme der Unverzichtbarkeit des Abgeltungsanspruchs.

Aus dem Zweck des Abgeltungsanspruchs läßt sich das Verbot des Verzichts nicht ableiten. Zweck des Abgeltungsanspruchs ist es, dem Arbeitnehmer die Möglichkeit der Verschaffung arbeitsfreier Zeit zur Regeneration der Arbeitskraft und zur Selbstbestimmung unter Aufrechterhaltung des Lebensstandards zu geben. Aus dem Lebensstandardprinzip folgt, daß der Arbeitnehmer während der arbeitsfreien Zeit nicht besser und nicht schlechter gestellt werden soll als während der Zeit der Arbeit. Während der Zeit der Arbeit bezieht der Arbeitnehmer Lohn oder Gehalt. Über seinen Lohn- und Gehaltsanspruch kann der Arbeitnehmer jedoch — soweit es sich nicht um tarifliche Ansprüche handelt — durch Erlaßvertrag verfügen.

---

in der Hochkonjunktur, Arbeits- und Sozialrecht 1970, S. 103 f.; vgl. auch *Schmelzer*, Oskar, Das Urlaubsrecht der Arbeitnehmer im öffentlichen Dienst, RdA 1970, S. 1 ff., S. 7; anders dagegen *Boldt / Röhsler*, § 7, Anm. 65; *Boldt*, Gerhard / *Schlephorst*, Eberhard, Mindesturlaubsgesetz für Arbeitnehmer, Köln, Berlin, Bonn, München 1963, § 1, Anm. 16; § 7, Anm. 18; *Heimeier*, W., Der Erholungsurlaub des Arbeitnehmers, Beilage 11 zu DB 1954.

20 Vgl. BAG, AP Nr. 2 zu § 7 BUrlG Abgeltung; BAG, SAE 1970, S. 149 ff.; LAG Hamburg, BB 1968, S. 1080; *Dersch / Neumann*, § 13, Anm. 59.

21 Vgl. BAG, AP Nr. 2 zu § 7 BUrlG Abgeltung; *Stahlhacke*, § 1, Anm. 69; *Gaul / Boewer*, S. 156.

22 Vgl. LAG Hamm, DB 1964, S. 775; *Dersch / Neumann*, § 13, Anm. 59; *Stahlhacke*, § 1, Anm. 70.

23 Vgl. ArbG Göttingen, DB 1961, S. 863; kritisch *Hinrichs*, Hans F., Der Einwand der unzulässigen Rechtsausübung gegenüber tariflichen Lohnrechten, Diss. Göttingen 1958, S. 13 ff.

24 Vgl. LAG Bremen, DB 1955, S. 1228; BB 1958, S. 738; ArbG Gelsenkirchen, DB 1958, S. 688; ArbG Göttingen, BB 1961, S. 863; *Dersch / Neumann*, § 13, Anm. 60; *Natzel*, § 1, Anm. 24.

25 Vgl. *Enneccerus / Nipperdey*, S. 884.

Die Frage, ob sich aus dem Unabdingbarkeitsgrundsatz das Verzichtsverbot ableiten läßt, kann nur beantwortet werden, wenn der dem § 13/I BUrlG zugrundeliegende Begriff der Unabdingbarkeit geklärt ist.

Die Unabdingbarkeit dient dem Schutz des Abgeltungsanspruchs. Der Schutz ist auf drei Stufen möglich:

a) Die Sicherung des Entstehens eines Rechts.

b) Die Sicherung des Bestands des Rechts während der Dauer des Rechtsverhältnisses, aus dem der Anspruch fließt.

c) Die Sicherung des Bestands des Rechts auch nach Beendigung des Rechtsverhältnisses, aus dem sich der Anspruch ergibt.

Fallgestaltung c wird zweckmäßigerweise als Unverzichtbarkeit, Fallgestaltung b als Unabdingbarkeit im weiteren Sinn, Fallgestaltung a als Unabdingbarkeit im engeren Sinn bezeichnet. Die Unverzichtbarkeit umfaßt die Unabdingbarkeit im weiteren und im engeren Sinn, die Unabdingbarkeit im weiteren Sinn umfaßt die Unabdingbarkeit im engeren Sinn[26].

Nur wenn § 13/I BUrlG die Unverzichtbarkeit in dem oben definierten Sinn zugrundeliegt, läßt sich aus dieser Vorschrift ein generelles Verzichtsverbot ableiten. Im Gegensatz zu § 619 BGB, der sich ausdrücklich auf Unabdingbarkeit im engeren Sinn beschränkt, läßt § 13/I BUrlG die Frage offen.

Als Grund für die Annahme, § 13/I BUrlG bestimme die Unverzichtbarkeit des Abgeltungsanspruchs, wird zum einen auf die soziale Schutzfunktion des Urlaubsgesetzes hingewiesen; zum anderen wird mit einem „Erst-recht-Schluß" aus § 4/IV des Tarifvertragsgesetzes der in § 13 BUrlG festgelegte Unabdingbarkeitsgrundsatz als Unverzichtbarkeit in dem oben definierten Sinn aufgefaßt.

Der soziale Schutzcharakter einer Vorschrift reicht für sich allein nicht aus, ihre Unverzichtbarkeit zu begründen. Dies ergibt sich etwa aus §§ 617, 618 BGB. Beide Normen tragen sozialen Schutzcharakter; dennoch sind sie nicht unverzichtbar, sondern nur unabdingbar im engeren Sinn. Auch für Vorschriften anderer Gesetze mit ausgesprochen sozialem Schutzcharakter — wie etwa dem Heimarbeitergesetz[27], dem Schwerbeschädigtengesetz[28], dem Mutterschutzgesetz[29] und dem Kündigungsschutzgesetz[30] — wird die Verzichtbarkeit bejaht.

---

[26] Zur Unterscheidung von Unabdingbarkeit und Unverzichtbarkeit vgl. *Schnorr*, Anm. zu BAG, SAE 1968, S. 181 f.; *Richardi*, Reinhard, Ausschlußfristen bei unabdingbaren gesetzlichen Ansprüchen, insbesondere dem Urlaubsanspruch, RdA S. 62 ff., S. 64.

[27] Vgl. *Maus*, Wilhelm, Heimarbeitergesetz, 2. Aufl., München und Berlin 1962, § 1, Anm. 77.

Zu prüfen bleibt, ob sich die Unverzichtbarkeit des Abgeltungsanspruchs durch einen „Erst-recht-Schluß“ aus § 4/IV des Tarifvertragsgesetzes ableiten läßt.

Das dem Bundesurlaubsgesetz zugrundeliegende Unabdingbarkeitsprinzip ist Ausdruck des Charakters des Urlaubsrechts als soziales Schutzrecht[31]. Die Unabdingbarkeit tariflicher Ansprüche basiert zwar ebenfalls auf dem Gedanken des Schutzes des Arbeitnehmers, nämlich der Sicherung eines Mindeststandards; zu den wesentlichen Funktionen der Tarifverträge gehört jedoch auch ihre Ordnungs- und Friedensfunktion[32].

Die Entstehung der Tarifvertragsparteien beruht auf der wirtschaftlichen Unterlegenheit der Arbeitnehmer, die sich im 19. Jahrhundert zu Gewerkschaften zusammenschlossen. Primäre Aufgabe dieser Gewerkschaften war es zunächst, durch Arbeitskampf oder Drohung mit Arbeitskampf Einfluß auf die Gestaltung von Arbeitsbedingungen zu nehmen; im Jahre 1873 gelang es erstmals, durch den Abschluß eines Vertrags ein Kampfergebnis rechtlich zu sichern[33]. In der Folgezeit kam es zu zahlreichen Tarifvertragsabschlüssen; im Jahre 1913 zählte man rund 13 000 Tarifverträge, die 1,8 Millionen Arbeitnehmer erfaßten. Ihre Bedeutung erlangten die Tarifverträge deshalb, weil sowohl die Arbeitgeberverbände als auch die Verbände der Arbeitnehmer die Tariftreue ernst nahmen. Der Grundsatz der Tariftreue fand in der Tarifvertragsordnung vom 23. 12. 1918[34] als Prinzip der Unabdingbarkeit der Tarifnormen seinen gesetzlichen Niederschlag. Bis zu diesem Zeitpunkt war die Wirkung der Tarifnormen auf die Einzelarbeitsverträge abhängig von der Machtstellung der Gewerkschaften, die die Tariftreue sicherten.

Der tarifvertragliche Unabdingbarkeitsgrundsatz wurde von der höchstrichterlichen Rechtsprechung dahin ausgelegt, daß während des

---

28 Vgl. *Wilrodt*, Hermann / *Gotzen*, Otfried, Schwerbeschädigtengesetz, 3. Aufl., München und Berlin 1973, § 14, Anm. 39.

29 Vgl. *Bulla*, Gustav-Adolf, Mutterschutzgesetz, 3. Aufl., München 1968, § 9, Anm. 42; § 11, Anm. 71; § 16, Anm. 35, 44.

30 Vgl. *Hueck*, Alfred, Kündigungsschutzgesetz, 9. Aufl., München 1974, § 15, Anm. 82.

31 Vgl. *Schelp*, Günther / *Trieschmann*, Günther, Der Erholungsurlaub, BArbBl 1961, S. 43 ff., S. 46.

32 Vgl. *Joachim*, Hans-G., Die Einrede der Arglist gegenüber Tarifansprüchen, RdA 1954, S. 1 ff., S. 3; *Hinz*, Manfred O., Die zwingende Wirkung der Tarifnormen und die Gestaltungsfreiheit im Arbeitsvertrag. Eine Untersuchung über die tarifvertragliche Vereinbarungsgewalt, Diss. Mainz 1966, S. 23; *Nipperdey*, Hans Carl, Beiträge zum Tarifrecht, Mannheim, Berlin, Leipzig 1924, S. 3.

33 Vgl. *Joachim*, S. 1.

34 RGBl 1918, S. 1456.

Bestehens des Arbeitsverhältnisses auf einen Anspruch nicht verzichtet werden konnte. Ein Erlaßvertrag nach Beendigung des Arbeitsverhältnisses wurde zugelassen mit der Begründung, nach Beendigung des Arbeitsverhältnisses sei die Gefahr der Ausübung eines Drucks auf den Arbeitnehmer durch den Arbeitgeber entfallen, vor dem der Unabdingbarkeitsgrundsatz schützen wolle[35]. In der Literatur wurde gelegentlich jedoch die Auffassung vertreten, die Verzichtbarkeit tarifvertraglicher Ansprüche widerspreche dem „autoritativen Charakter der Tarifordnung und der Idee der Gemeinschaft"[36].

Der „klassische Unabdingbarkeitsbegriff" der Tarifidee[37] wurde nach 1945 durch die Überbetonung der Ordnungsfunktionen des Tarifrechts[38] verdrängt. Das Tarifvertragsgesetz vom 23. 4. 1953[39] sah in § 4/IV/1 die grundsätzliche Unverzichtbarkeit tariflicher Ansprüche vor; diese Regelung ist in die Neufassung des Tarifvertragsgesetzes vom 25. 8. 1969[40] übernommen worden. Die unbedingte Priorität des Tarifwillens vor dem Individualwillen zur Stärkung der Organisationen der sozialen Selbstverwaltung verschoben die Gewichte der Zwecke des Tarifvertrags von der Garantierung eines Mindeststandards zum Schutz des Arbeitnehmers hin zur Funktion des Tarifvertrags zur allgemeinen und einheitlichen Regelung der Arbeitsbedingungen für den Tarifbereich[41]. Die Unverzichtbarkeit tariflicher Ansprüche dient der Schaffung eines kollektiven Arbeitsrechts, das durch individuelle Vereinbarungen nicht durchbrochen wird[42]. Die vollständige Loslösung vom Willen der Arbeitsvertragsparteien, der totale Schutz gegen individuelle Vereinbarungen zeichnet den Tarifanspruch aus; dieser totale Schutz dient nicht mehr dem einzelnen Arbeitnehmer, den er letztlich zu entmündigen droht[43], sondern dem Schutz der Tarifparteien und des Tarifsystems.

Das Bundesurlaubsgesetz bezweckt den Schutz des Arbeitnehmers, nicht den Schutz der Parteien des Tarifvertrags oder des Tarifsystems.

---

[35] Vgl. RAG, ARS 26, S. 242 ff., 37, S. 196 ff.

[36] Vgl. *Joerges*, Tariflohnverzicht und Tarifordnungssinn, DAR 1935, S. 256.

[37] Vgl. *Hinrichs*, S. 13.

[38] Zur Ordnungsfunktion der Tarifverträge vgl. *Joachim*, S. 3; *Hinz*, S. 23; *Siebert*, Wolfgang, Kollektivnorm und Individualrecht im Arbeitsverhältnis, Festschrift für Hans Carl Nipperdey, München und Berlin 1955, S. 119 ff., S. 123.

[39] BGBl I 1953, S. 156.

[40] BGBl I 1969, S. 1323.

[41] Vgl. *Joachim*, S. 3.

[42] Vgl. *Hausen*, Egon, Der Verzichtsvergleich des § 4 Absatz 4 Satz 1 des Tarifvertragsgesetzes, Diss. Köln 1970, S. 53; *Hinrichs*, S. 20 a; *Thomas*, Werner, Der Verzicht auf tarifliche Ansprüche im arbeitsgerichtlichen Verfahren unter besonderer Berücksichtigung des Vergleichsabschlusses, Diss. Köln 1961, S. 35; *Richardi*, S. 64.

[43] Vgl. *Hinrichs*, S. 22.

Der Grundsatz der Unverzichtbarkeit tariflicher Ansprüche kann sonach nicht auf Ansprüche übertragen werden, die sich aus dem Bundesurlaubsgesetz ableiten.

Nicht stichhaltig ist schließlich das formale Argument des BAG[44], der Abgeltungsanspruch entstehe erst mit Beendigung des Arbeitsverhältnisses, auf einen noch nicht bestehenden Anspruch könne jedoch nicht verzichtet werden, folglich sei unter Unabdingbarkeit im Sinne des Bundesurlaubsgesetzes Unverzichtbarkeit zu verstehen. Andernfalls führe die Unabdingbarkeit nicht zu einem Schutz des Abgeltungsanspruchs. In Rechtsprechung[45] und Literatur[46] ist gleichermaßen anerkannt, daß vor Entstehen eines Anspruchs ein Vertrag dahin geschlossen werden kann, daß zukünftige Ansprüche nicht entstehen. Im Gegensatz zur Ansicht des BAG wird also der Abgeltungsanspruch auch dann geschützt, wenn er zwar als verzichtbar, jedoch als unabdingbar im oben definierten Sinn angesehen wird.

Für die Durchbrechung des Prinzips der Verzichtbarkeit zivilrechtlicher Ansprüche ergeben sich beim Abgeltungsanspruch sonach keine überzeugenden Argumente. Der Abgeltungsanspruch ist daher verzichtbar.

Zu klären bleibt, ob der Abgeltungsanspruch unabdingbar im engeren oder im weiteren Sinn ist. Die Frage läßt sich nur vom Zweck des § 13/I BUrlG her beantworten.

Die Unabdingbarkeit des Abgeltungsanspruchs dient dem Schutz des Arbeitnehmers. Zum einen soll der Arbeitnehmer nicht durch Druck des Arbeitgebers veranlaßt werden können, auf den Abgeltungsanspruch zu verzichten. Zum anderen sollen die Tarifvertragsparteien gehindert werden, den Mindesturlaubsanspruch des Arbeitnehmers zu verkürzen. Dieser Schutzzweck begründet die Unabdingbarkeit; er begrenzt sie auch. Für die Frage der Verzichtbarkeit ist von Relevanz nur der gegen den möglichen Druck durch den Arbeitgeber gerichtete Teilzweck der Unabdingbarkeit. Ist die Ausübung eines Drucks durch den Arbeitgeber nicht mehr möglich, weil der Arbeitnehmer aus dem Arbeitsverhältnis ausgeschieden ist, so verstößt ein Verzicht nicht mehr gegen den Schutzzweck des Urlaubsgesetzes; während des Bestehens des Arbeitsverhältnisses ist ein Erlaßvertrag jedoch unzulässig.

Der Abgeltungsanspruch ist sonach unabdingbar im weiteren Sinn.

---

[44] Vgl. BAG, AP Nr. 2 zu § 7 BUrlG Abgeltung.

[45] Vgl. BGH BB 1956, S. 1086; BGHZ 40, S. 330 ff.

[46] Vgl. *Erman / Westermann*, § 397, Anm. 2; BGB — RGRK — *Löscher*, § 397, Anm. 96; *Kreß*, Allgemeiner Teil, S. 466.

7.3. Die Pfändbarkeit des Abgeltungsanspruchs

Die Pfändbarkeit des Abgeltungsanspruchs wird von der überwiegenden Meinung in Literatur[47] und Rechtsprechung[48] verneint.

Innerhalb der Vertreter der Auffassung von der Unpfändbarkeit des Abgeltungsanspruchs zeigen sich gewisse Modifikationen. Es finden sich Vertreter der Auffassung von der absoluten Unpfändbarkeit[49]; zum überwiegenden Teil wird die Pfändung zugelassen für Unterhaltsgläubiger[50] mit der Begründung, die Urlaubsvergütung habe den rechtlichen Charakter einer zur Sicherung der ganzen Familie während der Freizeit gewährten Zahlung[51]. Gelegentlich wird auch die Unpfänd-

---

47 Vgl. *Staudinger / Nipperdey / Mohnen,* § 611, Anm. 283; *Soergel / Wlotzke / Volze,* § 611, Anm. 190; *Bock,* Johannes / *Speck,* Karl, Die Einkommenspfändung, Darmstadt o. J., S. 61; *Hässler,* Manfred, Bundesurlaubsgesetz, AuR 1963, S. 215 ff., S. 216; *Rewolle,* Hans-Dietrich, Zum Begriff des Arbeitseinkommens im Bereich der Lohnpfändung, DB 1962, S. 936 ff., S. 937; *Stöber,* Kurt, Forderungspfändung, Bielefeld 1965, S. 256; vgl. auch *Dersch,* Hermann, Grundfragen des Urlaubsrechts, RdA 1954, S. 9 ff.; S. 11; *Borrmann,* Der Anspruch auf Urlaubsabgeltung, DB 1955, S. 509; *Schweer,* Dieter, Die Pfändbarkeit von Urlaubsabgeltung und Urlaubsvergütung, BB 1961, S. 680; *Riedel,* Hermann, Jugendarbeitsschutzgesetz mit Seejugendarbeitsschutzrecht, Hamburg, Berlin, Bonn 1961, § 19, Anm. 21; anders dagegen *Bohn,* A., Pfändungsschutz für Lohn, Gehalt und sonstige Arbeitseinkommen, 2. Band, Baden-Baden o. J., S. 24; *Dahns,* S. 605; *Boldt / Röhsler,* § 1, Anm. 39, Anm. 43; *Natzel,* § 1, Anm. 3; § 7, Anm. 37; *Maser,* Axel, Urlaub und Arbeitsbefreiung im Betrieb, Stuttgart, München, Hannover 1970, S. 81; *Quardt,* Heinz, Die Urlaubsmarkenregelung in der Zwangsvollstreckung, BB 1958, S. 1212 f.; *Peters,* Karl, Zur Pfändbarkeit von Urlaubsentgelt, DB 1966, S. 1133; *Stehl,* Heinrich, Pfändbarkeit des Urlaubsentgelts, DB 1964, S. 334; *Walter,* Bernhard, Kommentar zum Lohnpfändungsrecht, Darmstadt 1965, S. 37; vgl. auch *Weber,* Gunter, Unpfändbarkeit der Urlaubsvergütung, BB 1961, S. 608 ff.; *Mohrbutter,* Jürgen, Handbuch des gesamten Vollstreckungs- und Insolvenzrechts, Köln, Berlin, Bonn, München 1965, S. 123; *Zawar,* J., Die Pfändung von Sondervergütungen im Arbeitsrecht, JW 1938, S. 432 ff.; *Teusch,* Hans, Die Urlaubsvergütung, Diss. Köln 1942, S. 144; *Willmer,* Hermann, Das Urlaubsgeld, Diss. Köln 1942, S. 38.

48 Vgl. BAG, AP Nr. 42 zu § 611 BGB Urlaubsrecht mit zustimmender Anm. *Nikisch;* BAG, SAE 1960, S. 9 f. mit ablehnender Anm. *Walter;* LAG Düsseldorf/Köln, BB 1966, S. 1454 f.; LAG Düsseldorf, DB 1967, S. 1140; LAG Frankfurt, BB 1962, S. 1083; LAG Kiel, AP Nr. 3 zu § 611 BGB Urlaubsrecht mit zustimmender Anm. *Dersch;* ArbG Göttingen, BB 1955, S. 194; ArbG Regensburg/Landshut, ARSt XXV, S. 26; ArbG Wilhelmshaven, WAR 1964, S. 167; einschränkend BAG, BB 1963, S. 187 f.

49 Vgl. etwa LAG Frankfurt, BB 1962, S. 1083.

50 Vgl. LAG Bremen, AP Nr. 1 zu § 850 a ZPO mit ablehnender Anm. *Pohle;* LAG Bremen, AP Nr. 17 zu § 611 BGB Urlaubsrecht mit zustimmender Anm. *Dersch; Dersch / Neumann,* § 1, Anm. 70; *Hueck / Nipperdey,* S. 452, Fußnote 106; vgl. auch *Schaufuß,* Werner, Streitfragen des Urlaubsrechts, Diss. Köln 1941, S. 78; dagegen etwa *Dahns,* S. 604 ff.; *Schnorr von Carolsfeld,* Ludwig, Arbeitsrecht, 2. Aufl., Göttingen 1954, S. 257; *Siara,* Kommentar, § 1, Anm. 18; *Walter,* Kommentar, S. 37; ArbG Bremen, AP Nr. 1 zu § 850 a ZPO mit zustimmender Anm. *Berner.*

51 Vgl. LAG Bremen, AP Nr. 1 zu § 850 a ZPO.

barkeit des Abgeltungsanspruchs mit Einschränkung nach „Treu und Glauben“ angenommen[52].

Begründet wird die Auffassung von der Unpfändbarkeit des Abgeltungsanspruchs einmal damit, daß der Abgeltungsanspruch eine zweckgebundene und höchstpersönliche Leistung sei; solche Leistungen seien aber, wie sich etwa aus den §§ 847, 1300 BGB, 851 ZPO ergebe, nicht pfändbar. Des weiteren sei die Urlaubsabgeltung eine besondere Sozialleistung[53], die der Pfändung nicht unterliege[54]. Durch die Abgeltungszahlung erhalte der Arbeitnehmer mehr Entlohnung in einem Jahr als gewöhnlich. Auf diesen Mehrerwerb dürften jedoch die Gläubiger keinen Zugriff haben[55]. Zum anderen wird zur Begründung der Unpfändbarkeit des Abgeltungsanspruchs vorgebracht, daß unbestreitbar das Freizeitelement des Urlaubsanspruchs nicht gepfändet werden könne. Aufgrund der untrennbaren Einheit von Freizeitelement und Entgeltelement ergebe sich, daß auch das Entgeltelement unpfändbar sei. Da zwischen Urlaubsanspruch und Abgeltungsanspruch Identität bestehe, sei folglich auch der Abgeltungsanspruch unpfändbar[56]. Aus § 850 a Ziff. 2 ZPO, der die Unpfändbarkeit der für die Dauer des Urlaubs über das Arbeitseinkommen hinaus gewährten Bezüge normiert, soweit sie den Rahmen des Üblichen nicht übersteigen, könne nicht im Umkehrschluß die Pfändbarkeit des Urlaubsentgelts und der Urlaubsabgeltung gefolgert werden.

Teilweise wird angenommen, § 850 a ZPO trete hinter die lex specialis des § 851 ZPO zurück[57]; teilweise wird argumentiert, § 850 a ZPO und § 851 ZPO stünden gleichrangig nebeneinander, so daß jeweils zu prüfen sei, ob ein Anspruch nach der einen oder nach der anderen Vorschrift unpfändbar sei[58]; teilweise wird schließlich sogar die Meinung vertreten, § 850 a ZPO, der die Unpfändbarkeit auf die für die Dauer des Urlaubs über das Arbeitseinkommen hinaus gewährten Bezüge beschränke, sei mit der jetzt herrschenden Auffassung vom Urlaubs-

---

[52] Vgl. *Hohn,* Hannsjosef, Pfändung, Aufrechnung und Abtretung bei Urlaubsansprüchen, BB 1965, S. 751 f.

[53] Vgl. LAG Bremen, AP Nr. 1 zu § 850 a ZPO mit insoweit ablehnender Anm. *Pohle;* LAG Bremen, AP Nr. 17 zu § 611 BGB Urlaubsrecht mit zustimmender Anm. *Dersch.*

[54] Vgl. BAG, AP Nr. 42 zu § 611 BGB Urlaubsrecht; *Dersch / Neumann,* § 7, Anm. 89; *Schelp / Herbst,* § 7, Anm. 119; *Schaub,* Günter, Arbeitsrechts-Handbuch, München 1972, S. 405; *Sturn,* Helmuth, Das neue Urlaubsrecht, Stuttgart, München, Hannover 1963, S. 16; *Schweer,* S. 680.

[55] Vgl. BAG, BB 1962, S. 187 f.; *Schweer,* S. 680; vgl. auch LAG Bayern, Amtsblatt 1964 C, S. 112.

[56] Vgl. *Dersch / Neumann,* § 1, Anm. 72; Nikisch, Arbeitsrecht, S. 552.

[57] Vgl. etwa *Schelp / Trieschmann,* BArbBl 1961, S. 45 f.; LAG Bremen, AP Nr. 17 zu § 611 BGB Urlaubsrecht.

[58] Vgl. *Borrmann,* Kommentar, § 1, Anm. 11; *Peters,* S. 1134.

anspruch als zweckgebundener Fürsorgeleistung des Arbeitgebers nicht vereinbar[59].

Die von den Befürwortern der Unpfändbarkeit vorgetragenen Argumente überzeugen nicht.

Ausgangspunkt für die Beantwortung der Frage der Pfändbarkeit des Urlaubsabgeltungsanspruchs sind die Vorschriften der §§ 828 ff. ZPO, insbesondere der §§ 850 a ff. ZPO.

§ 850 a Ziffer 2 ZPO legt eindeutig lediglich die Unpfändbarkeit der für die Dauer des Urlaubs über das Arbeitseinkommen hinaus gewährten Bezüge fest, soweit diese den Rahmen des Üblichen nicht übersteigen. Eine entsprechende Regelung für das Urlaubsentgelt und die Urlaubsabgeltung wäre zu erwarten gewesen, hätte der Gesetzgeber diese Ansprüche ebenfalls für unpfändbar erklären wollen.

Das Argument, § 850 a Ziffer 2 ZPO, der die Unpfändbarkeit der Urlaubsvergütungen einschränke, sei mit der herrschenden Auffassung von der Rechtsnatur des Urlaubsanspruchs als Fürsorgeleistung nicht zu vereinen, ist unhaltbar. Zum einen ist der Urlaubsanspruch — wie oben[60] nachgewiesen — keine Fürsorgeleistung des Arbeitgebers, sondern Teil des vom Arbeitnehmer erarbeiteten Entgelts. Selbst wenn man der Fürsorgetheorie folgt, so darf doch nicht übersehen werden, daß ein Gesetz zwar ausgelegt werden kann, eine Entscheidung contra legem jedoch unzulässig ist[61]. Eine theoretische Konzeption des Urlaubsbegriffs hat hinter das geschriebene Gesetz zurückzutreten; die Theorie ist insoweit auf Auswirkungen de lege ferenda beschränkt. Die Auffassung von der Unvereinbarkeit des § 850 a Ziffer 2 ZPO mit der herrschenden Theorie des Urlaubsanspruchs übersieht zudem, daß die Fürsorgetheorie bereits seit der Entscheidung des RAG vom 16. 3. 1938[62] die Praxis beherrscht. Die Lohnpfändungsverordnung, deren § 3 dem § 850 a Ziffer 2 ZPO entspricht, ist jedoch erst am 30. 10. 1940 von den Reichsministern der Justiz und des Inneren erlassen worden[63]. Bis heute vertritt die Praxis ausschließlich die Fürsorgetheorie. Dennoch ist § 3 Nr. 2 der Lohnpfändungsverordnung bei der Bereinigung des Zwangsvollstreckungsrechts im Jahre 1953 unverändert als § 850 a Ziffer 2 in die ZPO übernommen worden[64]. Auch bei Änderungen der

---

[59] Vgl. *Borrmann*, Kommentar, § 1, Anm. 11; *Dersch*, RdA 1959, S. 327 ff., S. 329; *Neumann*, Dirk, Probleme des Urlaubsrechts, DB 1957, S. 68 ff., S. 69; *Wegener*, S. 47; LAG Bremen, AP Nr. 1 zu § 850 a ZPO.

[60] Vgl. oben 2.2.

[61] Vgl. *Gaul / Boewer*, S. 55; *Nikisch*, Arbeitsrecht, S. 539; *Quardt*, S. 1212; *Stahlhacke*, § 1, Anm. 63; *Stehl*, S. 335; *Walter*, Anm. zu BAG, SAE 1960, S. 11 f.; *Weber*, S. 608.

[62] Vgl. RAG, ARS 32, S. 316 ff.

[63] RGBl 1940 I, S. 1451.

Lohnpfändungsbestimmungen im Jahre 1959[65] sah der Gesetzgeber zu einer Änderung des § 850 a Ziffer 2 ZPO keinen Anlaß. Man kann also nicht argumentieren, die theoretische Erfassung des Urlaubs habe die gesetzliche Regelung „überholt“. Vielmehr hat sich die gesetzliche Regelung einer bereits vertretenen theoretischen Konstruktion des Urlaubsanspruchs entgegengestellt.

Auch aus dem Inhalt des Abgeltungsanspruchs, insbesondere seiner Zweckgebundenheit, läßt sich Unpfändbarkeit nicht folgern. Die Zahlung des Urlaubsentgelts beruht auf dem Lebensstandardprinzip[66]; der Arbeitnehmer soll während der arbeitsfreien Zeit nicht besser und nicht schlechter gestellt sein als während der übrigen Zeit[67]. Das Urlaubsentgelt dient jedoch nicht dazu, besondere Aufwendungen während der Urlaubszeit zu bestreiten. Dies ergibt sich aus der in § 11 BUrlG gewählten Berechnungsmethode für das Urlaubsentgelt. Sollte das Urlaubsentgelt ausschließlich der Erholung dienen, müßte es nach dem Umfang der Erholungsbedürftigkeit errechnet werden können[68]. Die Zweckbindung des Urlaubsentgelts geht keineswegs dahin, daß der Arbeitnehmer den gesamten Betrag zur Erholung verwenden kann.

Es entspricht auch nicht der historischen Entwicklung des bezahlten Urlaubs anzunehmen, das Urlaubsentgelt könne voll zur Erholung genutzt werden. Während der Urlaubszeit wurde zunächst nichts, später soviel bezahlt, daß der Arbeitnehmer weiterleben konnte. Die materielle Sicherung der Existenz, die Aufrechterhaltung des Lebensstandards während der Urlaubszeit ist Sinn des Urlaubsentgelts.

Zu den den Lebensstandard eines Menschen beeinflussenden Umständen gehören auch seine Verpflichtungen. Würde der Arbeitnehmer von seinen Verpflichtungen während der Urlaubszeit freigestellt, so stünde er besser als während der Zeit der Arbeit[69]. Auch während der Urlaubszeit muß der Arbeitnehmer seinen laufenden Verpflichtungen etwa für Miete, Versicherung etc. nachkommen; er muß seine Unterhaltspflichten erfüllen[70]; das Urlaubsentgelt unterliegt der Lohn-

---

[64] BGBl 1953 I, S. 952 ff.

[65] BGBl 1959 I, S. 49 ff.

[66] Vgl. RAG, BS 14, S. 50 ff.; RAG, ARS 36, S. 359 ff.; 40, S. 122 ff.; BAG, AP Nr. 2 zu § 5 Urlaubsgesetz Hessen; *Dahns*, S. 604 ff.; *Gaul*, BB 1963, S. 1496; *Gaul / Boewer*, S. 52; *Hohn*, S. 751 f.; *Peters*, S. 1137; *Schweer*, S. 681; *Stehl*, S. 334 ff.

[67] Vgl. dazu RAG, ARS 44, S. 185 ff.; BAG, AP Nr. 9, 11, 12, 54 zu § 611 BGB Urlaubsrecht; *Berner*, Wilhelm, Die Pfändbarkeit des Urlaubsentgelts, Rechtspfleger 1960, S. 5 ff., S. 7; *Klein*, Rüdiger, Urlaubsentgelt und Fünf-Tage-Woche. Eine Betrachtung zum Lohnausfallprinzip, BB 1960, S. 485 f.

[68] Vgl. *Rauscher*, Bert, Die Pfändbarkeit von Urlaubsvergütung und Urlaubsabgeltung, MDR 1963, S. 11 ff., S. 13.

[69] Vgl. *Stahlhacke*, § 1, Anm. 56.

[70] Vgl. *Stahlhacke*, § 1, Anm. 56; *Gaul / Boewer*, S. 53.

steuer und der Sozialversicherungspflicht[71]. Ein Arbeitnehmer, der seinen Verpflichtungen freiwillig nachkommt, wird solche Verbindlichkeiten mit dem Urlaubsgeld abdecken[72].

Aus § 851 ZPO läßt sich die Unpfändbarkeit der Urlaubsabgeltung nicht ableiten, da der Abgeltungsanspruch — wie unten[73] dargelegt — übertragbar ist.

Auch der Hinweis auf den Charakter des Urlaubsanspruchs „als besondere Sozialleistung" vermag die Unpfändbarkeit nicht zu begründen. Zum einen ist die Prämisse unrichtig, bei der Urlaubsabgeltung handle es sich um eine „besondere Sozialleistung". Im übrigen läßt sich ein erheblicher Teil der Ansprüche, die in § 850 ZPO als Teil des Arbeitseinkommens — und damit als grundsätzlich pfändbar — aufgeführt sind, nach dem Entstehungsgrund dieser Ansprüche als „sozialfürsorgerischer Natur" deklarieren, wenn man das Gedankengut der Fürsorgetheorie übernimmt[74]. Dennoch wird die Pfändbarkeit dieser Ansprüche nicht bezweifelt.

Das Argument, die Gläubiger dürften auf den durch die Urlaubsabgeltung entstehenden „Mehrerwerb" nicht zugreifen, überzeugt nicht. Die Urlaubsabgeltung soll dazu dienen, daß der Arbeitnehmer sich Freizeit verschafft und der Urlaubszweck erfüllt wird. Dies bedeutet jedoch Lohnausfall für die Zeit, in der sich der Arbeitnehmer — sei es durch Hinausschieben des Beginns eines neuen Arbeitsverhältnisses, sei es durch die Inanspruchnahme unbezahlten Urlaubs beim neuen Arbeitgeber — Erholung verschafft. Verwendet der Arbeitnehmer also die Abgeltung so, wie er sie nach den Intentionen des Gesetzgebers verwenden soll, so entsteht ein Mehrverdienst nicht[75]. Ein Mehrverdienst liegt nur vor, wenn der Arbeitnehmer die Urlaubsabgeltung nicht zur Verschaffung arbeitsfreier Zeit nutzt. Verwendet aber der Arbeitnehmer die Urlaubsabgeltung nicht bestimmungsgemäß, so besteht kein Anlaß, die Abgeltung besonders gegen Zugriff durch Gläubiger zu schützen.

Nicht stichhaltig ist das formale Argument, das Freizeitelement sei unpfändbar, folglich auch der mit dem Entgeltelement identische Abgeltungsanspruch. Die strenge Einheitstheorie ist — wie oben[76] nachgewiesen — unhaltbar. Ebensowenig ist die Auffassung von der Identität des Entgeltelements des Naturalurlaubsanspruchs mit dem Abgel-

---

[71] Vgl. ArbG Bremen, AP Nr. 2 zu § 850 a ZPO.

[72] Vgl. *Rauscher*, S. 13.

[73] Vgl. unten 7.4.

[74] Vgl. *Dahns*, S. 605; *Stehl*, S. 336; *Weber*, S. 609; *Gaul / Boewer*, S. 55; vgl. auch *Pohle*, Anm. zu BAG AP Nr. 1 zu § 850 a ZPO.

[75] Vgl. *Rauscher*, S. 13.

[76] Vgl. oben 2.3.

tungsanspruch haltbar[77]. Die Urlaubsabgeltung ist mit dem Entgeltelement des Freizeitanspruchs nicht identisch; vielmehr surrogiert der Abgeltungsanspruch Entgelt- und Freizeitelement. Das Surrogat eines Anspruchs kann einer anderen rechtlichen Behandlung unterliegen als der surrogierte Anspruch, wie sich etwa bei Dienstleistungsverträgen auf unvertretbare Leistung erweist. Der Leistungsanspruch aus einem solchen Vertrag ist gemäß § 613 BGB im Zweifel nicht übertragbar, folglich nach § 851 ZPO im Zweifel nicht pfändbar. Der aus der schuldhaften Verletzung der Leistungspflicht resultierende Schadensersatzanspruch ist jedoch abtretbar und pfändbar. Die rechtliche Behandlung eines Surrogats ist sonach jeweils gesondert von der Behandlung des surrogierten Anspruchs zu prüfen.

Es ist festzuhalten: Aus den Vorschriften der §§ 828 ff. ZPO läßt sich die Unpfändbarkeit des Abgeltungsanspruchs nicht ableiten. Ebensowenig folgt die Unpfändbarkeit aus der Rechtsnatur des Abgeltungsanspruchs. Der Abgeltungsanspruch ist pfändbar.

Da die Urlaubsabgeltung den Lebensstandard des Arbeitnehmers während der arbeitsfreien Zeit sichern soll, kann sie nur in gleichem Umfang gepfändet werden wie Arbeitseinkommen. § 850 c ZPO ist daher bei der Pfändung zu beachten. Dabei darf die Abgeltungszahlung nicht dem Arbeitseinkommen des Monats der Auszahlung der Abgeltung zugeschlagen werden. Vielmehr muß für die Abgeltungszahlung die Pfändungsfreigrenze gesondert so ermittelt werden, daß dem Arbeitnehmer für die Zahlung der abgegoltenen Urlaubstage die Mindestbeträge des § 850 c ZPO verbleiben.

7.4. Die Abtretbarkeit des Abgeltungsanspruchs

Nach § 399 1. Halbsatz BGB kann eine Forderung nicht abgetreten werden, wenn die Leistung an einen anderen als den ursprünglichen Schuldner nicht ohne Veränderung des Inhalts erfolgen kann. Als Fallgruppen des § 399 1. Halbsatz BGB sind von der Rechtsprechung und Literatur u. a. zweckgebundene[78] und höchstpersönliche Ansprüche[79] anerkannt.

Aus der Zweckgebundenheit und Höchstpersönlichkeit des Abgeltungsanspruchs folgert die überwiegende Meinung in der Literatur[80]

---

[77] Vgl. dazu oben 4.6.

[78] Vgl. BGHZ 25, S. 211 ff.; BAG, DB 1970, S. 1327 f.; *Erman / Westermann*, § 399, Anm. 8.

[79] Vgl. RGZ 134, S. 96 ff.; *Erman / Westermann*, § 399, Anm. 14.

[80] Vgl. *Borrmann*, Kommentar, § 7, Anm. 23; *ders.*, BB 1955, S. 509 f.; *Dersch*, RdA 1959, S. 330; *Natzel*, § 7, Anm. 37; *Nikisch*, Arbeitsrecht I, S. 552;

und die einhellige Rechtsprechung[81] die Unabtretbarkeit des Abgeltungsanspruchs. Der Abgeltungsanspruch diene ausschließlich Erholungszwecken. Aus dieser Zweckbindung folge die Höchstpersönlichkeit des Abgeltungsanspruchs, die sich auch aus dem Fürsorgecharakter dieses Anspruchs ergebe, denn Fürsorgepflicht des Arbeitgebers bestehe nur gegenüber dem Arbeitnehmer, nicht gegenüber Dritten[82]. Schließlich wird auf die Unmöglichkeit der Abtretung des Zeitelements des Urlaubsanspruchs, die untrennbare Einheit von Zeit- und Geldelement dieses Anspruchs sowie auf das aus dem Surrogatscharakter des Abgeltungsanspruchs folgende Gleichbehandlungsgebot von Urlaubsanspruch und Abgeltungsanspruch verwiesen[83].

Die Herleitung der Unabtretbarkeit des Abgeltungsanspruchs aus der Unabtretbarkeit des Zeitelements scheitert zum einen an der Unhaltbarkeit der strengen Einheitstheorie[84] und zum anderen daran, daß das Surrogat des Naturalurlaubsanspruchs nicht notwendigerweise der gleichen rechtlichen Behandlung wie dieser Anspruch unterliegt[85]. Die Fürsorgetheorie, die zur Begründung der Unabtretbarkeit des Abgeltungsanspruchs herangezogen wird, ist oben[86] widerlegt worden. Die Zweckbindung des Abgeltungsanspruchs geht nicht dahin und kann auch nicht dahin gehen, daß der ganze Abgeltungsbetrag zu Erholungszwecken verwendet wird. Die Abgeltungszahlung soll den Lebensstandard während der arbeitsfreien Zeit aufrecht erhalten. Seinen Lohn oder sein Gehalt kann der Arbeitnehmer abtreten in den durch § 400 BGB, 850 c ff. ZPO gezogenen Grenzen. Eine Abtretung des Abgeltungsanspruchs im Rahmen dieser Vorschriften verstößt sonach nicht gegen das Lebensstandardprinzip und folglich auch nicht gegen die Zweckbindung des Abgeltungsanspruchs.

Soergel / Wlotzke / Volze, § 611, Anm. 190; *Staudinger / Nipperdey / Mohnen,* § 611, Anm. 283; *Schweer,* S. 680 ff.; *Stöber,* S. 227; *Schaufuß,* S. 72; anders dagegen *Boldt / Röhsler,* § 1, Anm. 39; *Blens-Vandieken,* Marianne, Der Anspruch auf Urlaubsabgeltung und die Voraussetzungen für dessen Verfall, BlStSozArbR 1965, S. 236 ff., S. 237; *Maus,* Das neue Arbeitsrecht, S. 27; *Dahns,* S. 605; *Schmelzer,* RdA 1970, S. 9; *Schelp / Herbst,* § 11, Anm. 47; *Stahlhacke,* § 1, Anm. 65.

81 Vgl. BAG, AP Nr. 7, 41 zu § 611 BGB Urlaubsrecht; BAG, BB 1959, S. 360; LAG Bremen, DB 1961, S. 1460; LAG Düsseldorf/Köln, BB 1966, S. 1454 f.; LAG Frankfurt, BB 1962, S. 1083; LAG Kiel, BB 1967, S. 335; ArbG Celle, ARSt 1969, S. 79; ArbG Göttingen, BB 1955, S. 194; ArbG Heide, ARSt IX, Nr. 239; ArbG Ludwigshafen, ARSt 1968, S. 172 f.; ArbG Regensburg/Landshut, ARSt XXV, S. 26; ArbG Wilhelmshaven, WAR 1964, S. 167; vgl. auch ArbG Hamburg, ARSt XIV, Nr. 553; ArbG Bremen, AP Nr. 2 zu § 850 a ZPO mit zustimmender Anm. *Pohle.*

82 Vgl. *Wegener,* S. 38.

83 Vgl. *Wegener,* S. 39; *Borrmann,* Kommentar, § 1, Anm. 11.

84 Vgl. oben 2.3.

85 Vgl. oben 7.3.

86 Vgl. oben 2.2.

Der Abgeltungsanspruch ist im Rahmen der §§ 400 BGB, 850 c ZPO abtretbar.

7.5. Verpfändbarkeit des Abgeltungsanspruchs

Das Problem der Verpfändbarkeit des Abgeltungsanspruchs wird weder in der Rechtsprechung noch in der Literatur näher erörtert. Die überwiegende Meinung lehnt die Verpfändbarkeit ab, ohne eine Begründung zu geben[87].

§ 1274/II BGB schließt die Verpfändbarkeit eines Rechts aus, soweit das Recht nicht übertragen werden kann. Wie oben[88] dargelegt, kann der Abgeltungsanspruch in den Grenzen der §§ 404 BGB, 850 c ff. ZPO übertragen werden. In diesem Umfang kann der Abgeltungsanspruch verpfändet werden[89].

7.6. Aufrechenbarkeit des Abgeltungsanspruchs

Die Erörterungen zum Problem der Aufrechenbarkeit leiden darunter, daß zumeist nicht unterschieden wird zwischen Aufrechnung mit dem Abgeltungsanspruch und Aufrechnung gegen den Abgeltungsanspruch[90].

Drei Auffassungen werden zur Aufrechenbarkeit vertreten:

1. Absolutes Aufrechnungsverbot[91].
2. Grundsätzliches Aufrechnungsverbot mit Einschränkungen durch die Einrede der Arglist, insbesondere für den Fall der Aufrechnung gegen den Abgeltungsanspruch mit Schadensersatzansprüchen aus vorsätzlicher unerlaubter Handlung[92].
3. Aufrechenbarkeit im Rahmen der durch die §§ 394 BGB, 850 c ZPO gezogenen Grenzen[93].

---

[87] Vgl. ArbG Göttingen, BB 1955, S. 194; *Soergel / Wlotzke / Volze*, § 611, Anm. 190; *Staudinger / Nipperdey / Mohnen*, § 611, Anm. 283; vgl. auch LAG Bremen, AP Nr. 17 zu § 611 BGB Urlaubsrecht mit Anm. *Dersch*.

[88] Vgl. oben 7.4.

[89] Vgl. *Boldt / Röhsler*, § 1, Anm. 39; *Maus*, Das neue Urlaubsrecht, S. 27.

[90] Beachtet nur von *Sielck*, Rainer, Ist die Aufrechnung mit einem Urlaubsabgeltungsanspruch möglich?, BB 1969, S. 396.

[91] Vgl. *Natzel*, § 7, Anm. 94; *Nikisch*, Arbeitsrecht I, S. 553; *Sielck*, S. 396; *Wegener*, S. 42; LAG Frankfurt, BB 1962, S. 1083; LAG Niedersachsen, WAR 1965, S. 51 f.; ArbG Celle, ARSt 1969, S. 79; ArbG Regensburg/Landshut, ARSt XXV, S. 26; ArbG Stade, ARSt XIX, S. 32; ArbG Wilhelmshaven, WAR 1964, S. 167; vgl. auch LAG Bremen, DB 1956, S. 668; LAG Kiel, AP Nr. 3 zu § 611 BGB Urlaubsrecht.

[92] Vgl. — sehr weitgehend — BAG, BB 1963, S. 187 ff. mit Anm. *Marienhagen* = AP Nr. 3 zu § 10 Urlaubsgesetz Nordrhein-Westfalen mit ablehnender Anm. *Nikisch*, LAG Frankfurt, RdA 1949, S. 309; LAG Bremen, DB 1961, S. 1460; weitgehend *Hohn*, S. 752; vgl. auch LAG Düsseldorf/Köln, DB 1967, S. 1140; *Rothe*, S. 269.

Begründet wird die Nichtaufrechenbarkeit des Abgeltungsanspruchs zum einen damit, daß der Abgeltungsanspruch nicht mit anderen Ansprüchen auf Geldzahlung dem „Gegenstande nach gleichartig" sei, wie dies § 387 BGB fordere[94]. Zum anderen wird § 394 BGB als Argument für ein Verbot der Aufrechnung herangezogen[95].

Zunächst ist die Zulässigkeit der Aufrechnung gegen den Abgeltungsanspruch zu klären.

Aus § 394 BGB ergibt sich die Unzulässigkeit der Aufrechnung — von den durch § 850 c ZPO gezogenen Grenzen abgesehen — nicht, denn der Abgeltungsanspruch ist — wie oben[96] dargelegt — pfändbar. Auch aus § 287 BGB läßt sich die Unzulässigkeit der Aufrechnung gegen den Abgeltungsanspruch nicht ableiten. Gleichartigkeit der Forderungen im Sinne des § 387 BGB liegt vor bei Gleichartigkeit des Gegenstands der Leistungsverpflichtung; auf Gleichartigkeit der Rechtsnatur oder des Rechtsgrunds der Forderung kommt es nicht an[97]. Vom Leistungsgegenstand her entspricht der Abgeltungsanspruch jeder anderen Geldforderung.

Trotz Gleichartigkeit des Leistungsgegenstands ist eine Aufrechnung nach den von der höchstrichterlichen Rechtsprechung insbesondere aus den Gedanken der §§ 393, 394 BGB entwickelten Grundsätzen dann ausgeschlossen, wenn die Aufrechnung mit Rücksicht auf die Natur des Schuldverhältnisses oder mit Rücksicht auf den Zweck der geschuldeten Leistung Treu und Glauben widerspräche[98]. Da letztlich jede Forderung zweckbestimmt ist[99], würde eine zu weit gehende Orientierung der

---

[93] Vgl. *Boldt / Röhsler*, § 1, Anm. 42; *Schelp / Herbst*, § 11, Anm. 47; LAG Düsseldorf/Köln, DB 1968, S. 536; ArbG Ludwigshafen, ARSt 1970, S. 175; LAG Frankfurt, AuR 1970, S. 315; für vollständige Aufrechenbarkeit *Rieth*, S. 48 mit der Begründung, der Abgeltungsanspruch sei eine reine Geldforderung; für Zulässigkeit nach erfolgter Kündigung ArbG Husum, WAR 1965, S. 69.

[94] Vgl. LAG Bremen, DB 1961, S. 1460; *Wegener*, S. 42 f.; vgl. auch *Sielck*, S. 396; ArbG Celle, ARSt 1969, S. 79.

[95] Vgl. BAG, AP Nr. 42 zu § 611 BGB Urlaubsrecht mit zustimmender Anm. *Nikisch;* LAG Düsseldorf/Köln, DB 1967, S. 1140; LAG Frankfurt, BB 1963, S. 1083; LAG Niedersachsen, WAR 1965, S. 21 f.; ArbG Celle, ARSt 1968, S. 48; ArbG Rendsburg, ARSt XXV, S. 26; ArbG Stade, ARSt XIX, S. 32; *Natzel*, § 7, Anm. 94; *Rothe*, S. 269; vgl. auch LAG Bremen, DB 1956, S. 668; ArbG Celle, ARSt 1969, S. 79; ArbG Heidelberg, ARSt 1969, S. 91; ArbG Herne, ARSt 1969, S. 112; *Sielck*, S. 396.

[96] Vgl. oben 7.3.

[97] Vgl. BGHZ 16, S. 124 ff., S. 127; BGHZ 54, S. 244 ff., S. 246; BAG, SAE 1965, S. 89 ff. mit zustimmender Anm. *Mayer-Maly; Schumann*, Herbert, Können privatrechtliche und öffentlich-rechtliche Forderungen gegeneinander aufgerechnet werden?, Diss. Heidelberg 1916, S. 45 ff.; unrichtig OLG Düsseldorf, BB 1968, S. 1096 f.; dagegen BGHZ 54, S. 244 ff.

[98] Vgl. BGHZ 54, S. 244 ff., S. 246 f.; BGHZ 14, S. 342 ff., S. 346; RGZ 160, S. 52 ff., S. 60.

[99] Vgl. BGB — RGRK — *Löscher*, § 387, Anm. 38.

Zulässigkeit der Aufrechnung an der Zweckbestimmung der Forderung das Institut der Aufrechnung insgesamt aushöhlen und sich in Widerspruch zu den Vorschriften der §§ 393, 394 BGB setzen, die die Nichtaufrechenbarkeit von Forderungen aufgrund ihrer Zweckbestimmung als Ausnahmefälle normieren.

Der Abgeltungsanspruch ist zwar zweckbestimmt, da er dem Arbeitnehmer die Möglichkeit geben soll, sich arbeitsfreie Zeit unter Aufrechterhaltung des Lebensstandards zu verschaffen. Zum Lebensstandard des Arbeitnehmers zählen jedoch auch seine Verbindlichkeiten. Die Tilgung von Verbindlichkeiten mit dem Urlaubsentgelt verstößt daher nicht gegen dessen Zweckbestimmung. Die Aufrechnung des Gläubigers des Arbeitnehmers gegen den Abgeltungsanspruch bewirkt das Erlöschen der Verbindlichkeit; folglich ist die Aufrechnung gegen den Abgeltungsanspruch nicht zweckwidrig. Die Aufrechnung gegen den Abgeltungsanspruch ist demnach zulässig; die Grenzen ziehen die §§ 394 BGB, 850 c ZPO.

Mit dem Abgeltungsanspruch kann unbeschränkt aufgerechnet werden. Eine den §§ 394 BGB, 850 c ZPO entsprechende Vorschrift existiert nicht.

7.7. Zurückbehaltungsrecht gegen den Abgeltungsanspruch

Kaum erörtert ist die Frage, ob ein Zurückbehaltungsrecht nach § 273 BGB gegen Urlaubsansprüche bestehen kann.

Das BAG[100] hat ein Zurückbehaltungsrecht des Arbeitgebers an der Urlaubskarte eines als Bauhelfer tätigen Arbeitnehmers abgelehnt mit der Begründung, ein solches Zurückbehaltungsrecht laufe der sozialen Bedeutung und dem Zweck des Urlaubsanspruchs zuwider[101]. Vom Ansatz der Begründung her müßte das BAG wohl die Möglichkeit eines Zurückbehaltungsrechts auch gegen den Abgeltungsanspruch ablehnen; entschieden hat das Gericht die Frage bislang nicht.

Die Möglichkeit eines Zurückbehaltungsrechts nach § 273 BGB gegen den Abgeltungsanspruch ist zu bejahen[102].

---

[100] Vgl. BAG, AP Nr. 2 zu § 611 BGB Urlaubskarten mit zustimmender Anm. *Larenz*.

[101] Ebenso LAG Düsseldorf, AP Nr. 1 zu § 611 BGB Urlaubskarten mit zustimmender Anmerkung *Dersch; Schmidt*, K. H., Ansprüche nach der Urlaubsmarkenregelung im Baugewerbe, BB 1957, S. 825 ff., S. 826; *Wegener*, S. 44.

[102] Ob für den Anspruch auf Herausgabe einer Urlaubskarte, die gegebenenfalls die Urlaubsansprüche aus mehreren Arbeitsverhältnissen sichern soll, ein Verbot der Zurückbehaltung besteht, kann im Rahmen dieser Arbeit dahingestellt bleiben.

Aufgrund des Lebensstandardprinzips kann der Abgeltungsanspruch gegen ein Zurückbehaltungsrecht grundsätzlich nicht stärker geschützt sein als Lohn- oder Gehaltsansprüche. Gegen Lohn- und Gehaltsansprüche besteht ein Zurückbehaltungsrecht dann, wenn das Zurückbehaltungsrecht nicht einer Aufrechnung gleichkommt[103]. Die Wirkung einer Aufrechnung hat die Zurückbehaltung nur bei gleichartigen Leistungen, wenn der Schuldner in absehbarer Zeit zur Erfüllung nicht in der Lage ist[104]. Die Zurückbehaltung hat die Wirkung einer Aufrechnung bei gleichartigen Leistungen dagegen nicht, wenn der Schuldner zur Leistung wenigstens in absehbarer Zeit imstande ist; die Zurückbehaltung hat die Wirkung einer Aufrechnung ferner nicht bei ungleichartigen Leistungen. In diesen Fällen ist eine Zurückbehaltung auch gegen den pfändungsfreien Teil des Abgeltungsanspruchs zulässig. Die Zurückbehaltung ist schließlich unbeschränkt zulässig unter den Voraussetzungen, unter denen das Aufrechnungsverbot des § 394/1 BGB durchbrochen wird, also insbesondere bei Zurückbehaltung wegen eines Anspruchs des Arbeitgebers aus vorsätzlicher unerlaubter Handlung des Arbeitnehmers[105].

Der Besonderheit des Abgeltungsanspruchs gegenüber Lohn- und Gehaltsforderungen ist jedoch insoweit Rechnung zu tragen, als die Bindung des Urlaubsanspruchs an das Kalenderjahr bei der Prüfung der Frage berücksichtigt werden muß, ob in absehbarer Zeit die Erfüllung des Gegenanspruchs durch den Arbeitnehmer möglich ist. Ist die Erfüllung erst erhebliche Zeit nach Ablauf der Übertragungszeiträume des § 7/III BUrlG möglich, so ist ein Zurückbehaltungsrecht zu versagen. Dagegen ist es nicht ausreichend für ein Verbot der Zurückbehaltung, daß der Arbeitnehmer infolge der Zurückbehaltung den Urlaub nicht zum geplanten Zeitpunkt nehmen kann; daß bei der Festlegung des Urlaubszeitpunkts die Interessen des Arbeitgebers mit zu berücksichtigen sind, folgt aus § 7/I BUrlG. Daher muß das Interesse des Arbeitgebers an der Erfüllung seiner Ansprüche gegen den Arbeitnehmer Wünschen des Arbeitnehmers bei der zeitlichen Festlegung seines Urlaubs vorgehen können.

7.8. Vererblichkeit des Abgeltungsanspruchs

Die Frage, ob der Abgeltungsanspruch vererblich ist, stellt sich nur für den Fall, daß der Abgeltungsanspruch zunächst entstanden ist, das Arbeitsverhältnis also vor dem Tod des Arbeitnehmers beendet

---

[103] Vgl. RGZ 85, S. 10, S. 11; RGZ 123, S. 6 ff.; *Enneccerus / Lehmann*, S. 113.

[104] Vgl. *Enneccerus / Lehmann*, S. 113; vgl. auch *Staudinger / Nipperdey / Mohnen*, § 611, Anm. 235; zu eng *Erman / Sirp*, § 274, Anm. 19, Anm. 26.

[105] Vgl. RAG, JW 1929, S. 2177; *Enneccerus / Lehmann*, S. 113.

worden ist. Wird das Arbeitsverhältnis durch den Tod des Arbeitnehmers aufgelöst, so entsteht ein Abgeltungsanspruch wegen Zweckfortfalls nicht. Beide Fallgestaltungen, die gänzlich unterschiedliche Rechtsfragen aufwerfen, werden in der Literatur vielfach nicht voneinander getrennt. Die Probleme, die infolge der Auflösung des Arbeitsverhältnisses durch Tod des Arbeitnehmers entstehen, sind bereits oben[106] erörtert worden. Nachstehend ist nur die Konstellation behandelt, in der das Arbeitsverhältnis beendet, ein Abgeltungsanspruch entstanden ist, und dann der Arbeitnehmer stirbt.

Die neue Rechtsprechung[107] geht durchweg, die Literatur[108] zum überwiegenden Teil von der Unvererblichkeit des Abgeltungsanspruchs aus. Die ältere Rechtsprechung[109] vertrat — insbesondere unter dem Einfluß der Entgelttheorie — die Auffassung, der Abgeltungsanspruch sei vererblich. Einige Vertreter der Ansicht von der Unvererblichkeit des Abgeltungsanspruchs wollen unter analoger Anwendung der §§ 847/I/2, 1300/II BGB eine Vererblichkeit des Abgeltungsanspruchs zulassen, wenn der Anspruch rechtshängig geworden oder anerkannt ist[110].

Zur Begründung der Vererblichkeit des Abgeltungsanspruchs wird angeführt, der Anspruch stelle eine zusätzliche Geldleistung für die in einem Jahr erbrachte Arbeit dar, die zu behandeln sei wie jeder andere Geldanspruch auch[111]. Nach Beendigung des Arbeitsverhältnisses komme dem Erholungszweck keine Bedeutung mehr zu, da nirgends

---

[106] Vgl. oben 4.8.2.

[107] Vgl. BAG, AP Nr. 7 zu § 611 BGB Urlaubsrecht; RAGE 5, S. 157 ff.; RAG, ARS 44, S. 185 ff. mit zustimmender Anm. *Dersch;* LAG Kiel, AP Nr. 3 zu § 611 BGB Urlaubsrecht mit Anm. *Dersch;* LAG Hamburg, ARSt XIII, Nr. 667; LAG Berlin, ARSt XIV, Nr. 230; LAG Stuttgart, DB 1953, S. 192, S. 468; ArbG Heidelberg, ARSt 1969, S. 91; ArbG Ludwigshafen, ARSt 1968, S. 172 f.; ArbG Passau, ARSt 1969, S. 140 f.; ArbG Pforzheim, ARSt III, Nr. 708; ArbG Rheine, ARSt XIII, Nr. 188; ArbG Ulm, RdA 1953, S. 239; ArbG Wilhelmshaven, ARSt XV, Nr. 227; vgl. auch LAG Hamm, DB 1958, S. 58; LAG Dortmund, ARS 30, S. 29 ff. mit zustimmender Anm. *Dersch.*

[108] Vgl. *Dersch / Neumann,* § 7, Anm. 89; *Natzel,* § 7, Anm. 37; *Boldt / Röhsler,* § 1, Anm. 32, 51; *Staudinger / Nipperdey / Mohnen,* § 611, Anm. 283; *Soergel / Wlotzke / Volze,* § 611, Anm. 190; *Blens-Vandieken,* S. 237; *Borrmann,* DB 1955, S. 509 f.; *Maser,* S. 79; *Schelp / Trieschmann,* BArbBl 1961, S. 45; *Schmelzer,* Grundriß, S. 29; vgl. auch *Neumann,* DB 1957, S. 69; *Beine,* S. 28.

[109] Vgl. etwa RAG, ARS 11, S. 164 f., S. 501 ff.; LAG Essen, BS 10, S. 26 f.; LAG Krefeld-Uerdingen, BS 5, S. 63 f. mit ablehnender Anm. *Hueck;* in der Literatur bejahen die Vererblichkeit des Abgeltungsanspruchs *Dahns,* S. 605; *Friese,* S. 1220; *Folger,* Erwin, Vererblichkeit der Urlaubsabgeltung, AuR 1955, S. 26 ff.; *Maus,* Urlaubsgesetz und Hausarbeitstag in Niedersachsen, Göttingen 1950, S. 146 f.; vgl. auch *Rauscher,* S. 13, der Vererblichkeit „im Rahmen der §§ 850 ff. ZPO annimmt" und damit den — bei der Vererblichkeitsfrage irrelevanten — Schutzcharakter der §§ 850 ff. ZPO übersieht.

[110] Vgl. *Boldt / Röhsler,* § 1, Anm. 33; *Nikisch,* Arbeitsrecht, S. 552, Fußnote 178; *Schaub,* S. 405; dagegen *Bongartz,* S. 218; *Schaufuß,* S. 73.

[111] Vgl. RAG, BS 11, S. 501; LAG Essen, BS 10, S. 26 f.; *Friese,* S. 1220.

festgelegt sei, wie der Abgeltungsanspruch verwendet werden müsse[112]. In der älteren Literatur finden sich Versuche, über eine Erweiterung der Zweckbindung des Abgeltungsanspruchs zu einer Vererblichkeit zu gelangen. Zu Lebzeiten des Arbeitnehmers komme der Urlaubsanspruch den nächsten Angehörigen, mit denen der Arbeitnehmer den Urlaub verbringe, zugute; beim Tod des Arbeitnehmers müsse der Abgeltungsanspruch daher auf diese Personen übergehen können[113]. Ferner wird versucht, mit Hilfe der Vorschriften des Bereicherungsrechts die Vererblichkeit des Abgeltungsanspruchs zu begründen. So führt Klein[114] aus, der Arbeitgeber würde durch den Wegfall des Abgeltungsanspruchs beim Tod des Arbeitnehmers deshalb ungerechtfertigt bereichert, weil er eine Gegenleistung für erbrachte Dienste erspare.

Die teilweise vertretene analoge Anwendung der Vorschriften der §§ 847/I/2, 1300/2 BGB wird nirgends eingehend begründet. Meist heißt es schlicht, diese Normen seien wegen „gleicher Sachlage“ entsprechend anzuwenden[115].

Die Autoren, die eine Vererblichkeit des Abgeltungsanspruchs damit begründen, daß der Abgeltungsanspruch wie jeder andere Geldanspruch zu behandeln sei, übersehen die Zweckbindung des Abgeltungsanspruchs. Durch diesen Anspruch soll dem Arbeitnehmer die Möglichkeit gegeben werden, sich arbeitsfreie Zeit unter Aufrechterhaltung seines Lebensstandards zur Regeneration der Arbeitskraft und zur Selbstbestimmung zu verschaffen. Die Zweckbindung an die Person verbietet, den Abgeltungsanspruch ohne weiteres wie jeden anderen Geldanspruch zu behandeln. Vererblichkeit des Abgeltungsanspruchs kann nur dann bejaht werden, wenn die Zweckbindung des Anspruchs nicht entgegensteht.

Zwar Zweckbindung, jedoch eine erweiterte Zweckbindung nehmen die Autoren an, die die Vererblichkeit des Abgeltungsanspruchs damit zu begründen versuchen, daß dieser Anspruch zu Lebzeiten des Arbeitnehmers dessen nächsten Angehörigen zugute komme.

Dagegen ist einzuwenden, daß der Abgeltungsanspruch von seinem Zweck her lediglich der Erholung des Arbeitnehmers selbst, nicht jedoch der Erholung seiner Angehörigen dient. Es ist außerdem nicht gewährleistet, daß Erben des Arbeitnehmers diejenigen Personen sind, mit denen er üblicherweise gemeinsam den Urlaub verbracht hat.

---

[112] *Dahns*, S. 606; *Folger*, S. 26.

[113] Vgl. *Beine*, S. 28; *Hueck*, Anm. zu LAG Dortmund, ARS 30, S. 32; *Kleffel*, Andreas, Urlaub im Seearbeitsrecht, Diss. Hamburg 1940, S. 38 f.

[114] *Klein*, S. 26.

[115] Vgl. *Boldt / Röhsler*, § 1, Anm. 33; *Nikisch*, Arbeitsrecht, S. 552, Fußnote 178; *Schaub*, S. 405.

Unhaltbar wird die Ableitung der Vererblichkeit des Abgeltungsanspruchs aus einer erweiterten Zweckbindung schließlich bei alleinstehenden Arbeitnehmern.

Auch der Rückgriff auf bereicherungsrechtliche Grundsätze vermag nicht zu überzeugen[116]. Eine ungerechtfertigte Bereicherung kann jedenfalls nicht in den geleisteten Diensten liegen; denn auf diese Dienste hatte der Arbeitgeber nach dem Arbeitsvertrag Anspruch. Eine Bereicherung kann allenfalls darin liegen, daß der Abgeltungsanspruch nicht bezahlt wurde; insoweit liegt eine Ersparnis von Aufwendungen vor. Die Ersparnis ist nicht durch eine Leistung — eine bewußte und zweckgerichtete Vermögensverschiebung — eingetreten; die Grundsätze der Leistungskondiktion können deshalb nicht herangezogen werden. Eine Bereicherung des Arbeitgebers „in sonstiger Weise" liegt im Wegfall der Verpflichtung zur Abgeltungszahlung nur dann, wenn die Abgeltungszahlung nach der Güterordnung den Erben des Arbeitnehmers zusteht; auf die Person des Arbeitnehmers selbst kann es nicht ankommen, da der Abgeltungsanspruch ja erst eine „logische Sekunde" nach dessen Tod entfällt.

Ein Rechtssatz des Inhalts, daß die Urlaubsabgeltungszahlung den Erben des Arbeitnehmers nach dessen Tod zusteht, existiert nicht. Die Befreiung von Schuldnern durch den Tod des Gläubigers ist eine durchaus geläufige Erscheinung des Zivilrechts. So wird der Unterhaltsschuldner nach § 1615 BGB durch den Tod des Unterhaltsberechtigten von seinen Verpflichtungen grundsätzlich befreit. Die Ansprüche aus §§ 847, 1300 BGB erlöschen durch den Tod des Gläubigers, sofern der Anspruch weder anerkannt noch rechtshängig ist. In allen diesen Fällen steht den Erben des Gläubigers ein Bereicherungsanspruch gegen den Schuldner nicht zu.

Die Auffassung, wonach der Abgeltungsanspruch grundsätzlich unvererblich ist, jedoch die §§ 847/1/II, 1300/2 BGB analog anzuwenden sind, überzeugt nicht. Ein allgemeiner Rechtsgrundsatz, daß höchstpersönliche Ansprüche — obwohl an sich unvererblich — dann vererblich werden, wenn sie entweder anerkannt oder rechtshängig sind, existiert nicht. Dies ergibt sich beispielsweise aus der Vorschrift des § 1615 BGB. Bei dieser Vorschrift führen Anerkenntnis oder Rechtshängigkeit nicht zur Vererblichkeit des Anspruchs. Es besteht kein Anlaß, die §§ 847/I/2, 1300 BGB analog auf den Abgeltungsanspruch anzuwenden. Der Zweck der §§ 847/I/2, 1300/II BGB ist auf den Abgeltungsanspruch nicht übertragbar. Sinn der §§ 847/I/2, 1300/II BGB ist es, dem Gläubiger die Entscheidung darüber zu überlassen, ob er den Anspruch überhaupt geltend machen will. Diese Entscheidung soll ausschließlich durch den Gläubiger selbst, nicht durch seine Erben

116 Vgl. auch RAG, ARS 44, S. 185 ff., S. 188.

getroffen werden. Hat aber der Gläubiger durch das Erzwingen eines Anerkenntnisses oder durch das Einklagen des Anspruchs zu erkennen gegeben, daß er den Anspruch realisieren will, so hat er das ihm allein zustehende Recht der Geltendmachung ausgeübt[117]. Es besteht nun kein Grund mehr, den Anspruch nicht auf Erben übergehen zu lassen.

Die Unvererblichkeit des Abgeltungsanspruchs ergibt sich jedoch nicht daraus, daß dem Arbeitnehmer vorbehalten bleiben soll, ob er den Abgeltungsanspruch geltend macht oder nicht; vielmehr resultiert die Unvererblichkeit des Abgeltungsanspruchs aus dessen Zweckbestimmung. Die Voraussetzungen, die zu den Vorschriften der §§ 847/I/2, 1300/II BGB geführt haben, liegen nicht vor; eine analoge Anwendung der Vorschriften scheidet aus. Eine entsprechende Anwendung der §§ 847/I/2, 1300/II BGB läßt sich auch nicht damit begründen, es müsse verhindert werden, daß der Arbeitgeber seiner Verpflichtung zur Zahlung der Abgeltung zu entgehen versuche, indem er in Erwartung des Ablebens des Arbeitnehmers die Zahlung verzögere. Einer Gesetzesumgehung durch Verzögerung der Auszahlung des Abgeltungsbetrags kann wirksam begegnet werden. Die schuldhafte Verzögerung der Pflicht zur Gewährung der Urlaubsabgeltung führt wie jede schuldhafte Verzögerung der Erfüllung einer Leistungspflicht nach § 286 BGB zur Verpflichtung, den durch den Verzug entstandenen Schaden zu ersetzen. Dieser Schadensersatzanspruch ist nicht zweckgebunden und folglich vererblich[118].

Zuzustimmen ist der These von der Unvererblichkeit des Abgeltungsanspruchs. Die Unvererblichkeit ergibt sich aus der Zweckbestimmung des Anspruchs, dem Arbeitnehmer unter Aufrechterhaltung des Lebensstandards Erholung zu ermöglichen. Im Zeitpunkt des Todes des Arbeitnehmers ist die Erreichung dieses Zwecks unmöglich geworden; der Abgeltungsanspruch erlischt, er kann folglich nicht auf Rechtsnachfolger übergehen[119].

7.9. Verjährung des Abgeltungsanspruchs

Das Bundesurlaubsgesetz regelt die Frage der Verjährung des Abgeltungsanspruchs nicht; es greifen die Vorschriften des § 196/I Ziff. 8, 9 BGB: Der Abgeltungsanspruch verjährt in zwei Jahren[120].

---

[117] Vgl. *Wegener*, S. 61.

[118] Vgl. dazu ArbG Ludwigshafen/Mainz, ARSt 1968, S. 172 f.

[119] In Tarifverträgen findet sich freilich gelegentlich die Bestimmung, daß das Urlaubsentgelt im Falle des Todes des Arbeitnehmers an die Erben auszuzahlen sei; so etwa § 8 Ziffer 6 Bundesrahmentarifvertrag Bau. Da der Urlaubsanspruch jedoch infolge Zweckstörung erlischt, stellt der Zahlungsanspruch der Erben einen vom Urlaubsanspruch wesensverschiedenen Anspruch dar; vgl. dazu auch oben 4.7.1., Fußnote 48.

7.10. Verwirkung des Abgeltungsanspruchs

Die Möglichkeit einer Verwirkung des Abgeltungsanspruchs wird überwiegend bejaht[121]; doch finden sich sowohl in der Rechtsprechung[122] als auch in der Literatur[123] Gegenstimmen.

Abgelehnt wird die Anwendung der Grundsätze der Verwirkung auf den Abgeltungsanspruch einmal mit dem Hinweis auf die Unabdingbarkeit des Anspruchs[124]. Zum anderen wird argumentiert, der Schutzzweck des Urlaubsanspruchs, im Interesse des Arbeitnehmers, des Arbeitgebers und der Allgemeinheit der Erholung, der Vermeidung der Frühinvalidität und der Erhaltung der Volksgesundheit zu dienen, verbiete die Zulassung der Verwirkung[125]. Insbesondere sei zu berücksichtigen, daß die Verwirkung ein leichter Fall der unzulässigen Rechtsausübung sei; bei der Verwirkung stehe im Vordergrund weniger die Verletzung von Treu und Glauben als vielmehr der Zeitablauf[126]. Verwirkung trete ein, wenn der Gläubiger den Schuldner in den Glauben versetzt habe, nichts mehr zu schulden, und wenn dem Schuldner die nachträgliche Erfüllung bei Berücksichtigung aller Umstände nicht mehr zuzumuten sei[127]. Demgegenüber müsse der Schutzzweck des Bundesurlaubsgesetzes als vorrangig angesehen werden. Schließlich wird argumentiert, tarifliche und gesetzliche Ansprüche könnten nicht unterschiedlich behandelt werden. Tarifliche Ansprüche seien aber nach § 4/IV des Tarifvertragsgesetzes unverwirkbar[128].

---

120 Vgl. *Schelp / Herbst*, § 1, Anm. 26.

121 Vgl. *Maser*, S. 84; *Schmelzer*, Grundriß, S. 106; vgl. auch BAGE 8, S. 219 ff., S. 227; BAG, AP Nr. 4 zu § 242 BGB Verwirkung; LAG Düsseldorf, DB 1953, S. 653; LAG Hamm, BB 1958, S. 342; LAG Mannheim, BB 1965, S. 642; ArbG Gelsenkirchen, DB 1958, S. 688; *Fauth*, Werner, Arbeitszeitrecht, Heidelberg 1963, S. 77; *Frey*, Erich, Das Recht der Überstunden, Beilage Nr. 2 zu DB 1966; *Röhsler*, Waldemar, Die Arbeitszeit, Freiburg i. Br. 1973, S. 102, S. 186; *Maus*, Das deutsche Arbeits- und Sozialrecht, S. 267.

122 Vgl. BAG, DB 1970, S. 787 f.; LAG München, WAR 1954, S. 164 f.

123 Vgl. *Borrmann*, Kommentar, § 1, Anm. 24; *ders.*, DB 1955, S. 509 f.; *Köst*, S. 567; vgl. auch *Bongartz*, S. 227; *Beerweiler*, Dietrich, Der Erholungsurlaub auf der Grundlage der landesrechtlichen Urlaubsgesetze, Diss. Heidelberg 1952, S. 97; *Denecke*, Johannes / *Monjau*, Herbert / *Neumann*, Dirk, Arbeitszeitordnung, 7. Aufl., München 1970, § 15, Anm. 20; *Gumpert*, Jobst, Bezahlung von Mehrarbeit und Überstunden, BB 1961, S. 487 f.

124 Vgl. *Dersch / Neumann*, § 13, Anm. 64.

125 Vgl. *Dersch / Neumann*, § 13, Anm. 64; vgl. auch *Philippsen*, Hans Erik, Urlaub und fristlose Entlassung, AuR 1960, S. 129 ff., S. 132; *Borrmann*, Kommentar, § 1, Anm. 15; *Köst*, S. 567.

126 Vgl. *Dersch*, Anm. zu BAG AP Nr. 4 zu § 611 BGB Urlaubskarten; *Dirr*, S. 35.

127 Vgl. *Köst*, S. 567.

128 Vgl. *Dersch / Neumann*, § 13, Anm. 64; *Dirr*, S. 35; *Gaul*, Tarifliche Ausschlußfristen, S. 32; vgl. auch *Siara*, Kommentar, § 1, Anm. 30 d; *Denecke / Monjau / Neumann*, § 15, Anm. 20.

Der Begriff der Verwirkung ist nicht eindeutig definiert. Ein Teil der Lehre bezeichnet den gesamten Rechtsmißbrauch in allen seinen Erscheinungsformen als Verwirkung[129]. Nach jetzt herrschender Meinung ist die Verwirkung ein Sonderfall der unzulässigen Rechtsausübung, der sich unmittelbar aus dem Grundsatz der Unzulässigkeit des venire contra factum proprium ergibt[130] und als illoyale Verspätung der Geltendmachung eines Rechts zu kennzeichnen ist, die sich aus dem Zeitmoment der Verzögerung und aus zu dieser Verzögerung hinzukommenden weiteren Umständen, dem sogenannten Umstandsmoment zusammensetzt.

Grundsätzlich findet das Rechtsinstitut der Verwirkung Anwendung auf alle Rechte, Rechtsstellungen und prozessuale Befugnisse[131]. Auch Zwecke eines Anspruchs vermögen den tragenden Grundsatz des Verbots des venire contra factum proprium nicht auszuschließen[132].

Aus der Unabdingbarkeit des Abgeltungsanspruchs läßt sich ein Verwirkungsverbot nicht ableiten. Oben[133] war dargelegt worden, daß die Unabdingbarkeit des Abgeltungsanspruchs den Arbeitnehmer gegen Druck durch den Arbeitgeber sichern soll. Das Prinzip der Unabdingbarkeit des Abgeltungsanspruchs dient der Verhinderung von Parteivereinbarungen, nicht jedoch der Verhinderung des Wegfalls eines Anspruchs, der sich aus der objektiven Rechtsordnung ergibt[134]. Der arbeitsrechtliche Unabdingbarkeitsbegriff ist nicht mit der Vorstellung verbunden, daß die Unabdingbarkeit der Anwendung des Rechtsinstituts der Verwirkung zwingend entgegenstehe; vielmehr haben Rechtsprechung und Wissenschaft häufig die Verwirkbarkeit unabdingbarer Ansprüche aus dem Arbeitsverhältnis bejaht[135]. Will der Gesetzgeber einen Anspruch auch gegen Verwirkung schützen, so ist zu erwarten, daß er dies ausdrücklich bestimmt, wie es etwa in § 4/IV Tarifvertragsgesetz erfolgt ist[136].

Ein Analogieschluß zu § 4/IV des Tarifvertragsgesetzes ist nicht gerechtfertigt, da die Zweckrichtung des Verwirkungsverbots des Tarifvertragsgesetzes auf das Bundesurlaubsgesetz nicht übertragbar ist.

---

129 Vgl. *Joachim*, S. 5; *Enneccerus / Lehmann*, S. 23.

130 Vgl. *Enneccerus / Nipperdey*, S. 1093 f.; *Staudinger / Weber*, § 242, Anm. D 598 ff.; *Soergel / Knopp*, § 242, Anm. 281 ff.

131 Vgl. *Stahlhacke*, § 1, Anm. 74.

132 Vgl. *Stahlhacke*, § 1, Anm. 75.

133 Vgl. oben 7.2.

134 Vgl. *Steudle*, S. 30.

135 Vgl. *Boldt / Röhsler*, § 1, Anm. 76; RAG, ARS 26, S. 34; 28, S. 285; 30, S. 117; 31, S. 167; 33, S. 161; 34, S. 154; vgl. auch *Siebert*, Wolfgang, Verwirkung und Unzulässigkeit der Rechtsausübung, Marburg 1934, S. 237 ff.

136 Vgl. *Boldt / Röhsler*, § 1, Anm. 76; *Stahlhacke*, § 1, Anm. 75.

Das Verwirkungsverbot des Tarifvertragsgesetzes dient der Schaffung und Sicherung eines kollektiven Arbeitsrechts, dessen Normen weder durch individuelle Willenserklärung noch durch sonstige individuelle Handlungen ausgehöhlt werden sollen. Dies ergibt sich aus der Natur des Tarifrechts als Kompromiß im Kampf zweier gleichwertiger Partner, deren Gleichgewicht nicht durch individuelle Handlungen gestört werden soll, wobei freilich — de lege ferenda — das Verwirkungsverbot als übertriebener Schutz tariflicher Bestimmungen anzusehen ist. Eines solchen Schutzes bedarf das durch die Gesetzgebungsorgane erlassene Recht nicht. Deren Gesetzgebungskompetenz ist unangefochten; das gesetzte Recht ist nicht Ergebnis eines Kampfes zweier gleichwertiger Partner, sondern das Ergebnis der Entschließung der allein dafür zuständigen Organe. Erweist sich das gesetzte Recht im Einzelfall aufgrund besonderer Umstände als im Widerspruch zum allgemeinen Gerechtigkeitsgedanken stehend, so kann das Gesetz hinter den allgemeinen Gerechtigkeitsgedanken zurückweichen, ohne daß die Störung eines mühsam errungenen Gleichgewichts zu befürchten wäre.

Auch aus dem Urlaubszweck läßt sich ein Verwirkungsverbot für den Abgeltungsanspruch nicht ableiten. Der Begriff der Verwirkung beinhaltet Verspätung der Rechtsausübung und Illoyalität der Rechtsausübung, Zeitmoment und Umstandsmoment. Daß das Zeitmoment Auswirkungen auf den Urlaubsanspruch haben kann, ergibt sich aus § 7/III BUrlG. Auswirkungen des Umstandsmoments folgen aus der unten[137] dargelegten Zulässigkeit des Einwands des Rechtsmißbrauchs. Die Möglichkeit einer Verwirkung des Abgeltungsanspruchs ist folglich nicht systemfremd. Außerdem ist die Verwirkung des Abgeltungsanspruchs ein seltener Ausnahmefall in Situationen, in denen eine Gewährung des Anspruchs dem Gerechtigkeitsgefühl widerspräche, so daß die Beeinträchtigung des Urlaubszwecks durch die Möglichkeit der Verwirkung aufs Ganze gesehen nicht schwer wiegt. Einer Bevorzugung des Urlaubsanspruchs mit Rücksicht auf den Urlaubszweck gegenüber der Verwirkung steht auch entgegen, daß die Erreichung des Urlaubszwecks durch keinerlei Sanktionen abgesichert ist. Steht es dem Arbeitnehmer jedoch faktisch und — von § 8 BUrlG abgesehen — auch rechtlich frei, durch zweckwidriges Verbringen des Urlaubs den Urlaubszweck zu vereiteln, so ist nicht einzusehen, weshalb sich der Arbeitnehmer einer Verwirkung des Anspruchs mit der Berufung auf den ohnehin nicht gesicherten Zweck des Urlaubs soll entziehen können.

Die Verwirkbarkeit des Abgeltungsanspruchs ist deshalb zu bejahen. Die besondere Bedeutung des Abgeltungsanspruchs findet jedoch insoweit Beachtung, als die Umstände, die die Anwendung der Grund-

---

137 Vgl. unten 7.11.

sätze der Verwirkung rechtfertigen, von besonderem Gewicht sein müssen. Im Rahmen der Prüfung des Umstandsmoments der Verwirkung sind Art des zu verwirkenden Anspruchs in rechtlicher und in wirtschaftlicher Hinsicht zu berücksichtigen.

7.11. Der Einwand des Rechtsmißbrauchs

Die Zulässigkeit der Einwendung des Rechtsmißbrauchs gegen den Abgeltungsanspruch ist allgemein anerkannt[138], anerkannt auch von denen, die eine Anwendung der Grundsätze der Verwirkung auf den Abgeltungsanspruch ablehnen[139].

Der allgemeinen Auffassung ist zuzustimmen. Die Unabdingbarkeit des Abgeltungsanspruchs steht der Zulässigkeit der Einwendung des Rechtsmißbrauchs nicht entgegen. Der Unabdingbarkeitsgrundsatz soll — wie oben[140] dargelegt — nur Schutz gegen Druck des Arbeitgebers und gegen Eingriffe in die Mindesturlaubsgarantie durch die Tarifvertragsparteien bieten, nicht jedoch Schutz gegen Eingriffe in den Abgeltungsanspruch durch das objektive Recht selbst[141].

Ein Unterfall der Einwendung des Rechtsmißbrauchs war bis zum Erlaß des Heimarbeitsänderungsgesetzes vom 29. 10. 1974[142] als negative Tatbestandsvoraussetzung des Abgeltungsanspruchs in § 7/IV/2 BUrlG geregelt. Nach dieser Vorschrift entstand ein Abgeltungsanspruch nicht, wenn der Arbeitnehmer durch eigenes Verschulden aus einem Grund entlassen worden war, der eine fristlose Kündigung rechtfertigte, oder wenn der Arbeitnehmer das Arbeitsverhältnis unberechtigt vorzeitig löste, und in diesen Fällen eine grobe Verletzung der Treupflicht aus dem Arbeitsverhältnis vorlag. Obwohl § 7/IV/2 BUrlG alter Fassung auf dem Gedanken des Rechtsmißbrauchsverbots basierte[143], war der Anwendungsbereich dieser Vorschrift von der Rechtsprechung und der Literatur erheblich über den Anwendungsbereich des Rechtsmißbrauchsverbots beim Naturalurlaubsanspruch ausgedehnt worden. So besteht

---

138 Vgl. etwa BAG, AP Nr. 5 zu § 5 BUrlG; BAG, AP Nr. 9, 87 zu § 611 BGB Urlaubsrecht; *Dirr*, S. 41; *Schumann*, Hans-Heinrich, Das rechtsmißbräuchliche Urlaubsbegehren, AuR 1970, S. 71 ff.; vgl. *Boldt*, Gerhard, Probleme des Urlaubsrechts aus der Sicht des BAG, ZfA 1971, S. 1 ff., S. 7.

139 Begründet wird die differenzierte Behandlung von Verwirkung und Einwand der Arglist damit, daß bei der Verwirkung das Zeitmoment, nicht das Umstandsmoment entscheidend sei. Allein ein gravierender Verstoß gegen Treu und Glauben rechtfertige jedoch einen Einbruch in den Grundsatz der Unabdingbarkeit; so etwa *Dirr*, S. 36.

140 Vgl. oben 7.2.

141 Vgl. *Isele*, Anm. zu BAG AP Nr. 2 zu § 3 BUrlG Rechtsmißbrauch; *Steudle*, S. 29 f.; *Zeuner*, Anm. zu BAG AP Nr. 82 zu § 611 BGB Urlaubsrecht.

142 BGBl 1974 I, S. 2879.

143 Vgl. *Steudle*, S. 48.

nach allgemeiner Auffassung die Einwendung des Rechtsmißbrauchs gegen den Naturalurlaubsanspruch grundsätzlich nur dann, wenn der Arbeitnehmer im Urlaubsjahr in kaum nennenswertem Umfang gearbeitet hat[144]. Das Nichtentstehen des Abgeltungsanspruchs aufgrund der früheren Vorschrift des § 7/IV/2 BUrlG alter Fassung wurde dagegen — unabhängig von der Relation der effektiv geleisteten Arbeit zur Höhe des geltend gemachten Urlaubsanspruchs — angenommen bei beharrlicher Arbeitsverweigerung[145], bei Verstößen gegen die betriebliche Ordnung[146], bei strafbaren Handlungen gegen den Arbeitgeber[147] oder gegen Dritte, soweit der Arbeitgeber dadurch geschädigt wurde[148], ferner dann, wenn sich der Arbeitnehmer unberechtigt vom Arbeitsverhältnis löste[149].

Die Bestimmung des § 7/IV/2 BUrlG alter Fassung war in der Literatur[150] auf heftige Kritik gestoßen; doch nicht wegen dieser Kritik und der Schwierigkeiten, die bei der Anwendung des § 7/IV/2 BUrlG alter Fassung entstanden sind[151], wurde die Vorschrift gestrichen, sondern aufgrund einer nach Auffassung der Bundesregierung notwendigen Anpassung des Bundesurlaubsgesetzes an die Forderungen des Übereinkommens Nr. 132 der Internationalen Arbeitsorganisation[152].

Aus der Streichung des Satzes 2 des § 7/IV BUrlG durch das Heimarbeitsänderungsgesetz ergibt sich jedoch, daß die Anwendung des Grundsatzes des Rechtsmißbrauchsverbots auf Naturalurlaubsanspruch und Abgeltungsanspruch in gleicher Weise erfolgen muß, es sei denn,

---

144 Vgl. etwa BAG, AP Nr. 2, 3, 4, 5 zu § 3 BUrlG Rechtsmißbrauch; *Boldt / Röhsler*, § 1, Anm. 69; *Steudle*, S. 28 ff.

145 Vgl. ArbG Ulm, DB 1966, S. 1695 f.; ArbG Hamburg, BB 1965, S. 749; ArbG Stade, ARSt 1966, S. 138; ArbG Pirmasens, ARSt 1966, S. 91.

146 Vgl. LAG Düsseldorf, BB 1965, S. 1110; ArbG Bayreuth, ARSt 1970, S. 143; ArbG Hamburg, BB 1964, S. 1045.

147 Vgl. LAG Niedersachsen, ARSt 1968, S. 23; ArbG Hamburg, BB 1965, S. 749.

148 Vgl. ArbG Marburg, AuR 1967, S. 382; LAG Stuttgart, BB 1967, S. 757.

149 Vgl. dazu *Schelp*, Günther, Urlaubsabgeltung bei verschuldeter fristloser Entlassung und bei Arbeitsvertragsbruch nach dem neuen Bundesurlaubsgesetz, AuR 1963, S. 74 ff.; *Diekhoff*, Ludwig, Urlaubsabgeltung bei Vertragsbruch des Arbeitnehmers, BB 1963, S. 438 f.

150 Vgl. *Steudle*, S. 111; *Boldt / Röhsler*, § 7, Anm. 97; *Schwerdtner*, S. 171; vgl. auch *Diekhoff*, Ludwig, Zum Urlaubsanspruch bei fristloser Entlassung des Arbeitnehmers, BB 1960, S. 1019; *ders.*, Besteht ein Urlaubsanspruch bei fristloser Entlassung oder Vertragsbruch des Arbeitnehmers?, BB 1960, S. 598 f.; *Peters*, Friedhelm, Der Urlaubsabgeltungsanspruch bei vom Arbeitnehmer verschuldeter Auflösung des Arbeitsverhältnisses, AuR 1962, S. 74 ff.; *Rewolle*, Hans-Dietrich, Günstigkeitsklauseln in den Urlaubsgesetzen, DB 1950, S. 265.

151 Vgl. *Boldt / Röhsler*, § 7, Anm. 97.

152 Vgl. dazu im einzelnen *Siara*, Berthold, Wegfall der Urlaubsabgeltung, DB 1975, S. 836 ff.

daß sich aus dem Rechtsmißbrauchsverbot selbst die Notwendigkeit einer differenzierten Behandlung beider Ansprüche ergibt.

Die Rechtsprechung ging zunächst davon aus, daß die Geltendmachung des Abgeltungsanspruchs dann rechtsmißbräuchlich sei, wenn unter Berufung auf die formale Rechtsposition mehr Urlaub gefordert werde, als im Urlaubsjahr gearbeitet worden sei[153]. Diese Formel wurde später — unpräziser — dahin abgewandelt, daß Rechtsmißbrauch dann vorliege, wenn dem Urlaubsbegehren jede Beziehung zu einer Arbeitsleistung des Arbeitnehmers im Urlaubsjahr fehle[154]. Nachdem im Jahre 1961 der 5. Senat des BAG die Zuständigkeit für Streitigkeiten aus dem Urlaubsrecht erhalten hatte, änderte sich die Auffassung der Rechtsprechung insofern, als nicht mehr das Verhältnis zwischen Arbeitsleistung und Urlaubsanspruch als alleiniger Maßstab für die Prüfung der Frage des Rechtsmißbrauchs galt, vielmehr sollten die gesamten Umstände des Einzelfalls gegeneinander abgewogen werden[155]. Ausgangspunkt für die Abwägung ist nach Auffassung des 5. Senats die Frage, ob unter Berücksichtigung aller Umstände ein Urlaubsbedürfnis anzuerkennen ist[156]. Für die Anerkennung eines Urlaubsbedürfnisses spricht lange Betriebszugehörigkeit des Arbeitnehmers[157] sowie das Vorliegen eines Arbeitsunfalls als Ursache für die Nichtleistung von Arbeit[158]. Daß der Arbeitsausfall auf Erfüllung des Wehrdienstes[159] oder auf Inanspruchnahme der Mutterschutzfristen beruht[160], wertet der Senat dagegen nicht zugunsten des Arbeitnehmers.

Die Herausarbeitung geeigneter Kriterien zur Abgrenzung des Rechtsmißbrauchs bei der Geltendmachung des Urlaubsabgeltungsanspruchs muß sich am Begriff des Einwands des Rechtsmißbrauchs und an der Rechtsnatur des Abgeltungsanspruchs orientieren.

Rechtsmißbrauch bei der Ausübung eines Rechts liegt dann vor, wenn die Ausübung im Hinblick auf die berechtigten Interessen des anderen

[153] Vgl. BAG, AP Nr. 9 zu § 611 BGB Urlaubsrecht.

[154] Vgl. BAG, AP Nr. 13, 59 zu § 611 BGB Urlaubsrecht; BAG, AP Nr. 1 zu § 5 Urlaubsgesetz Hamburg; BAG, AP Nr. 1 zu § 3 Urlaubsgesetz Niedersachsen.

[155] Vgl. BAG, AP Nr. 59, 82, 87, 88 zu § 611 BGB Urlaubsrecht; BAG, AP Nr. 2, 3 zu § 3 BUrlG Rechtsmißbrauch; BAG, AP Nr. 4, 5 zu § 3 BUrlG Rechtsmißbrauch.

[156] Vgl. BAG, AP Nr. 82 zu § 611 BGB Urlaubsrecht; BAG, AP Nr. 2 zu § 3 BUrlG Rechtsmißbrauch.

[157] Vgl. BAG, AP Nr. 87 zu § 611 BGB Urlaubsrecht; *Boldt / Röhsler*, § 9, Anm. 40; *Hoppe*, Günther, Das Urlaubsrecht im Blickpunkt, ArbuSozPol 1967, S. 297 ff., S. 299; *Kraft*, Anm. zu BAG, SAE 1967, S. 129 ff.; *Steudle*, S. 75; LAG Hamburg, AR-Blattei, Urlaub, Entscheidungen Nr. 14.

[158] Vgl. BAG, AP Nr. 87 zu § 611 Urlaubsrecht.

[159] Vgl. BAG, AP Nr. 2 zu § 3 BUrlG Rechtsmißbrauch.

[160] Vgl. BAG, AP Nr. 59 zu § 611 BGB Urlaubsrecht; AP Nr. 4 zu § 3 BUrlG Rechtsmißbrauch.

als grob unbillig und rücksichtslos erscheint[161], wenn bei der Geltendmachung des Rechts ein übermäßiger Eigennutz des Berechtigten zutage tritt[162]. Da die Abgeltungszahlung eine entgeltliche Leistung des Arbeitgebers ist, erscheint die Geltendmachung des Abgeltungsanspruchs dann als grob unbillig und rücksichtslos, wenn dem Arbeitgeber keine nennenswerte Gegenleistung zugeflossen ist, insbesondere wenn für mehr Tage Urlaubsabgeltung gefordert wird, als gearbeitet worden ist. Diese Konstellation weicht von dem Regelfall, bei dem z. B. vier Wochen Urlaub 48 Wochen geleisteter Arbeit gegenüberstehen, in unerträglicher Weise ab.

Zu klären bleibt, ob einerseits in jedem Fall des Bestehens eines solchen Mißverhältnisses Rechtsmißbrauch bei der Geltendmachung des Abgeltungsanspruchs vorliegt, und ob andererseits im Fall des Nichtbestehens eines solchen Mißverhältnisses der Einwand des Rechtsmißbrauchs in keinem Fall erhoben werden kann. Wann Rechtsmißbrauch vorliegt, kann grundsätzlich nur anhand aller Umstände des Einzelfalls entschieden werden. Die Notwendigkeit der Berücksichtigung aller Umstände des Einzelfalls enthebt jedoch nicht von der Verpflichtung, Richtlinien für die Beurteilung des Vorliegens des Rechtsmißbrauchs bei der Geltendmachung von Abgeltungsansprüchen herauszuarbeiten.

Als wesentlicher Anhaltspunkt war oben aufgrund des Entgeltcharakters des Urlaubsanspruchs das Mißverhältnis von geforderter Urlaubsabgeltung und geleisteter Arbeit herausgestellt worden. Das Vorliegen grober Unbilligkeit und rücksichtslosen Eigennutzes ist jedoch trotz fehlender oder sehr geringfügiger Arbeitsleistung dann abzulehnen, wenn die Nichtleistung von Arbeit ihre Ursache im Arbeitsverhältnis hat, also etwa auf einem Arbeitsunfall oder auf einer arbeitsbedingten Krankheit beruht[163]. Entgegen der früheren Rechtsprechung des BAG ist dagegen grobe Unbilligkeit anzunehmen, wenn die Nichtarbeit etwa beruht auf Wehrdienst, Schwangerschaft[164], Krankheit — auch unverschuldete, sofern sie nicht ihre Ursache im Arbeitsverhältnis hat —. Hier fehlt ein Zusammenhang zwischen Arbeitsverhältnis und Nichtleistung der Arbeit; die Geltendmachung des Urlaubsanspruchs erscheint daher grob unbillig und rücksichtslos[165].

Da der Urlaub auch der Erholung für noch zu leistende Arbeit dienen soll, ist Rechtsmißbrauch eher anzunehmen, wenn der Arbeit-

---

161 Vgl. *Enneccerus / Nipperdey*, S. 1445.

162 Vgl. *Steudle*, S. 49.

163 Vgl. *Steudle*, S. 61 ff.

164 Vgl. dazu LAG Düsseldorf, BB 1958, S. 1059; LAG Hamm, BB 1959, S. 667.

165 Vgl. *Steudle*, S. 66 ff.

nehmer aus dem Arbeitsverhältnis ausscheidet. Aus diesem Grund wird dem Anspruch auf Urlaubsabgeltung häufiger der Einwand des Rechtsmißbrauchs entgegenstehen als dem Anspruch auf Naturalurlaub. Allerdings kann dem Arbeitnehmer nach der Streichung des § 7/IV/2 BUrlG alter Fassung seltener der Abgeltungsanspruch genommen werden, als unter der Geltung dieser Vorschrift. Eine schwere Störung des Gleichheitsverhältnisses von Arbeitsleistung und Urlaubsanspruch ist prinzipiell Voraussetzung für die Einwendung des Rechtsmißbrauchs gegen den Abgeltungsanspruch; die Voraussetzungen des § 7/IV/2 BUrlG alter Fassung konnten auch ohne Fehltage des Arbeitnehmers dann erfüllt sein, wenn der Arbeitnehmer durch eigenes Verschulden aus einem Grund entlassen worden ist, der eine fristlose Kündigung rechtfertigte, oder der Arbeitnehmer das Arbeitsverhältnis unberechtigt vorzeitig gelöst hat, und in diesen Fällen eine grobe Verletzung der Treuepflicht aus dem Arbeitsverhältnis vorlag.

Liegt aber ein Mißverhältnis zwischen Arbeitsleistung des Arbeitnehmers und geltend gemachtem Urlaubsanspruch vor, so ist der Grund der Beendigung des Arbeitsverhältnisses in die Würdigung der Gesamtumstände mit einzubeziehen. Dabei muß aber vermieden werden, daß über den Einwand des Rechtsmißbrauchs die Möglichkeit einer Maßregelung des Arbeitnehmers geschaffen wird[166]. Entscheidend ist, ob dem Arbeitgeber durch das Verhalten des Arbeitnehmers, das zur Beendigung des Arbeitsverhältnisses geführt hat, ein materieller Schaden entstanden ist[167], oder ob der Arbeitnehmer unberechtigt Vorteile gezogen hat, wie etwa im Fall des Verstoßes gegen ein Wettbewerbsverbot. Die Berücksichtigung von Umständen, die nicht zu einer Vermögensschädigung des Arbeitgebers oder zu unberechtigten Vorteilen des Arbeitnehmers geführt haben, wird nur in Ausnahmefällen zulässig sein. Wenn zum Beispiel das Arbeitsverhältnis infolge von Beleidigungen des Arbeitgebers durch den Arbeitnehmer beendet worden ist, so mag der Arbeitgeber strafrechtliche Maßnahmen ergreifen; auf den Bestand des Urlaubsabgeltungsanspruchs des Arbeitnehmers darf dies keinen Einfluß haben. Bei sehr groben Verleumdungen des Arbeitgebers wird man im Rahmen der Abwägung aller Umstände des Einzelfalls eher den Wegfall des Abgeltungsanspruchs annehmen können.

Immer aber ist Voraussetzung, daß eine Störung des Gleichgewichts zwischen geleisteter Arbeit und geltend gemachtem Urlaubsanspruch vorliegt. Hat der Arbeitnehmer während des ganzen Jahres gearbeitet,

---

[166] Vgl. *Steudle*, S. 110.

[167] Vgl. dazu ArbG Essen, DB 1966, S. 508; ArbG Köln, BB 1969, S. 136; LAG Düsseldorf/Köln, DB 1967, S. 858; ArbG Braunschweig, PrAR BUrlG §§ 7 - 10 Nr. 15; ArbG Passau, ARSt 1967, S. 128.

so kann dem Urlaubsabgeltungsanspruch der Einwand des Rechtsmißbrauchs auch dann nicht entgegengehalten werden, wenn der Arbeitnehmer den Arbeitgeber schwer geschädigt hat, denn der Abgeltungsanspruch ist — wie der Lohnanspruch — erarbeiteter Anspruch; er kann nicht anders behandelt werden als der Lohnanspruch. Dem Interesse des Arbeitgebers ist durch die Möglichkeit der Aufrechnung mit seinen Schadensersatzansprüchen gedient; im Falle vorsätzlicher unerlaubter Handlung ist eine Aufrechnung auch über die Grenzen der §§ 394/1 BGB, 850 c ZPO hinaus möglich[168].

7.12. Ausschlußfristen

Während die weit überwiegende Meinung[169] die Zulässigkeit von Ausschlußfristen bejaht, finden sich sowohl in der Rechtsprechung[170] als auch in der Literatur[171] Gegenstimmen.

Begründet wird die Unzulässigkeit der Ausschlußfristen mit der Unabdingbarkeit des Abgeltungsanspruchs[172]. Die Unabdingbarkeit schütze den Urlaubsanspruch in seinem ganzen Inhalt; die Dauer der möglichen Geltendmachung eines Rechts gehöre zu dessen Inhalt[173]. Daß zu dem durch den Unabdingbarkeitsgrundsatz geschützen Anspruchsinhalt nicht nur der eigentliche Gegenstand des Anspruchs, sondern auch die Moda-

---

[168] Vgl. RGZ 85, S. 116 ff.; 135, S. 1 ff.

[169] Vgl. BAGE 13, S. 55 ff. = AP Nr. 28 zu § 4 TVG mit ablehnender Anm. *Schelp;* BAG, AP Nr. 1 zu § 1 TVG Bezugnahme auf Tarifvertrag; LAG Kiel, AP Nr. 1 zu § 4 TVG Ausschlußfristen mit ablehnender Anmerkung *Herschel; Boldt / Röhsler,* § 1, Anm. 59 ff.; *Gaul / Boewer,* S. 158 ff.; *Diekhoff,* Ludwig, Zulässigkeit tarifvertraglicher Verfallfristen für unabdingbare gesetzliche Urlaubsansprüche, BB 1967, S. 1082; *Rappenecker,* Otto, Tarifliche Verfallklauseln für gesetzliche Mindestansprüche insbesondere für gesetzliche Mindesturlaubsansprüche, AuR 1967, S. 257 ff.; *Rieth,* S. 49; *Rothe,* Hans, Ausschlußfristen im Urlaubsrecht, DB 1957, S. 481 f.; *Stahlhacke,* § 1, Anm. 95; *Schelp / Herbst,* § 1, Anm. 21; *Gros,* Urlaub XII D V 2.

[170] Vgl. LAG Bremen, DB 1967, S. 1226 f.

[171] Vgl. *Borrmann,* Kommentar, § 1, Anm. 18; *Dersch / Neumann,* § 13, Anm. 71 ff.; vgl. auch *Herschel,* Wilhelm, Negative Regelungen in Betriebs- und Tarifordnung und arbeitsvertragliche Ausschlußfrist, DAR 1935, S. 277 ff.; *ders.,* Anm. zu BAG AP Nr. 1 zu § 4 TVG Ordnungsprinzip; *Schelp,* Anm. zu BAG AP Nr. 28 zu § 4 TVG Ausschlußfristen; *Schelp,* Günther / *Trieschmann,* Günther, Das Arbeitsverhältnis im Krankheitsfalle, Köln, Bonn, Berlin 1958, S. 101; *Rewolle,* DB 1950, S. 269.

[172] Vgl. *Gaul / Boewer,* S. 155 ff.

[173] Vgl. LAG Bremen, BB 1967, S. 1226 f.; *Borrmann,* DB 1955, S. 509; *Herschel,* DAR 1935, S. 278, die sich zu Unrecht auf *Lesser,* Martin, Der Inhalt der Leistungspflicht, Breslau 1909, S. 103 berufen, der sich nicht mit dem Problem der möglichen Dauer der Geltendmachung eines Rechts, sondern der Frage des Zeitpunkts einer Leistung als Teil des Leistungsinhalts befaßt. Vgl. außerdem *Herschel,* JZ 1961, S. 237; *ders.,* Die tarifvertragliche Verzichtsausschlußklausel, Erfurt 1933, S. 12; *Schelp / Trieschmann,* Arbeitsverhältnis, S. 101; *Rappenecker,* S. 261.

litäten der Erfüllung gehören, ergebe sich daraus, daß durch die Unabdingbarkeit nicht nur die Dauer des Mindesturlaubs, sondern auch etwa die Grundsätze der Unteilbarkeit und Unübertragbarkeit des Urlaubsanspruchs erfaßt seien[174]. Die Rechtssicherheit und Rechtsklarheit, der die Ausschlußfristen dienten, müßten hinter den durch das Bundesurlaubsgesetz verfolgten Zweck der Sicherung eines Mindesturlaubs zurücktreten[175], um so mehr, als durch eine verspätete Geltendmachung des Urlaubsanspruchs kaum Beweisschwierigkeiten auftreten könnten[176].

Die Befürworter der Zulässigkeit von Ausschlußfristen für Abgeltungsansprüche argumentieren, das in § 13 BUrlG verankerte Unabdingbarkeitsprinzip besage nur, daß der Anspruch nicht im voraus, vor seiner Entstehung ausgeschlossen werden könne[177]; außerdem sei die mögliche Dauer der Geltendmachung des Urlaubsanspruchs durch § 13/I BUrlG nicht geschützt[178]. Die Rechtsprechung des RAG zum Urlaubsrecht habe Ausschlußfristen in Tarifverträgen zugelassen, obwohl die Unabdingbarkeit des Urlaubsanspruchs anerkannt gewesen sei. Es bestehe kein Anlaß, von dem historisch entwickelten Unabdingbarkeitsbegriff abzuweichen[179]. Auch wird argumentiert, die Ausschlußfrist beeinträchtige nicht den Inhalt des Urlaubsanspruchs — und dieser allein sei durch die Unabdingbarkeit geschützt —, sondern nur dessen Geltendmachung[180]. Da Ausschlußfristen für Lohn- und Gehaltsansprüche unbestritten zulässig seien, müsse aufgrund des Lebensstandardprinzips das Gleiche für den Abgeltungsanspruch gelten[181]. Die Zulässigkeit von Ausschlußfristen für den Abgeltungsanspruch ergebe sich auch aus einem Vergleich mit § 7/III BUrlG, der den Verfall des Naturalurlaubsanspruchs unter bestimmten Voraussetzungen vorsehe. Sei der Naturalurlaubsanspruch durch das Bundesurlaubsgesetz nicht absolut geschützt, so bestehe kein Anlaß, den Abgeltungsanspruch absolut zu schützen[182].

---

174 Vgl. *Schelp*, Anm. zu BAG AP Nr. 28 zu § 4 TVG Ausschlußfristen.

175 Vgl. LAG Bremen, DB 1967, S. 1226; vgl. auch *Schelp*, Anm. zu BAG AP Nr. 28 zu § 4 TVG Ausschlußfristen.

176 Vgl. LAG Bremen, DB 1967, S. 1226.

177 Vgl. BAG, AP Nr. 81 zu § 622 BGB Urlaubsrecht.

178 Vgl. BAG, AP Nr. 1 zu § 1 TVG Bezugnahme auf Tarifvertrag; LAG Kiel, AP Nr. 1 zu § 4 TVG Ausschlußfristen; *Dersch / Neumann*, § 13, Anm. 73.

179 Vgl. *Stahlhacke*, § 1, Anm. 95.

180 Vgl. BAG, AP Nr. 81 zu § 611 BGB Urlaubsrecht; *Diekhoff*, BB 1967, S. 1082; *Rothe*, S. 481 f.; vgl. auch BAG, AP Nr. 28 zu § 4 TVG Ausschlußfristen; *Boldt / Röhsler*, § 1, Anm. 58 f.; *Schelp / Herbst*, § 1, Anm. 21; *Stahlhacke*, § 1, Anm. 93.

181 Vgl. *Rappenecker*, S. 262; vgl. auch BAG, AP Nr. 81 zu § 611 BGB Urlaubsrecht; *Tophoven*, Anm. zu LAG Kiel AP Nr. 1 zu § 4 TVG Ausschlußfristen.

182 Vgl. *Boldt / Röhsler*, § 1, Anm. 59; *Stahlhacke*, § 1, Anm. 95.

Bei der Prüfung der Zulässigkeit von Ausschlußfristen für Abgeltungsansprüche ist zu unterscheiden zwischen der Vereinbarung von Ausschlußfristen in Tarifverträgen einerseits und der Vereinbarung von Ausschlußfristen in Einzelarbeitsverträgen oder Betriebsvereinbarungen andererseits. Die Notwendigkeit dieser Differenzierung ergibt sich daraus, daß das in § 13/I BUrlG festgelegte Unabdingbarkeitsprinzip für Tarifverträge und Betriebsvereinbarungen bzw. Einzelarbeitsverträge eine unterschiedliche sachliche Reichweite hat[183].

Zunächst ist die Zulässigkeit der Festlegung von Ausschlußfristen in Tarifverträgen zu überprüfen.

Der Versuch, die Unterscheidung zwischen Unabdingbarkeit im weiteren und Unabdingbarkeit im engeren Sinn zur Begründung der Zulässigkeit der Ausschlußfristen heranzuziehen, geht fehl. Selbst wenn man davon ausgeht, der Abgeltungsanspruch sei unabdingbar im engeren Sinn — die Unrichtigkeit dieser Auffassung ist oben[184] nachgewiesen worden —, so sind doch die Tarifverträge auch bei Anwendung des engen Unabdingbarkeitsbegriffs insoweit unwirksam, als sie die Abgeltung im Zeitpunkt des Abschlusses des Tarifvertrags noch nicht entstandener Abgeltungsansprüche vorsehen; wesentlicher Sinn der Tarifverträge ist aber gerade die Regelung einer Vielzahl zukünftiger Arbeitsverhältnisse sowie die Regelung zukünftiger Ansprüche aus bestehenden Arbeitsverhältnissen.

Auch die Argumentation, Ausschlußfristen beeinträchtigten nicht den Inhalt des Anspruchs, vermag nicht zu überzeugen. Ein Anspruch ist eine von der Rechtsordnung gewährte Rechtsstellung, deren Ausübung von der Person des Berechtigten abhängt[185]. Subjektives Recht ist nicht nur ein rechtlich geschütztes Interesse, sondern auch die Macht zur Realisierung des Interesses. Der Begriff des subjektiven Rechts umfaßt die Möglichkeit seiner Geltendmachung. Wird die Möglichkeit der Geltendmachung verändert, so wird der Inhalt des subjektiven Rechts verändert.

Der Unabdingbarkeitsgrundsatz des § 13/I/1 BUrlG schützt jedoch nicht den Urlaubsanspruch seinem ganzen Inhalt nach. Die für unabdingbar erklärten §§ 1, 2, 3/I BUrlG normieren nur den Grundsatz des Entstehens eines Anspruchs auf bezahlten Erholungsurlaub in bestimmter Mindesthöhe in jedem Kalenderjahr. Die in den §§ 4, 5 BUrlG geregelten Einzelheiten des Entstehens des Urlaubsanspruchs sind dagegen durch Tarifverträge abdingbar, soweit nicht in den durch die §§ 1, 2,

---

183 Vgl. dazu oben 4.2.

184 Vgl. dazu oben 7.2.

185 Vgl. *Enneccerus / Nipperdey*, S. 431; vgl. auch BGH, NJW 1958, S. 1131; NJW 1961, S. 1349; *Richardi*, S. 62; *Herschel*, JZ 1961, S. 237.

3/I BUrlG geschützten Kernbereich eingegriffen wird. Wenn aber die im Bundesurlaubsgesetz geregelten Entstehungsvoraussetzungen des Urlaubsanspruchs abgeändert werden können, dann müssen auch Tatbestände geschaffen werden können, die zum Erlöschen des Urlaubsanspruchs führen.

Ein Vergleich mit der Regelung der Verjährung des Urlaubsanspruchs bestätigt die Zulässigkeit tarifvertraglicher Ausschlußfristen. Im Bundesurlaubsgesetz ist die Verjährung des Abgeltungsanspruchs nicht geregelt, so daß die zweijährige Verjährungsfrist des § 196/I Ziff. 8, 9 BGB eingreift[186]. Eine Verkürzung der Verjährungsfrist durch Tarifvertrag ist — wie sich aus § 225 BGB ergibt — zulässig. Ausschlußfrist und Verjährungsfrist verfolgen den gleichen Zweck, nämlich Rechtssicherheit und Rechtsklarheit. Die Schaffung der Ausschlußfristen ist an sich überflüssig; durch eine Verkürzung der Verjährungsfristen ließe sich das gleiche Ziel erreichen, das die Ausschlußfristen verfolgen[187]. Lassen sich gegen eine Verkürzung der Verjährungsfrist keine Bedenken aus dem Unabdingbarkeitsgrundsatz ableiten, so können auch Bedenken gegen Ausschlußfristen grundsätzlich nicht bestehen.

Auch aus § 7/III BUrlG läßt sich die Zulässigkeit tariflicher Ausschlußfristen ableiten. Zwar ist nicht zu verkennen, daß § 7/III BUrlG und tarifliche Ausschlußfristen für Urlaubsansprüche unterschiedliche Zwecke verfolgen. § 7/III BUrlG dient wesentlich der Sicherung des Urlaubszwecks; Ausschlußfristen dienen der Rechtsklarheit und Rechtssicherheit. Aus der Regelung des § 7/III BUrlG folgt aber, daß das Bundesurlaubsgesetz keineswegs absoluten Schutz des Urlaubsanspruchs mit dem Inhalt will, daß keine Einschränkungen der Dauer der möglichen Geltendmachung des Anspruchs zulässig sind.

Die Vereinbarung von Ausschlußfristen für den Abgeltungsanspruch in Tarifverträgen ist sonach grundsätzlich zulässig. Die Ausschlußfristen dürfen jedoch nicht in den durch die §§ 1, 2, 3/I BUrlG geschützten Bereich eingreifen. In diesen Kernbereich wird dann eingegriffen, wenn die Ausschlußfristen so kurz sind, daß der Arbeitnehmer bei komplizierter Sachlage nicht überprüfen kann, ob ihm noch Ansprüche zustehen. Ausschlußfristen von drei Monaten, wie sie häufig in Tarifverträgen festgelegt werden, sind unter diesem Gesichtspunkt als noch zulässig anzusehen.

Die Zulässigkeit der Vereinbarung von Ausschlußfristen in Betriebsvereinbarungen und Einzelarbeitsverträgen wird allgemein abge-

---

[186] Vgl. oben 7.9.

[187] Vgl. dazu im einzelnen *Gaul*, Dieter, Tarifliche Ausschlußfristen. Bedeutung und Verhältnis zur Verjährung und Verwirkung, Heidelberg 1964, S. 81 ff.

lehnt[188]. Lediglich Siara vertritt den Standpunkt, Ausschlußfristen seien, da sie nicht mit dem Unabdingbarkeitsprinzip kollidierten, auch in Betriebsvereinbarungen und in den Individualarbeitsverträgen zulässig[189]. Siara übersieht, daß durch § 13/I/3 BUrlG die Normen des Bundesurlaubsgesetzes insgesamt für Betriebsvereinbarungen und Individualarbeitsverträge unabdingbar sind. Aufgrund des sogenannten Günstigkeitsprinzips kann in Betriebsvereinbarungen und Einzelarbeitsverträgen nur zugunsten des Arbeitnehmers vom Bundesurlaubsgesetz abgewichen werden[190]. Zwar ließe sich bei rein formaler Betrachtungsweise argumentieren, das Bundesurlaubsgesetz lege die Dauer der möglichen Geltendmachung des Abgeltungsanspruchs überhaupt nicht fest, folglich werde mit der Vereinbarung einer Ausschlußfrist auch nicht von den Bestimmungen des Bundesurlaubsgesetzes abgewichen. Eine solche Argumentation verstieße jedoch eindeutig gegen den Zweck des § 13/I/3 BUrlG, der erkennbar verhindern will, daß durch Betriebsvereinbarungen oder Individualarbeitsverträge eine gegenüber der gesetzlichen Regelung ungünstigere Vereinbarung getroffen wird. Das Bundesurlaubsgesetz sieht eine Beschränkung der zeitlichen Möglichkeiten des Abgeltungsanspruchs nicht vor. Die Vereinbarung einer Ausschlußfrist stellt daher den Arbeitnehmer ungünstiger, als er bei Geltung der Normen des Bundesurlaubsgesetzes stünde[191]. Folglich verstößt die Vereinbarung von Ausschlußfristen in Individualverträgen und Betriebsvereinbarungen gegen § 13/I/3 BUrlG.

Die Vereinbarung von Ausschlußfristen in Betriebsvereinbarungen und in Individualverträgen ist jedoch zum einen möglich durch Bezugnahme der Betriebsvereinbarung oder des Individualvertrags auf eine tarifliche Regelung, die Ausschlußfristen vorsieht; dies ergibt sich aus § 13/I/2 BUrlG. Zum anderen ist die Vereinbarung von Ausschlußfristen durch Individualvertrag zulässig nach Beendigung des Arbeitsverhältnisses. Nach dem für Urlaubsansprüche geltenden weiteren Unabdingbarkeitsprinzip endet der Schutz des Anspruchs mit Beendigung des Arbeitsverhältnisses, so daß von diesem Zeitpunkt an auch für den Arbeitnehmer ungünstigere Vereinbarungen getroffen werden können.

---

188 Vgl. *Borrmann*, Kommentar, § 1, Anm. 18; *Boldt / Röhsler*, § 1, Anm. 63; *Dersch / Neumann*, § 13, Anm. 71; *Gros*, Urlaub XII D V 2; vgl. auch BAG, AP Nr. 1 zu § 1 TVG Bezugnahme auf Tarifvertrag; *Richardi*, S. 64.

189 Vgl. *Siara*, Kommentar, § 1, Anm. 31.

190 Vgl. dazu im einzelnen oben 4.2.

191 Vgl. *Borrmann*, DB 1955, S. 509 f.; *Herschel*, JZ 1961, S. 237; *Schelp / Trieschmann*, Arbeitsverhältnis, S. 101; LAG Bremen, DB 1967, S. 1226 f.; anders zu Unrecht *Diekhoff*, BB 1967, S. 1082; *Rothe*, DB 1957, S. 481.

8. Der Abgeltungsanspruch im Konkursverfahren und im Vergleichsverfahren über das Vermögen des Arbeitgebers

8.1. Der Abgeltungsanspruch im Konkurs über das Vermögen des Arbeitgebers

Durch das Gesetz über Konkursausfallgeld (Drittes Gesetz zur Änderung des Arbeitsförderungsgesetzes) vom 17. 7. 1974[1] sind unter anderem die §§ 59, 60 und 61 der Konkursordnung geändert worden. Im Konkursverfahren über das Vermögen des Arbeitgebers sind bei der Prüfung von Urlaubsabgeltungsansprüchen nun vier Fälle zu unterscheiden:

1. Beendigung des Arbeitsverhältnisses nach Eröffnung des Konkursverfahrens.
2. Beendigung des Arbeitsverhältnisses innerhalb eines Zeitraums von sechs Monaten vor Konkurseröffnung bzw. vor Ableben des Gemeinschuldners.
3. Beendigung des Arbeitsverhältnisses innerhalb eines Zeitraums von mindestens sechs und höchstens zwölf Monaten vor Konkurseröffnung bzw. vor Ableben des Gemeinschuldners.
4. Beendigung des Arbeitsverhältnisses mehr als zwölf Monate vor Konkurseröffnung bzw. vor dem Tod des Gemeinschuldners.

8.1.1. Beendigung des Arbeitsverhältnisses nach Konkurseröffnung

Ist ein Arbeitsverhältnis vor Konkurseröffnung begründet und in Vollzug gesetzt, und endet das Arbeitsverhältnis nach Eröffnung des Konkursverfahrens[2], so ist ein aus dem Arbeitsverhältnis erwachsener Urlaubsabgeltungsanspruch nach der in der Rechtsprechung[3] und

---

[1] BGBl I 1974, S. 1481.

[2] Durch das Konkursverfahren wird das Arbeitsverhältnis in seinem Bestand nicht berührt; dem Konkursverwalter steht lediglich das Kündigungsrecht nach § 22 KO zu.

[3] Vgl. LAG Baden-Württemberg, BB 1967, S. 458 f.; LAG Bayern, Amtsblatt 1954 C, S. 167 ff.; ArbG Bayreuth, BB 1958, S. 598; vgl. auch BAG, AP Nr. 2 zu § 59 KO mit Anm. *Weber*.

Literatur[4] herrschenden Meinung Masseschuld. Vereinzelt wird jedoch die Auffassung vertreten, der Abgeltungsanspruch sei als rückständige Forderung aus dem Arbeitsverhältnis bevorrechtigte Konkursforderung nach § 61/I Ziff. 1 KO[5].

Dieser Auffassung ist nicht zu folgen. Ansprüche aus dem Arbeitsverhältnis, die nach Konkurseröffnung entstehen, sind Masseschulden nach § 59/I Ziff. 2 KO[6]. Der Abgeltungsanspruch entsteht erst mit Beendigung des Arbeitsverhältnisses[7]. Folglich ist ein Abgeltungsanspruch aus einem Arbeitsverhältnis, das nach Konkurseröffnung endet, Masseschuld. Der Behandlung des Abgeltungsanspruchs als Masseschuld kann nicht entgegengehalten werden, der Anspruch stelle Entgelt für Dienstleistungen dar, die vor Konkurseröffnung erbracht worden seien, folglich sei der Abgeltungsanspruch als Konkursforderung zu behandeln, jedenfalls insoweit, als Abgeltung für vor Konkurseröffnung erarbeiteten Urlaub gewährt werde.

§ 59/I Ziff. 2 KO zweite Alternative soll sicherstellen, daß das Vertragsverhältnis für die Zeit nach Konkurseröffnung so behandelt wird, als sei Konkurs nicht eröffnet. Kann der Arbeitnehmer nach § 7/I BUrlG den Naturalurlaub in die Zeit zwischen Konkurseröffnung und Beendigung des Arbeitsverhältnisses legen, so ist das Urlaubsentgelt gemäß §§ 59/I/Ziff. 2 zweite Alternative, 57, 60 KO vorweg aus der Masse zu berichtigen und nicht zu quotieren. Ebenso muß der Abgeltungsanspruch behandelt werden, auch er dient der Verschaffung von Freizeit unter Aufrechterhaltung des Lebensstandards für die Zeit nach Konkurseröffnung, wenn das Arbeitsverhältnis erst nach Konkurseröffnung beendet wird.

Schließt der Konkursverwalter nach Eröffnung des Konkursverfahrens einen Arbeitsvertrag ab, so sind Abgeltungsansprüche aus einem solchen Arbeitsverhältnis Masseschulden nach § 59/I/1 KO, und zwar auch dann, wenn der Abschluß des Arbeitsvertrags zum Zweck der Verwertung oder der Verwaltung der Masse erfolgt[8].

---

[4] Vgl. etwa *Boldt / Röhsler*, § 1, Anm. 105; *Oehmann*, Werner, Konkurs und Arbeitsverhältnis, AR-Blattei, D Konkurs I Übersicht F III; *Rewolle*, Hans-Dietrich, Die Rechtstellung des Arbeitnehmers im Vergleichs- und Konkursverfahren, DB 1967, S. 1134 ff.; *Schatter*, Hans, Der Urlaubsanspruch des Arbeitnehmers im Konkurs des Arbeitgebers, RdA 1953, S. 216 ff.

[5] Vgl. *Borrmann*, DB 1955, S. 510; *Mentzel*, Franz / *Kuhn*, Georg, Kommentar zur Konkursordnung, 7. Aufl., Berlin und Frankfurt a. M. 1962, § 59, Anm. 12, vgl. aber auch § 59, Anm. 9; vgl. auch RAG, BS 6, S. 386 ff.; RAG, ARS 32, S. 95 ff., S. 101.

[6] Vgl. *Jaeger*, Ernst / *Lent*, Friedrich / *Weber*, Friedrich, Konkursordnung, 8. Aufl., Berlin 1955 ff., § 59, Anm. 7; *Mentzel / Kuhn*, § 59, Anm. 12.

[7] Vgl. dazu oben 4.7.2.

[8] Unrichtig *Boldt / Röhsler*, § 1, Anm. 105, der bei Fortsetzung des Arbeitsverhältnisses durch den Konkursverwalter je nach der Lage des Falles

8.1.2. Beendigung des Arbeitsverhältnisses innerhalb eines Zeitraums von sechs Monaten vor Konkurseröffnung oder Ableben des Gemeinschuldners

Nach § 59/I/Ziff. 3 a KO in der Fassung des Gesetzes über Konkursausfallgeld (Drittes Gesetz zur Änderung des Arbeitsförderungsgesetzes) vom 17. Juli 1974[9] zählen zu den Masseschulden auch die aus den letzten sechs Monaten vor Konkurseröffnung oder — im Falle des Nachlaßkonkurses — vor dem Ableben des Gemeinschuldners rückständigen Ansprüche des Arbeitnehmers aus einem Arbeitsverhältnis. Diese Ansprüche waren bislang bevorrechtigte Konkursforderungen.

Fraglich ist, wann ein Abgeltungsanspruch einen Rückstand für die letzten sechs Monate darstellt. Zur gleichen Problematik bei der Abgrenzung bevorrechtigter von nicht bevorrechtigten Konkursforderungen nach § 61/I/1 KO wird zum Teil die Auffassung vertreten, daß ein Abgeltungsanspruch dann einen Rückstand aus dem geschützten Zeitraum darstelle, wenn das Arbeitsverhältnis innerhalb dieses Zeitraums beendet worden sei[10]; zum überwiegenden Teil wird jedoch argumentiert, der Abgeltungsanspruch werde für eine Arbeitsleistung gewährt, so daß zu prüfen sei, in welcher Höhe der Abgeltungsanspruch der Zeit innerhalb des geschützten Bereichs und in welcher Höhe der Anspruch der Zeit außerhalb des geschützten Bereichs zuzurechnen sei[11].

Diese Auffassung hat zur Konsequenz, daß ein Abgeltungsanspruch zum Teil als Masseschuld nach § 59/I/3 a KO, zum Teil als bevorrechtigte Konkursforderung nach § 61/I/1 a KO, und — je nach der Lage des Falles — zu einem weiteren Teil als gewöhnliche Konkursanforderung nach § 61/I/6 KO behandelt wird.

Motiv der Vorschrift des § 59/I/3 a KO — ebenso wie des § 61/I/1 a KO — ist der Gedanke, daß der Arbeitnehmer auf sein Arbeitsentgelt als Existenzgrundlage angewiesen ist, so daß ihm dieses Arbeitsentgelt im Falle des Konkurses über das Vermögen des Arbeitgebers nach

---

§ 59/I/2 KO oder § 58/II KO anwenden will. Die Fortsetzung des Arbeitsverhältnisses fällt jedoch stets unter § 59/I/2 KO; vgl. *Jaeger / Lent / Weber*, § 59, Anm. 7; *Mentzel / Kuhn*, § 59, Anm. 4; *Schönke*, Adolf / *Baur*, Fritz, Zwangsvollstreckungs-, Konkurs- und Vergleichsrecht, 9. Aufl., Karlsruhe 1974, S. 322.

[9] BGBl 1974 I, S. 1481.

[10] Vgl. *Oehmann*, W., Urlaub im Konkurs des Arbeitgebers, BB 1957, S. 946 ff.

[11] Vgl. *Dersch*, Die Urlaubsgesetze, Anm. 106 a; *Gros*, Die Durchsetzung des Urlaubsanspruchs, AR-Blattei D Urlaub X D; *Schatter*, S. 217; unklar *Rewolle*, DB 1967, S. 1136; ebenso für Gratifikationen LAG Kiel, NJW 1952, S. 800; für Lohnforderungen RGZ 102, S. 72 ff.; RAG, ARS 16, S. 101; RAG, JW 1933, S. 1357 f.; BAG, NJW 1967, S. 1055 f.

Möglichkeit erhalten bleiben soll, wobei freilich zeitliche Grenzen gezogen sind, um die Konkursmasse nicht zu stark zu belasten. Steht der Gedanke der Existenzsicherung bei der Vorschrift des § 59/I/3 a KO im Vordergrund, so ist entscheidend, ob der Zeitraum, für den die Existenz gesichert werden soll, innerhalb der durch § 59/I/3 a gezogenen Grenzen liegt. Zwar wird der Abgeltungsanspruch innerhalb des ganzen Urlaubsjahres erarbeitet, zur Existenzsicherung dient er jedoch nur während der durch den Abgeltungsanspruch zu realisierenden freien Zeit. Diese arbeitsfreie Zeit muß bei der Gewährung eines Abgeltungsanspruchs notwendigerweise nach der Beendigung des Arbeitsverhältnisses liegen. Bei Arbeitsverhältnissen, die innerhalb eines Zeitraums von sechs Monaten vor Konkurseröffnung oder vor Ableben des Gemeinschuldners beendet worden sind, dient der Abgeltungsanspruch stets der Existenzsicherung während der durch § 59/I/3 a KO geschützten Zeit. Abgeltungsansprüche aus innerhalb dieses Zeitraums beendeten Arbeitsverhältnissen sind daher Masseansprüche. Die Beendigung des Arbeitsverhältnisses innerhalb der durch § 59/I/3 a KO gezogenen zeitlichen Grenzen wird somit zum entscheidenden Kriterium. Dies gilt auch dann, wenn Urlaubsansprüche abzugelten sind, die aus vorausgegangenen Urlaubsjahren in das Jahr der Beendigung des Arbeitsverhältnisses übertragen worden sind[12].

8.1.3. Beendigung des Arbeitsverhältnisses innerhalb eines Zeitraums von mindestens sechs und höchstens zwölf Monaten vor Konkurseröffnung oder Ableben des Gemeinschuldners

Nach § 61/I/1 a KO werden unter den Konkursforderungen an erster Stelle u. a. berücksichtigt Forderungen des Arbeitnehmers auf die Bezüge aus einem Arbeitsverhältnis mit dem Gemeinschuldner wegen Rückständen für das letzte Jahr vor der Eröffnung des Konkursverfahrens oder — im Falle des Nachlaßkonkurses — dem Ableben des Gemeinschuldners, soweit diese Forderungen nicht Masseschulden sind.

Das rechtspolitische Motiv des § 61/I/1 a KO entspricht dem des § 59/I/3 a KO. Folglich sind die oben[13] entwickelten Grundsätze anzuwenden bei der Bestimmung der Rückstände für das letzte Jahr vor Eröffnung des Konkursverfahrens oder dem Ableben des Gemeinschuldners. Hat ein Arbeitsverhältnis frühestens zwölf Monate und spätestens sechs Monate vor Eröffnung des Konkursverfahrens oder dem Ableben des Gemeinschuldners geendet, so ist ein Abgeltungsan-

[12] So richtig *Dersch / Neumann*, § 1, Anm. 90.

[13] Vgl. oben 8.1.3.

spruch aus dem Arbeitsverhältnis bevorrechtigte Konkursforderung nach § 61/I/1 a KO[14].

8.1.4. Beendigung des Arbeitsverhältnisses mehr als zwölf Monate vor Konkurseröffnung oder Tod des Gemeinschuldners

Ist das Arbeitsverhältnis mehr als zwölf Monate vor Konkurseröffnung oder Tod des Gemeinschuldners beendet worden, so ist ein Abgeltungsanspruch aus diesem Arbeitsverhältnis gewöhnliche Konkursforderung nach § 61/I/6 KO.

8.1.5. Abgeltungsanspruch und Konkursausfallgeld

Durch das Gesetz über Konkursausfallgeld (Drittes Gesetz zur Änderung des Arbeitsförderungsgesetzes) vom 17. Juli 1974[15] sind in das Arbeitsförderungsgesetz die §§ 141 a ff. eingefügt worden. Nach diesen Bestimmungen hat der Arbeitnehmer bei Zahlungsunfähigkeit seines Arbeitgebers Anspruch auf Ausgleich des ausgefallenen Arbeitsentgelts für den Zeitraum der letzten drei Monate vor Eröffnung des Konkursverfahrens bzw. den nach § 141 b/III des Arbeitsförderungsgesetzes der Eröffnung des Konkursverfahrens gleichgestellten Tatbeständen. Arbeitsentgelt im Sinne der § 141 a ff. des Arbeitsförderungsgesetzes sind nach § 141 b/II alle Ansprüche aus dem Arbeitsverhältnis, die gemäß § 59/I/3 a KO Masseschulden sein können, also auch Urlaubsabgeltungsansprüche.

Die §§ 141 a ff. des Arbeitsförderungsgesetzes reihen sich ihrem Zweck nach in die §§ 59/I/3 a, 61/I/1 a KO ein, die die Existenzgrundlage des Arbeitnehmers sichern sollen. Die oben[16] entwickelten Grundsätze sind daher zu übertragen. Ist das Arbeitsverhältnis innerhalb eines Zeitraums von drei Monaten vor Konkurseröffnung bzw. vor einem der Konkurseröffnung durch § 141 b/III des Arbeitsförderungsgesetzes gleichgestellten Tatbestand beendet worden, und hat der Arbeitnehmer aus dem Arbeitsverhältnis Anspruch auf Urlaubsabgeltung, so entsteht ein Anspruch des Arbeitnehmers auf Konkursausfallgeld, sofern er mit dem Abgeltungsanspruch ausgefallen ist. Erfüllt die Bundesanstalt für Arbeit den Abgeltungsanspruch, so geht der Anspruch auf die Bundesanstalt für Arbeit über; der Anspruch ist nach § 59/II KO als Konkursforderung gemäß § 61/I Ziff. 1 KO zu berichtigen.

---

[14] Vgl. *Oehmann*, DB 1957, S. 946; anders *Schatter*, S. 217; *Dersch*, Die Urlaubsgesetze, Anm. 106 a; *Gros*, Urlaub X D.

[15] BGBl I 1974, S. 1481.

[16] Vgl. oben 8.1.2.

8.2. Der Abgeltungsanspruch im Vergleichsverfahren über das Vermögen des Arbeitgebers

Mit dem Abgeltungsanspruch nimmt ein Arbeitnehmer am Vergleichsverfahren über das Vermögen seines Arbeitgebers nur dann teil, wenn das Arbeitsverhältnis mehr als zwölf Monate vor Eröffnung des Vergleichsverfahrens beendet worden ist. Ist das Arbeitsverhältnis nach Eröffnung des Vergleichsverfahrens beendet worden, so folgt aus § 29/I VerglO, daß der Arbeitnehmer nicht Vergleichsgläubiger ist. Das Gleiche ergibt sich aus § 26/II/2 VerglO[17], 59/I Ziff. 3 KO für den Fall der Beendigung des Arbeitsverhältnisses innerhalb eines Zeitraums von sechs Monaten vor Eröffnung des Vergleichsverfahrens, aus § 26/I VerglO, 61/I Ziff. 1 a KO für den Fall der Beendigung des Arbeitsverhältnisses innerhalb eines Zeitraums von mindestens sechs und höchstens zwölf Monaten vor Eröffnung des Vergleichsverfahrens.

---

[17] § 26/II/2 ist in die Vergleichsordnung eingefügt worden durch Artikel 2 § 2 Ziff. 1 des Gesetzes über Konkursausfallgeld (Drittes Gesetz zur Änderung des Arbeitsförderungsgesetzes) vom 17. 7. 1974 — BGBl. 1974 I S. 1481.

9. Die steuerrechtliche Behandlung des Abgeltungsanspruchs

Unbestritten ist die Pflicht zur Entrichtung von Lohn- oder Einkommensteuer für Urlaubsabgeltungszahlungen[1]. Nach § 2/I Lohnsteuerdurchführungsverordnung zählen zum Arbeitslohn alle Einnahmen, die dem Arbeitnehmer aus dem Dienstverhältnis oder einem früheren Dienstverhältnis zufließen, gleichgültig, ob es sich um eine laufende oder eine einmalige Einnahme handelt. Unter den so definierten Einnahmebegriff des Lohn- und Einkommensteuerrechts fällt auch die Urlaubsabgeltung.

Die Berechnung der Besteuerung der Abgeltungszahlung ergibt sich aus § 35/I Lohnsteuerdurchführungsverordnung. Danach ist die Lohnsteuer für Abgeltungszahlungen mit dem Unterschiedsbetrag zu erheben, der sich bei Anwendung der Jahreslohnsteuertabelle auf die Bemessungsgrundlage zuzüglich der Abgeltungszahlung und auf die Bemessungsgrundlage ohne die Abgeltungszahlung ergibt.

---

[1] Vgl. etwa *Dersch / Neumann*, § 7, Anm. 90 a; *Boldt / Röhsler*, § 7, Anm. 83; *Stahlhacke*, § 7, Anm. 64; *Kammann / Ziepke / Weinspach*, Bundesurlaubsgesetz, 2. Aufl., Wuppertal 1969, § 7, Anm. 41.

10. Beitragspflicht zur Sozialversicherung für Urlaubsabgeltungszahlungen?

Lange Zeit stark umstritten war die Frage der Beitragspflicht zur Sozialversicherung für Urlaubsabgeltungszahlungen. Die Beitragspflicht wurde zum Teil abgelehnt mit der Begründung, die Urlaubsabgeltung stelle kein Entgelt dar[1]. Zum Teil wurde die Entgelteigenschaft der Urlaubsabgeltung im Sinne der Reichsversicherungsordnung anerkannt, jedoch argumentiert, die Zahlung des Abgeltungsbetrags erfolge meist nicht während eines bestehenden Arbeitsverhältnisses, vielmehr werde die Abgeltung nach Beendigung des Arbeitsverhältnisses ausbezahlt. Das Bestehen eines Beschäftigungsverhältnisses sei jedoch Voraussetzung für die Beitragspflicht nach § 160 RVO[2].

Ausgangspunkt für die Beurteilung der Frage, welche Bezüge aus einem Arbeitsverhältnis der Beitragspflicht zur Sozialversicherung unterfallen, ist § 160 RVO. Durch § 19 der Zweiten Verordnung über die Vereinfachung des Lohnabzugs vom 24. 4. 1942[3] wurde bestimmt, daß die gesetzlichen Lohnabzüge grundsätzlich von der gleichen Bemessungsgrundlage aus zu berechnen sind. Reichsfinanzminister und Reichsarbeitsminister wurden ermächtigt, die erforderlichen Anordnungen zu erlassen. § 19 der Zweiten Lohnabzugsverordnung ist noch heute in Kraft[4].

1 Vgl. Entscheidung des Bayerischen Landesversicherungsamts vom 21. 12. 1950 — Nr. Kr 39/50 —, BB 1951, S. 226; Sozialgericht Koblenz, BB 1954, S. 873; Entscheidung des Oberversicherungsamts Dortmund vom 21. 1. 1953 — KraB 30/51, BB 1953, S. 681; vgl. auch *Haberkorn*, Kurt, Zum Begriff Arbeitsentgelt im Sinne der Reichsversicherungsordnung, Mensch und Arbeit 1963, S. 85 ff., S. 87 mit weiteren Nachweisen.

2 Vgl. *Hohn*, Die Urlaubsabgeltung und ihre Steuer- und Sozialversicherungspflicht, DB 1964, S. 263 f. unter Hinweis auf den Erlaß des Bundesministeriums für Arbeit und Sozialordnung vom 24. 6. 1959 — VIa 1 — 4021 — 2 — 1445/59, DB 1959, S. 1032; Bescheid des Bundesministers für Arbeit und Sozialordnung vom 15. 5. 63; Erlaß des Präsidenten der Bundesanstalt AVAV vom 10. 12. 1957 — Dienstbl. 356/57, 6.4; vgl. auch *Böhner*, Hans, Die Problematik der Urlaubsabgeltung in der Sozialversicherung, DB 1960, S. 385 f.; *Haberkorn*, Kurt, Entspricht das Arbeitsentgelt im lohnsteuerrechtlichen Sinne dem Entgelt im Sinne von § 160 RVO, Die Sozialversicherung, 1963, S. 214 f.

3 RGBl 1942 I, S. 252.

4 Vgl. Bundessozialgericht, Sozialrechtliche Entscheidungssammlung, § 160 RVO, Nr. 2; Landessozialgericht Nordrhein-Westfalen, Sozialrechtliche Entscheidungssammlung, § 160 RVO, Nr. 13.

In Ausführung der Ermächtigung aus § 19 der Zweiten Lohnabzugsverordnung haben der Reichsfinanzminister und der Reichsarbeitsminister in dem gemeinsamen Erlaß vom 10. 9. 1944[5] bestimmt, daß die Beiträge zur Sozialversicherung grundsätzlich von dem Betrag zu berechnen sind, der für die Berechnung der Lohnsteuer maßgebend ist. Der sozialversicherungsrechtliche Entgeltbegriff ist somit grundsätzlich dem lohnsteuerrechtlichen Entgeltbegriff gleichgestellt[6]. Der gemeinsame Erlaß sieht jedoch vor, daß für die Beiträge zur Sozialversicherung außer Ansatz bleiben „Bezüge, die mit festen Steuersätzen des § 30 der Lohnsteuerdurchführungsbestimmungen 1939 versteuert werden". Zu diesen Bezügen rechnet der gemeinsame Erlaß in Ziff. 4 Bezüge die ihrem Wesen nach nicht zum laufenden Arbeitslohn gehören, also auch Urlaubsabgeltungen.

Durch das Inkrafttreten des Kontrollratsgesetzes Nr. 12 vom 11. 2. 1946[7] wurde § 40 Einkommensteuergesetz und damit § 35 der Lohnsteuerdurchführungsbestimmungen aufgehoben; die Besteuerung nach festen Steuersätzen war beseitigt.

Für die Anwendung der Ausnahmevorschriften des Absatzes 1 Ziff. 5 des Gemeinsamen Erlasses auf die Urlaubsabgeltung besteht seither kein Anlaß mehr. Die jetzige Besteuerung nach § 35 Lohnsteuerdurchführungsverordnung hat mit der Besteuerung nach festen Steuersätzen im Sinne des § 35 der Lohnsteuerdurchführungsbestimmungen 1939 nichts mehr gemein. Lohnsteuerabzugsverordnung und Gemeinsamer Erlaß hatten den Zweck der Vereinfachung der gesamten Abzüge vom Arbeitsentgelt. Die Ziffern 1 - 5 des Absatzes 1 des Gemeinsamen Erlasses tragen Ausnahmecharakter, da der gemeinsame Entgeltbegriff für alle Lohnabzüge verlassen wird. Aus diesem Ausnahmecharakter resultiert das Gebot einschränkender Auslegung.

Einmalige Abgeltungszahlungen werden nach dem jetzt gültigen Lohnsteuerrecht nicht mehr mit festen Sätzen besteuert; vielmehr erfolgt die Besteuerung nach § 35 Lohnsteuerdurchführungsverordnung durch Ermittlung des Unterschiedsbetrags bei Anwendung der Jahreslohnsteuertabelle auf die Bemessungsgrundlage ohne den sonstigen Bezug. Eine Besteuerung der Abgeltungszahlung mit festen Steuersätzen erfolgt sonach nicht; der Ausnahmetatbestand des Absatzes 1 Ziff. 5 des Gemeinsamen Erlasses des Reichsfinanzministers und des Reichsarbeitsministers vom 10. 9. 1944 kann nicht angewendet werden. Es verbleibt beim Grundsatz des Gemeinsamen Erlasses; Abgeltungszahlungen sind Entgelt im Sinne des § 160 RVO.

---

[5] Reichssteuerblatt 1944 I, S. 580 ff.

[6] Vgl. *Haberkorn,* Kurt, Begriffe des Arbeitsentgelts, insbesondere nach dem Lohnfortzahlungsgesetz, Mensch und Arbeit 1962, S. 285 ff.

[7] Steuer- und Zollblatt 1946, S. 2.

Unerheblich ist, ob die Abgeltung während des Bestehens des Arbeitsverhältnisses oder nach Beendigung des Arbeitsverhältnisses ausbezahlt wird[8]. Aus der Vorschrift des § 160/III RVO läßt sich nichts Gegenteiliges entnehmen. Diese Vorschrift regelt lediglich eine Frage der Berechnung des Sozialversicherungsbeitrags, bestimmt jedoch nicht Voraussetzungen des Entstehens der Beitragspflicht. Das Erfordernis des Bestehens eines Arbeitsverhältnisses in § 160/III RVO kann nur dahin verstanden werden, daß im Rahmen des Bestehens eines Arbeitsverhältnisses ein Anspruch auf Entgeltzahlung entstanden sein muß. In welchem Zeitpunkt der Anspruch erfüllt wird, ist belanglos. Gehaltsnachzahlungen nach Beendigung des Arbeitsverhältnisses beispielsweise unterliegen unbestritten der Beitragspflicht zur Sozialversicherung. In jüngerer Zeit beginnt sich zu Recht die Auffassung von der Beitragspflicht zur Sozialversicherung für Abgeltungszahlungen durchzusetzen[9].

Umstritten ist jedoch nach wie vor die Frage der Beitragspflicht zur Sozialversicherung für Abgeltungszahlungen dann, wenn die Abgeltung während einer Zeit erfolgt, in der der Arbeitnehmer arbeitsunfähig ist. Für Beitragsfreiheit in diesem Fall haben sich insbesondere Figge[10] und Schneider[11] ausgesprochen.

Diese Ansicht ist abzulehnen. § 383/1 RVO[12], auf den vor allem Figge seine Auffassung stützt, will Bezüge von der Beitragspflicht freistellen, die für die Zeit der Arbeitsunfähigkeit bezahlt werden[13]. Die Urlaubs-

---

[8] Vgl. zu der insoweit gleichliegenden Frage des Entstehens der Lohnsteuerpflicht *Gaul*, Dieter, Der Arbeitslohn in steuerrechtlicher und arbeitsrechtlicher Wertung, in: Von der Auslegung und Anwendung der Steuergesetze, herausgegeben von Günther Felix, Stuttgart 1958, S. 223 ff., S. 241.

[9] Vgl. BAG, AP Nr. 1, 2 zu § 160 RVO; LSG Essen, BB 1955, S. 1061; LSG Darmstadt, BB 1960, S. 1206 f.; SG Düsseldorf, BB 1955, S. 703; Obervers.-Amt Hamburg, Entscheidung vom 31. 7. 1953, BB 1953, S. 861; *Boldt / Röhsler*, § 7, Anm. 84; *Dersch / Neumann*, § 7, Anm. 92; *Stahlhacke*, § 7, Anm. 66; *Figge*, Gustav, Die Beitragsberechnung für Urlaubsabgeltungen, BB 1967, S. 677 f., anders jedoch für den Fall der Arbeitsunfähigkeit; *Haberkorn*, Kurt, Lohnsteuerrechtliche und sozialversicherungsrechtliche Behandlung von Urlaubsabgeltungen, RdA 1965, S. 455 ff.; *Schneider*, Heinz, Die sozialversicherungsrechtliche Behandlung von Urlaubsabgeltungen, DB 1967, S. 1137; *Weber*, Hans-Günther, Beitragspflicht für Urlaubsabgeltungen in der Sozialversicherung, BB 1957, S. 1074 f.; anders dagegen noch SG Koblenz, BB 1954, S. 873; Bescheid des bayerischen Ministers für Arbeit vom 11. 2. 1954 — IV 4729/2/54, BB 1954, S. 261; Bayerisches Landesversicherungsamt, Entscheidung vom 21. 12. 1950 — Nr. Kr 39/50, BB 1953, S. 226; *Böhner*, S. 385 f.; *Töns*, Hans, Urlaubsabgeltung in der Sozialversicherung, BB 1953, S. 281 f.

[10] Vgl. *Figge*, S. 677 f., der sich zu Unrecht auf die Entscheidung BSGE 24, S. 64 ff. beruft.

[11] Vgl. *Schneider*, S. 1137; dagegen *Dersch / Neumann*, § 7, Anm. 92; unentschieden *Stahlhacke*, § 7, Anm. 67.

[12] In der Fassung des Gesetzes über die Angleichung der Leistungen der Rehabilitation vom 7. 8. 1974 — BGBl 1974 I, S. 1881.

[13] Vgl. BSGE 24, S. 64 f.

abgeltung wird jedoch gerade nicht für die Zeit der Arbeitsunfähigkeit gewährt; die Abgeltung soll vielmehr dazu dienen, dem Arbeitnehmer Erholung zu ermöglichen; Gelegenheit zur Erholung besteht jedoch — wie sich aus § 9 BUrlG ergibt — nach Auffassung des Gesetzgebers während der Zeit der Arbeitsunfähigkeit nicht. Die Urlaubsabgeltung stellt keinen Bezug für die Zeit der Arbeitsunfähigkeit dar, sondern für eine nach Beendigung der Arbeitsunfähigkeit liegende Zeit. Die Ausnahmevorschrift des § 381/1 RVO kann nicht angewendet werden; es verbleibt beim allgemeinen Grundsatz der Beitragspflicht.

Die Befürworter der Beitragsfreiheit übersehen im übrigen, daß aufgrund des gemeinsamen Erlasses des Reichsfinanzministers und des Reichsarbeitsministers vom 10. 9. 1944 die Urlaubsabgeltung als Entgelt im Sinne des Sozialversicherungsrechts anzusehen ist. Die Beitragspflicht für Abgeltungszahlungen ergibt sich daher auch aus § 160/I/2 RVO.

Auch während der Dauer der Zahlung von Mutterschaftsgeld gewährte Abgeltungszahlungen unterliegen der Beitragspflicht. Für während dieser Zeit erfolgte Zahlungen bestimmt zwar § 383/2 RVO, daß Beiträge nicht zu entrichten sind, solange Mutterschaftsgeld bezahlt wird. Die Zahlung von Urlaubsabgeltungen erfolgt jedoch für die Zeit nach der Zahlung von Mutterschaftsgeld[14]. Mit der Abgeltungszahlung soll nicht die Zeit der Zahlung von Mutterschaftsgeld in irgendeiner Weise finanziell aufgebessert werden, vielmehr soll die Arbeitnehmerin aus der Abgeltung nach Beendigung der Mutterschutzfristen einen Urlaub finanzieren können.

---

[14] Anders zu Unrecht *Figge*, S. 678.

11. Urlaubsabgeltung und Arbeitslosengeld

Umstritten war lange Zeit die Frage, ob Arbeitslosengeld zu gewähren ist, wenn dem Arbeitnehmer bei Beendigung des Arbeitsverhältnisses eine Urlaubsabgeltung bezahlt wurde. Überwiegend wurde die Auffassung vertreten, daß für den Zeitraum, für den der Arbeitnehmer Abgeltung erhalte, Anspruch auf Arbeitslosengeld nicht bestehe[1].

§ 117 des Arbeitsförderungsgesetzes vom 25. 6. 1969[2] hat die Streitfrage in dem Sinne entschieden, daß die Zahlung einer Urlaubsabgeltung den Anspruch auf Arbeitslosengeld nicht beeinflußt. Der Gesetzgeber hielt die Anrechnung der Abgeltung auf das Arbeitslosengeld sozialpolitisch nicht für vertretbar[3]. Der Arbeitnehmer soll — nicht zuletzt aus arbeitsmedizinischen Gesichtspunkten — die Möglichkeit haben, den Urlaub in einer für ihn und seine Familie günstigeren Zeit als gerade während der Arbeitslosigkeit anzutreten[4]. § 117 des Arbeitsförderungsgesetzes sieht daher lediglich die Anrechnung von Abfindungen, Entschädigungen oder ähnlichen Leistungen wegen der Beendigung des Arbeitsverhältnisses vor.

Die Regelung des Arbeitsförderungsgesetzes ist zu begrüßen, da die Anrechnung der Abgeltung insbesondere dem Urlaubszweck der Schaffung eines Raums der Selbstbestimmung widerspräche, weil der Arbeitnehmer die Urlaubsabgeltung für die Zeit unmittelbar nach Beendigung des Arbeitsverhältnisses verwenden müßte, die möglicherweise seinen Urlaubsplänen in keiner Weise entspricht, und während der er sich in der Regel um einen neuen Arbeitsplatz bemühen will.

---

[1] Vgl. *Borrmann*, Kommentar, § 7, Anm. 27; *Boldt / Röhsler*, § 7, Anm. 85; *Natzel*, § 7, Anm. 98; a. A. etwa *Hohn*, DB 1964, S. 264.

[2] BGBl 1969 I, S. 582 f.

[3] Vgl. Bericht des Ausschusses für Arbeit, Drucksachen des Deutschen Bundestages, 5. Wahlperiode, V/4110, S. 20; zustimmend Bundesanstalt für Arbeit in einer Mitteilung, DB 1970, S. 704.

[4] Vgl. *Dersch / Neumann*, § 7, Anm. 90; *Neumann*, AuR 1971, S. 109; a. A *Stahlhacke*, § 7, Anm. 68 ohne Berücksichtigung der Gesetzesmaterialien.

12. Ergebnisse

Der Urlaubsanspruch ist ein entgeltlicher Anspruch des Arbeitnehmers, der jedoch nicht im synallagmatischen Verhältnis zum Anspruch des Arbeitgebers auf Arbeitsleistung steht. Der Urlaubsabgeltungsanspruch surrogiert den Naturalurlaubsanspruch.

Der Abgeltungsanspruch verfolgt zwei Zwecke: Der Arbeitnehmer soll die Möglichkeit haben, sich Freizeit zur Erholung und zur Selbstbestimmung unter Aufrechterhaltung des Lebensstandards zu verschaffen. Der Abgeltungsanspruch ist ein Schutzanspruch mit angestaffeltem Austauschzweck.

Ein Abgeltungsanspruch entsteht dann, wenn im Zeitpunkt der Beendigung des Arbeitsverhältnisses der Arbeitnehmer einen Anspruch auf Naturalurlaub hatte, und wenn sachliche Gründe dafür bestanden, daß der Arbeitnehmer den Naturalurlaubsanspruch nicht vor Beendigung des Arbeitsverhältnisses realisierte. Die Beendigung des Arbeitsverhältnisses ist unabdingbare Voraussetzung des Entstehens eines Abgeltungsanspruchs; ist das Arbeitsverhältnis nicht beendet, kann ein Abgeltungsanspruch nicht entstehen.

Scheidet der Arbeitnehmer aus seinem Arbeitsverhältnis aus, so steht es ihm frei, ob er den Abgeltungsanspruch gegen den alten Arbeitgeber geltend macht, oder ob er von dem neuen Arbeitgeber Naturalurlaub, gegebenenfalls Urlaubsabgeltung fordert. Die Verpflichtung des alten Arbeitgebers zur Abgeltung des Urlaubsanspruchs aus einem Urlaubsjahr und die Verpflichtung des neuen Arbeitgebers zur Gewährung von Naturalurlaub oder Urlaubsabgeltung für dasselbe Urlaubsjahr bilden eine Gesamtschuld; nach § 426/I/1 BGB findet zwischen den Arbeitgebern ein Ausgleich nach dem Verhältnis der Dauer des Arbeitgeberverhältnisses bei jedem Arbeitgeber statt. Die Höhe des Abgeltungsanspruchs errechnet sich nach § 11 BUrlG. Für den Fall, daß der Urlaubsanspruch nach Werktagen bemessen ist, der Arbeitnehmer jedoch nur fünf Tage in der Woche arbeitet, fordert das Lebensstandardprinzip, daß der auf jeden Urlaubstag entfallende Abgeltungsbetrag für die durch sechs teilbaren Urlaubstage nach dem Sechstelungsprinzip, für die übrigen Urlaubstage nach dem Fünftelungsprinzip errechnet wird.

Ein Anspruch auf Abgeltung besteht auch für Bruchteile von Urlaubstagen.

Die zivilrechtliche Behandlung des Abgeltungsanspruchs ist durch die Zweckbindung des Anspruchs geprägt. Da die Zweckbindung nicht dahin geht, daß der gesamte Abgeltungsbetrag zur Erholung und zur Schaffung eines Raums der Selbstbestimmung verwendet werden soll, vielmehr dem Arbeitnehmer nur die Möglichkeit gegeben werden soll, sich Freizeit unter Aufrechterhaltung seines Lebensstandards zu verschaffen, entspricht die zivilrechtliche Behandlung des Abgeltungsanspruchs hinsichtlich der Pfändbarkeit, Verpfändbarkeit, Aufrechenbarkeit und der Geltendmachung eines Zurückbehaltungsrechts gegen den Abgeltungsanspruch der Behandlung des Lohn- und Gehaltsanspruchs. Im Gegensatz zum Lohn- und Gehaltsanspruch ist jedoch der Abgeltungsanspruch aufgrund seiner Zweckbindung nicht vererblich. Ein Erlaßvertrag über den Abgeltungsanspruch kann aufgrund des Unabdingbarkeitsgrundsatzes erst nach Beendigung des Arbeitsverhältnisses geschlossen werden.

Der Unabdingbarkeitsgrundsatz beschränkt nur die Verfügungsmöglichkeiten über den Abgeltungsanspruch; Beschränkungen des Anspruchs durch das objektive Recht infolge der Anwendung der Grundsätze der Verwirkung oder des Rechtsmißbrauchsverbots werden durch die Unabdingbarkeit nicht ausgeschlossen.

Ausschlußfristen für den Abgeltungsanspruch in Tarifverträgen sind zulässig, da die Unabdingbarkeit nur die in §§ 1 - 3/I BUrlG geregelten Prinzipien erfaßt; die Dauer der Möglichkeit, den Abgeltungsanspruch geltend zu machen, ist in diesen Bestimmungen nicht geregelt.

Die Behandlung des Abgeltungsanspruchs im Konkurs- oder Vergleichsverfahren über das Vermögen des Arbeitgebers ist dadurch geprägt, daß der Abgeltungsanspruch im Zeitpunkt der Beendigung des Arbeitsverhältnisses entsteht und nicht einer bestimmten Arbeitsleistung zugeordnet werden kann. Endet das Arbeitsverhältnis nach Eröffnung des Konkursverfahrens, so ist der Abgeltungsanspruch Masseschuld unabhängig davon, ob Abgeltung für die Zeiträume gefordert wird, die vor Konkurseröffnung liegen. Die Einordnung des Abgeltungsanspruchs als Masseschuld, bevorrechtigte oder gewöhnliche Konkursforderung bestimmt sich nach dem Zeitpunkt der Beendigung des Arbeitsverhältnisses.

Ob der Arbeitnehmer wegen des Abgeltungsanspruchs Konkursausfallgeld beanspruchen kann, bestimmt sich danach, ob das Arbeitsverhältnis innerhalb der durch § 141 b/III des Arbeitsförderungsgesetzes gezogenen Grenzen beendet worden ist. Am Vergleichsverfahren über das Vermögen des Arbeitgebers nimmt der Arbeitnehmer mit seinem Abgeltungsanspruch nur teil, wenn das Arbeitsverhältnis mindestens ein Jahr vor Eröffnung des Vergleichsverfahrens beendet worden ist.

Für Urlaubsabgeltungszahlungen sind Lohnsteuer und Beiträge zur Sozialversicherung zu entrichten. Auf das Arbeitslosengeld kann die Abgeltungszahlung aufgrund ihrer Zweckbestimmung nicht angerechnet werden.

Literaturverzeichnis

Ahlers, Heinrich: Der Erholungsurlaub des Arbeitnehmers, Diss. Göttingen 1933

Arnim, Hans-Herbert von: Die Verfallbarkeit von betrieblichen Ruhegeldanwartschaften, Heidelberg 1970

Bartsch, Robert: Arbeitsrecht, o. O., o. J.

Baumert, Georg: Konsequenzen eines Verstoßes gegen § 8 Bundesurlaubsgesetz, DB 1966, S. 1565 ff.

Beerweiler, Dietrich: Der Erholungsurlaub auf der Grundlage der landesrechtlichen Urlaubsgesetze, Diss. Heidelberg 1952

Beine: Die Vererblichkeit des Urlaubsanspruchs, DAR 1938, S. 25 ff.

Berndt, K.: Vom Sinn des Urlaubs, Arbeitsrecht 1932, Sp. 721 ff.

Berner, Wilhelm: Die Pfändbarkeit des Urlaubsentgelts, Der Deutsche Rechtspfleger 1960, S. 5 ff.

Biedenkopf, Kurt H.: Grenzen der Tarifautonomie, Karlsruhe 1964

Beuthien, Volker: Zweckerreichung und Zweckstörung im Schuldverhältnis, Tübingen 1969
(zit.: Beuthien, Zweckerreichung)

— Das fehlerhafte Arbeitsverhältnis als bürgerlich-rechtliches Abwicklungsproblem, RdA 1969, S. 161 ff.

Blens-Vandieken, Marianne: Der Anspruch auf Urlaubsabgeltung und die Voraussetzungen für dessen Verfall, BlStSozArbR 1965, S. 236 ff.

Bobrowski, Paul / *Gaul,* Dieter: Das Arbeitsrecht im Betrieb, 6. Aufl., Heidelberg 1970

Bock, Johannes / *Speck,* Karl: Die Einkommenspfändung, Darmstadt o. J.

Böckel, Eberhard: Das Bundesurlaubsgesetz, BlStSozArbR 1963, S. 59 ff.

Bohn, A.: Pfändungsschutz für Lohn, Gehalt und sonstiges Arbeitseinkommen, 2. Band, Baden-Baden o. J.

Böhner, Hans: Die Problematik der Urlaubsabgeltung in der Sozialversicherung, DB 1960, S. 385 f.

Boewer, Dietrich: Die Abgeltung von 1/4 Urlaubstagen, AuR 1968, S. 325 ff.

Boldt, Gerhard: Probleme des Urlaubsrechts aus der Sicht des BAG, ZfA 1971, S. 1 ff.

Boldt, Gerhard / *Röhsler,* Waldemar: Mindesturlaubsgesetz für Arbeitnehmer (Bundesurlaubsgesetz), 2. Aufl., Köln, Berlin, Bonn, München 1968

Boldt, Gerhard / *Schlephorst,* Eberhard: Mindesturlaubsgesetz für Arbeitnehmer, Köln, Berlin, Bonn, München 1963

Bongartz, Albrecht: Rechtsnatur und Inhalt des Urlaubsanspruchs, insbesondere unter dem Aspekt einer anzustrebenden bundeseinheitlichen gesetzlichen Regelung, Diss. Bonn 1957

Bonner Kommentar: Kommentar zum Bonner Grundgesetz, bearbeitet von Abraham, H. J. u. a., Hamburg 1950 ff.

Borrmann, Karl: Kommentar zum Bundesurlaubsgesetz, Heidelberg 1963 (zit.: Borrmann, Kommentar)

— Der Anspruch auf Urlaubsabgeltung, DB 1955, S. 509 f.

Brandt, Ilse: Die Regelung des Erholungsurlaubs in den Tarifordnungen des Reichstreuhänders der Arbeit, Diss. Berlin 1937

Brodbeck, Peter: Urlaubsabgeltungsansprüche nach unwirksamer Kündigung und Suspendierung, BB 1969, S. 498

Bührig, Erich: Der Rechtscharakter des Urlaubsanspruchs, AuR 1954, S. 371 ff.

Dänzer-Vanotti: Der Urlaubsanspruch des Arbeitnehmers, NZfA 1929, Sp. 455 ff.

Dahns, Paul: Abtretung, Pfändung und Vererblichkeit des Urlaubsanspruchs, DB 1955, S. 604 ff.

Denecke, Johannes / *Monjau*, Herbert / *Neumann*, Dirk: Arbeitszeitordnung, 7. Aufl., München 1970

Dersch, Hermann: Die Urlaubsgesetze, München und Berlin 1954

— Leitfaden des Arbeitsrechts, Bad Godesberg 1960

— Grundfragen des Urlaubsrechts, RdA 1960, S. 9 ff.

— Die Entwicklung des Urlaubsrechts in der Rechtsprechung in grundsätzlichen Fragen, RdA 1959, S. 328 ff.

— Zum Problem einer bundesgesetzlichen Regelung des Urlaubsrechts, RdA 1960, S. 1 ff.

Dersch, Hermann / *Neumann*, Dirk: Bundesurlaubsgesetz, 4. Aufl., München 1971

Diekhoff, Ludwig: Besteht ein Urlaubsanspruch bei fristloser Entlassung oder Vertragsbruch des Arbeitnehmers?, BB 1960, S. 598 ff.

— Zum Urlaubsanspruch bei fristloser Entlassung des Arbeitnehmers, BB 1960, S. 1019

— Fürsorgepflicht und Urlaub, Arbeits- und Sozialrecht 1960, S. 196 f.

— Der Urlaubsanspruch beim Betriebswechsel, DB 1962, S. 1047 ff.

— Urlaubsabgeltung bei Vertragsbruch des Arbeitnehmers, BB 1963, S. 438 f.

— Der Urlaubsanspruch bei Arbeitsplatzwechsel nach dem Bundesurlaubsgesetz, BB 1963, S. 1258 f.

— Zulässigkeit tariflicher Verfallfristen für unabdingbare gesetzliche Urlaubsansprüche, BB 1967, S. 1082

Dirr, Helmut: Probleme des Urlaubsrechts, Diss. München 1968

Dissinger, A.: Die Regelung des Urlaubs, Berlin 1933

— Gilt der Urlaub für das laufende oder das vergangene Jahr?, NZfA 1926, S. 595 ff.

Eckert, J.: Sozialversicherungsgesetze, Band I, München und Berlin 1965

Edelmann, Klaus: Das Verbot der dem Urlaubszweck widersprechenden Erwerbstätigkeit nach dem § 8 Bundesurlaubsgesetz, Diss. Frankfurt 1970

Ehmann, Horst: Die Gesamtschuld. Versuch einer begrifflichen Erfassung in drei Typen, Berlin 1972

Endemann, Helmut: Die Grenzen des Verbots einer Verwirkung von Tarifansprüchen, AuR 1955, S. 106 ff.

Enneccerus, Ludwig / *Lehmann*, Heinrich: Recht der Schuldverhältnisse, 15. Bearbeitung, Tübingen 1958

Enneccerus, Ludwig / *Nipperdey*, Hans Carl: Allgemeiner Teil des Bürgerlichen Rechts, 15. Aufl., Tübingen 1959/1960

Erman: Handkommentar zum Bürgerlichen Gesetzbuch, 5. Aufl., Münster 1972

Fauth, Werner: Arbeitszeitrecht, Heidelberg 1963

Figge, Gustav: Die Beitragsberechnung für Urlaubsabgeltungen, BB 1967, S. 677 ff.

Fikentscher, Wolfgang: Schuldrecht, 4. Aufl., Berlin, New York 1973

Folger, Erwin: Vererblichkeit der Urlaubsabgeltung, AuR 1955, S. 26 ff.

Forster, Karl: Freizeit, Persönlichkeit und Kultur, in: Arbeitszeit und Freizeit, Nürnberger Abhandlungen zu den Wirtschafts- und Sozialwissenschaften, Heft 15, Berlin 1961, S. 207 ff.

Frey, Erich: Rechtsprobleme der Fünftagewoche, BB 1958, S. 1172 ff.

— Urlaub bei fristloser Entlassung, RdA 1951, S. 377 ff.

— Zwei Jahre Bundesurlaubsgesetz im Spiegel der Rechtsprechung, AuR 1965, S. 70 ff.

— Das Recht der Überstunden, Beilage Nr. 2 zu DB 1966

Friese, Victor: Der Einfluß des Todes der Vertragskontrahenten auf das Arbeitsrecht, JW 1931, S. 1220 ff.

Gamillscheg, Franz: Gedanken zur Rechtsfindung im Arbeitsrecht, dargestellt an Beispielen aus der Rechtsprechung des Bundesarbeitsgerichts, in: Festschrift für Hans Schmitz, Band I, Wien, München 1967, S. 68 f.

Gaul, Dieter: Der Arbeitslohn in steuerrechtlicher und arbeitsrechtlicher Wertung, in: Von der Auslegung und Anwendung der Steuergesetze, herausgegeben von Günther Felix, Stuttgart 1958, S. 223 ff.

— Tarifliche Ausschlußfristen. Bedeutung und Verhältnis zur Verjährung und Verwirkung, Heidelberg 1964
(zit.: Gaul, Tarifliche Ausschlußfristen)

Gaul, Dieter / *Boewer*, Dietrich: Probleme des Urlaubsrechts, München 1966

Gelder, Alfons van: Teilurlaub und „Ganztagsprinzip“, AuR 1970, S. 267 ff.

Gelder, Alfons van / *Böttner*, Walter: Bruchteile von Urlaubstagen und ihre Abgeltung, AuR 1969, S. 321 ff.

Gierke, Otto von: Die Wurzeln des Dienstvertrags, in: Festschrift für Heinrich Brunner, München, Leipzig 1914, S. 37 ff.

Görner, Willy: Die Urlaubsabgeltung, DB 1959, S. 830

Gramm, Hans: Zum Gesamthafenbetrieb, RdA 1958, S. 330 ff.

Gros: Die Durchsetzung des Urlaubsanspruchs, AR-Blattei D Urlaub

Grunsky, Wolfgang: Aktuelle Probleme zum Begriff des Vermögensschadens, Bad Homburg vor der Höhe, Berlin, Zürich 1968
(zit.: Grunsky, Probleme)

Grunsky, Wolfgang: Der Entzug eines vertraglichen Ruhegeldanspruchs nach Beendigung des Arbeitsverhältnisses, JuS 1970, S. 16 ff.

Güntner, Hans: Die Problematik der Urlaubsanrechnung, Rechtsformen und Rechtscharakter des Urlaubs, AuR 1963, S. 77 ff.

Gumpert, Jobst: Bezahlung von Mehrarbeit und Überstunden, BB 1961, S. 487 ff.

— Berechnung des Urlaubsentgeltes bei Fünf-Tage-Wochen, BB 1963, S. 228 ff.

— Anspruch auf Teilurlaub und auf vollen Urlaub, BB 1966, S. 539 ff.

Haberkorn, Kurt: Begriffe des Arbeitsentgelts, insbesondere nach dem Lohnfortzahlungsgesetz, Mensch und Arbeit 1962, S. 285 ff.

— Zum Begriff Arbeitsentgelt im Sinne der Reichsversicherungsordnung, Mensch und Arbeit 1963, S. 85 ff.

— Entspricht das Arbeitsentgelt im lohnsteuerrechtlichen Sinne dem Entgelt im Sinne von § 160 RVO, Die Sozialversicherung 1963, S. 214 f.

— Lohnsteuerrechtliche und sozialversicherungsrechtliche Behandlung von Urlaubsabgeltungen, RdA 1965, S. 455 ff.

Hässler, Manfred: Bundesurlaubsgesetz, AuR 1963, S. 215 ff.

Hausen, Egon: Der Verzichtsvergleich des § 4 Absatz 4 Satz 1 des Tarifvertragsgesetzes, Diss. Köln 1970

Hecklinger, Roland: Die normative Kraft der grundgesetzlichen Sozialstaatsklausel in ihrer Bedeutung für das moderne Arbeitsrecht, Diss. Freiburg i. Br. 1960

Heimeier, W.: Der Erholungsurlaub des Arbeitnehmers, Beilage 11 zu DB 1954

Heldrich, Andreas: Vergeudung von Arbeitszeit als Vermögensschaden, NJW 1967, S. 1737 ff.

Herbst, Fritz: Der Urlaub, Stuttgart 1964

Herold, Georg: Der Erholungsurlaub des Arbeitnehmers, Diss. Erlangen 1929

Herschel, Wilhelm: Die tarifvertragliche Verzichtsausschlußklausel, Erfurt 1933

— Negative Regelung in Betriebs- und Tarifordnung und arbeitsvertragliche Ausschlußfrist, DAR 1935, S. 277 ff.

— Mittelbare Probleme der Arbeitszeitverkürzung, in: Arbeitszeit und Freizeit, Nürnberger Abhandlungen zu den Wirtschafts- und Sozialwissenschaften, Heft 15, Berlin 1961, S. 169 ff.
(zit.: Herschel, Probleme)

Hessel, Philipp: Sind die Urlaubsgesetze der Länder Hamburg und Württemberg-Baden grundgesetzwidrig?, AuR 1956, S. 267 ff.

— Krankheit und Urlaub. Bemerkungen zur Rechtsprechung des Bundesarbeitsgerichts, BB 1956, S. 893 ff.

— Urlaubsanspruch bei Erholungsbedürftigkeit auch ohne Arbeitsleistung im Urlaubsjahr?, BB 1963, S. 141 f.

Hilger, Marie-Luise: Das betriebliche Ruhegeld, Heidelberg 1959

Hinrichs, Hans F.: Der Einwand der unzulässigen Rechtsausübung gegenüber tariflichen Lohnrechten, Diss. Göttingen 1958

Hinz, Manfred O.: Die zwingende Wirkung der Tarifnormen und die Gestaltungsfreiheit im Arbeitsvertrag. Eine Untersuchung über die tarifvertragliche Vereinbarungsgewalt, Diss. Mainz 1966

Hohn, Hannsjosef: Pfändung, Aufrechnung und Abtretung bei Urlaubsansprüchen, BB 1965, S. 751 f.

— Die Urlaubsabgeltung und ihre Steuer- und Sozialversicherungspflicht, DB 1964, S. 263 f.

Hoppe, Günther: Das Urlaubsrecht im Blickpunkt, ArbuSozPol 1967, S. 297 ff.

Huber, Ernst Rudolf: Wirtschaftsverwaltungsrecht, Band II, 2. Aufl., Tübingen 1954

Hueck, Alfred: Der Sozialstaatsgedanke in der Rechtsprechung des Bundesarbeitsgerichts, in: Staat und Bürger, Festschrift für Willibalt Apelt zum 80. Geburtstag, München und Berlin 1958, S. 57 ff.

Hueck, Alfred / *Hueck*, Götz: Kündigungsschutzgesetz, 9. Aufl., München 1974

Hueck, Alfred / *Nipperdey*, Hans Carl: Lehrbuch des Arbeitsrechts, Band I, 7. Aufl., Berlin und Frankfurt 1963

Hunn, Felix: Heilverfahren ohne Arbeitsunfähigkeit und Urlaubsanrechnung, BB 1962, S. 300 ff.

— Der Urlaubsanspruch, AuR 1955, S. 301 ff.

Jäger, Carl Hellmut: Krankheit des Arbeitnehmers, 3. Aufl., Freiburg 1968

Jaeger, Ernst / *Lent*, Friedrich / *Weber*, Friedrich: Konkursordnung, 8. Aufl., Berlin 1955 ff.

Jaerisch: Tariflicher Ferienanspruch de lege lata, Gewerbe- und Kaufmannsgericht 1926, Sp. 106 ff.

Joachim, Hans G.: Die Einrede der Arglist gegenüber Tarifansprüchen, RdA 1954, S. 1 ff.

Joerges: Tariflohnverzicht und Tarifordnungssinn, DAR 1935, S. 256

Jung, Bert: Urlaubsübertragung, Abgeltung und tarifvertragliche Regelung, BB 1967, S. 961 f.

Kammann / Ziepke / Weinspach: Bundesurlaubsgesetz, 2. Aufl., Wuppertal 1969

Karakatsanis, Alexander: Die kollektivrechtliche Gestaltung des Arbeitsverhältnisses und ihre Grenzen, Heidelberg 1963

Kaskel, Walter / *Dersch*, Hermann: Arbeitsrecht, 5. Aufl., Berlin, Göttingen, Heidelberg 1957

Kast, Dietrich: Die Einrede des nichterfüllten Vertrags unter besonderer Berücksichtigung des Miet- und Dienstvertrags, Diss. Heidelberg 1973

Kleffel, Andreas: Urlaub im Seearbeitsrecht, Diss. Hamburg 1940

Klein, Paul: Die Urlaubsrechtsprechung des RAG, Diss. Köln 1933

Klein, Rüdiger: Die zeitliche Lage des Urlaubs, BB 1960, S. 251 ff.

— Urlaubsentgelt und Fünf-Tage-Woche — Eine Betrachtung zum Lohnausfallprinzip, BB 1960, S. 485 f.

— Urlaubsarbeit und Urlaubszweck, BB 1965, S. 712 ff.

Klemp, Herbert: Urlaub aus ärztlicher Sicht, Arbeits- und Sozialrecht 1960, S. 108 ff.

Klingelhöfer, Jakob: Das Urlaubsrecht im nationalsozialistischen Staat, dargestellt an Hand von Tarifordnungen, Diss. Marburg 1938

Klotz, Walter: Die Verzichtslehre im Urlaubsrecht, NZfA 1932, Sp. 555 ff.

— Urlaub als Anspruch, DAR 1935, S. 55 ff.

Koch, Jürgen R.: Fragen aus dem Urlaubsrecht, BB 1950, S. 510 ff.

Kocks, Heinrich: Der Urlaubsbegriff in der Rechtsprechung des Reichsarbeitsgerichts, NZfA 1932, Sp. 99 ff.

Kreller, Hans: Zum Entwurf eines Allgemeinen Arbeitsvertragsgesetzes, AcP Band 125, S. 89 ff.

Kreß, Hugo: Lehrbuch des Allgemeinen Schuldrechts, Unveränderter Nachdruck der Ausgabe München 1929, Aalen 1974
(zit.: Kreß, Allgemeiner Teil)

— Lehrbuch des Besonderen Schuldrechts, München und Berlin 1934
(zit.: Kreß, Besonderer Teil)

Kunze, Otto / *Farthmann*, Friedhelm: Der Urlaubsanspruch und seine Durchsetzung, BB 1962, S. 1163 ff.

Laden, Klaus von der: Die Bestimmung der Urlaubszeit nach dem Bundesurlaubsgesetz und dem Betriebsverfassungsgesetz, Berlin 1971

Lamsfuss, Winfried: Der Urlaubsausgleichsanspruch unter mehreren Arbeitgebern, Diss. Köln 1964

Larenz, Karl: Lehrbuch des Schuldrechts, Erster Band, Allgemeiner Teil, 10. Aufl., München 1970

Lemke, Bernhard: Sind die Leistungen des Arbeitgebers für betriebliche Versorgungseinrichtungen Arbeitslohn?, BB 1957, S. 512 ff.

Lenz, Karl: Der Urlaubsanspruch in der Rechtsprechung des Reichsarbeitsgerichts, Diss. Erlangen 1933

Liebrecht: Der Urlaub des Handlungsgehilfen, Jahrbuch der Berliner Kaufmannsgerichte 1912, S. 55 ff.

Linder, Karl-Heinz: Geltendmachung des Urlaubsanspruchs nach der Entlassung, Das Arbeitsgericht 1934, Sp. 206 ff.

Lörken, Helmut: Urlaub und Fünf-Tage-Woche, Diss. Köln 1967

Mälzig, A.: Der Erholungsurlaub des Arbeitnehmers, Diss. Freiburg i. Br. 1939

Mammey, Gotthold: Schadensersatz für entgangene Urlaubstage, NJW 1969, S. 1150 ff.

Mangoldt, Hermann: Das Bonner Grundgesetz, 2. Aufl., unveränderter Nachdruck, Berlin und Frankfurt 1966

Marschall von Bieberstein, Wolfgang Freiherr: Reflexschäden und Regreßrechte, Stuttgart, Berlin, Köln, Mainz 1967

Maser, Axel: Urlaub und Arbeitsbefreiung im Betrieb, Stuttgart, München, Hannover 1970

Maunz, Theodor / *Dürig*, Günter / *Herzog*, Roman: Grundgesetz, 3. Aufl., München und Berlin 1973 ff.

Maus, Wilhelm: Das deutsche Arbeits- und Sozialrecht, Bleckede 1948

— Urlaubsgesetz und Hausarbeitstag in Niedersachsen, Göttingen 1950

— Das neue Urlaubsrecht, Baden-Baden 1963

— Heimarbeitergesetz, 2. Aufl., München und Berlin 1962

Meisel, Peter G.: Die zeitliche Lage und Abwicklung des Urlaubs nach dem Bundesurlaubsgesetz, DB 1965, S. 896 ff., 931 ff.

— Die Behandlung von Einviertel-Urlaubstagen, DB 1971, S. 527 ff.

Meisel, Peter G.: Die Änderungen des Bundesurlaubsgesetzes durch das Heimarbeitsänderungsgesetz vom 29. 10. 1974, RdA 1975, S. 166 ff.

Mentzel, Franz / *Kuhn*, Georg: Kommentar zur Konkursordnung, 7. Aufl., Berlin und Frankfurt 1962

Mertens, Hans-Joachim: Der Begriff des Vermögensschadens im Bürgerlichen Recht, Stuttgart, Berlin, Köln, Mainz 1967

Mohrbutter, Jürgen: Handbuch des gesamten Vollstreckungs- und Insolvenzrechts, Köln, Berlin, Bonn, München 1965

Molitor, Erich: Zur Theorie des Urlaubs, in: Festschrift für Hans Carl Nipperdey zum 60. Geburtstag, München und Berlin 1955, S. 85 ff.

Molitor, Otto: Urlaubsentgelt und Urlaubsabgeltung, Diss. Mannheim 1953

Mugdan, B.: Die gesammten Materialien zum Bürgerlichen Gesetzbuch für das Deutsche Reich, herausgegeben und bearbeitet von B. Mugdan, 5 Bände, Berlin 1899

Müller, Gerhard: Der Gedanke des sozialen Staates in der bisherigen Rechtsprechung des Bundesarbeitsgerichts, DB 1956, S. 524 ff., 549 ff.

Muth, Werner: Probleme des Urlaubsrechts, BlStSozVersArbR 1954, S. 219 ff.

Natzel, Benno: Bundesurlaubsgesetz mit urlaubsgesetzlichen Sonderbestimmungen, Münster 1963

Neumann, Dirk: Probleme des Urlaubsrechts, DB 1957, S. 68 ff.

— Die Urlaubsabgeltung bei Wechsel des Arbeitsverhältnisses, AuR 1971, S. 107 ff.

Nikisch, Arthur: Der Urlaub des Arbeitnehmers, NZfA 1928, Sp. 133 ff.

— Zur Konstruktion des Urlaubsanspruchs, NZfA 1932, Sp. 563 ff.

— Probleme des Urlaubsrechts im Lichte der nationalsozialistischen Ordnung der Arbeit, ZAKDR 1938, S. 41 ff.

— Die sogenannte Urlaubszwölftelung, BB 1959, S. 120 ff.

Nipperdey, Hans Carl: Beiträge zum Tarifrecht, Mannheim, Berlin, Leipzig 1924

Oehmann, Werner: Urlaubsgewährung bei langanhaltender Krankheit, Arbeits- und Sozialrecht 1955, S. 82 f.

— Urlaub im Konkurs des Arbeitgebers, DB 1957, S. 946 ff.

Peters, Friedhelm: Der Urlaubsabgeltungsanspruch bei vom Arbeitnehmer verschuldeter Auflösung des Arbeitsverhältnisses, AuR 1963, S. 74 ff.

Peters, Karl: Zur Pfändbarkeit von Urlaubsentgelt, DB 1966, S. 1133 ff.

Philippsen, Hans Erik: Urlaub und fristlose Entlassung, AuR 1960, S. 129 ff.

Pick, Fritz / *Weigert*, M.: Die Praxis des Arbeitsrechts, 2. Aufl., Berlin 1928

Plett, E.: Die Rechtsform der Gesamthafenbetriebe, RdA 1955, S. 50 ff.

Quardt, Heinz: Die Urlaubsmarkenregelung in der Zwangsvollstreckung, BB 1958, S. 1212 f.

Rabel, Ernst: Ausbau oder Verwischung des Systems? Zwei praktische Fragen, in: Ernst Rabel, Gesammelte Aufsätze, herausgegeben von Hans G. Leser, Tübingen 1965, S. 309 ff.

Rappenecker, Otto: Tarifliche Verfallklauseln für gesetzliche Mindestansprüche, insbesondere für gesetzliche Mindesturlaubsansprüche, AuR 1967, S. 257 ff.

Rauscher, Bert: Die Pfändbarkeit von Urlaubsvergütung und Urlaubsabgeltung, MDR 1963, S. 11 ff.

Reichsgerichtsräte: Das Bürgerliche Gesetzbuch, Kommentar, herausgegeben von Reichsgerichtsräten und Bundesrichtern, 11. Aufl., Berlin 1959 ff.

Renner, Gerhard: Der Anspruch auf Urlaub im Arbeitsrecht, Diss. Göttingen 1938

Rewolle, Hans-Dietrich: Günstigkeitsklauseln in den Urlaubsgesetzen, DB 1950, S. 269

— Zum Begriff des Arbeitseinkommens im Bereich der Lohnpfändung, DB 1962, S. 936 ff.

— Die Rechtsstellung des Arbeitnehmers im Vergleichs- und Konkursverfahren, DB 1967, S. 1134 ff.

Reyer, Rudolf: Gratifikationen, Tantiemen, Sonderzulagen, Darmstadt 1972

Richardi, Reinhard: Ausschlußfristen bei unabdingbaren gesetzlichen Ansprüchen, insbesondere dem Urlaubsanspruch, RdA 1962, S. 62 ff.

Richter, Lutz: Grundverhältnisse des Arbeitsrechts, Berlin 1928

Richter, Bruno: Die Verwirkung von Urlaubsansprüchen nach bayer. Urlaubsrecht, RdA 1959, S. 127 ff.

Rieth, Kurt: Der Urlaub im Arbeitsrecht, Diss. Würzburg 1938

Röhsler, Waldemar: Die Arbeitszeit, Freiburg i. Br. 1973

Romatka, Ursula: Die Unabdingbarkeit nach bisherigem Urlaubsrecht und nach § 13 BUrlG, Diss. Köln 1966

Rothe, Hans: Die Barabgeltung von Urlaub, BlStSozVersArbR 1955, S. 266 ff.

— Ausschlußfristen im Urlaubsrecht, DB 1957, S. 481 f.

Rüthers, Bernd: Die unbegrenzte Auslegung. Zum Wandel der Privatrechtsordnung im Nationalsozialismus, Tübingen 1968

Säcker, Franz-Jürgen: Die Rechtsprechung des Bundesarbeitsgerichtes im Jahre 1969, JuRA 1970, S. 165 ff.

Sauer: Arbeitsaussetzung (Werksbeurlaubung), JW 1925, S. 220 f.

Savaète: Grundfragen des Arbeitsrechts, Schwenningen 1949

Schalhorn: Die Ansprüche des Arbeitnehmers bei Verweigerung zugesagten Erholungsurlaubs, Gewerbe- und Kaufmannsgericht Nr. 5, Sp. 163 ff.

Schatter, Hans: Der Urlaubsanspruch des Arbeitnehmers im Konkurs des Arbeitgebers, RdA 1953, S. 216 f.

Schaub, Günter: Arbeitsrechts-Handbuch. Systematische Darstellung und Nachschlagewerk für die Praxis, München 1972

Schaufuss, Werner: Streitfragen des Urlaubsrechts, Diss. Köln 1941

Schelp, Günther / *Herbst,* Fritz: Bundesurlaubsgesetz, Berlin, Frankfurt/M. 1963

Schelp, Günther: Urlaubsabgeltung bei verschuldeter fristloser Entlassung und bei Arbeitsvertragsbruch nach dem neuen Bundesurlaubsgesetz, AuR 1963, S. 74 ff.

Schelp, Günther / *Trieschmann,* Günther: Das Arbeitsverhältnis im Krankheitsfalle, Köln, Bonn, Berlin 1958
(zit.: Schelp / Trieschmann, Arbeitsverhältnis)

— Der Erholungsurlaub, BArbBl 1961, S. 43 ff.

Scheuner, Ulrich: Grundfragen des modernen Staates, in: Recht, Staat, Wirtschaft, Band 3, herausgegeben von Hermann Wandersleb, Düsseldorf 1951

Schlephorst, Eberhard: Die rechtliche Einordnung des Urlaubs, Diss. Kassel 1964

Schmelzer, Oskar: Urlaubsrecht. Grundriß und alphabetischer Leitfaden, 2. Auflage, Heidelberg 1963
(zit.: Schmelzer, Grundriß)

— Das Urlaubsrecht der Arbeitnehmer im öffentlichen Dienst, RdA 1970, S. 1 ff.

Schmidt, K. H.: Ansprüche nach der Urlaubsmarkenregelung im Baugewerbe, BB 1957, S. 825 ff.

Schmidt, Rudolf: Unechte Solidarität, in: IheringJB 72, S. 1 ff.

Schmidt-Rimpler, Walter: Die Gegenseitigkeit bei einseitig bedingten Verträgen insbesondere beim Versicherungsvertrag, Stuttgart 1968

Schneider, Heinz: Die sozialversicherungsrechtliche Behandlung von Urlaubsabgeltungen, DB 1967, S. 1137

Schnorr v. Carolsfeld, Ludwig: Arbeitsrecht, 2. Aufl., Göttingen 1954

— Probleme des internationalen Arbeitsrechts, RdA 1958, S. 201 ff.

Schönfelder, Hermann: Naturalurlaub durch Urlaubsaufrechnung, AuR 1961, S. 201 ff.

Schönke, Adolf / *Baur*, Fritz: Zwangsvollstreckungs-, Konkurs- und Vergleichsrecht, 9. Aufl., Karlsruhe 1974

Schulte-Langforth, Marie: Einzelfragen zum Jugendurlaub, DB 1965, S. 1361 ff.

Schumann, Hans-Heinrich: Das rechtsmißbräuchliche Urlaubsbegehren, AuR 1970, S. 71 ff.

Schumann, Herbert: Können privatrechtliche und öffentlich-rechtliche Forderungen gegeneinander aufgerechnet werden?, Diss. Heidelberg 1916

Schuster-Woldan, Wolfgang: Die systematische Stellung des arbeitsrechtlichen Urlaubsanspruchs, Diss. Leipzig 1932

Schweer, Dieter: Die Pfändbarkeit von Urlaubsabgeltung und Urlaubsvergütung, BB 1961, S. 680.

Schwerdtner, Peter: Fürsorgetheorie und Entgelttheorie im Recht der Arbeitsbedingungen, Heidelberg 1970

Selb, Walter: Schadensbegriff und Regreßmethoden, Heidelberg 1963

Siara, Berthold: Mindesturlaubsgesetz für Arbeitnehmer (Bundesurlaubsgesetz), 2. Bearbeitung, Frankfurt/Main 1970
(zit.: Siara, Kommentar)

— Wegfall der Urlaubsabgeltung, DB 1975, S. 836 ff.

Siebert, Wolfgang: Verwirkung und Unzulässigkeit der Rechtsausübung, Marburg 1934

— Kollektivnorm und Individualrecht im Arbeitsverhältnis, in: Festschrift für Hans Carl Nipperdey, München und Berlin 1955, S. 119 ff.

— Das Arbeitsverhältnis in der Ordnung der nationalen Arbeit, Hamburg 1935

Sieg, Karl: Die Durchsetzung des Anspruchs auf Erholungsurlaub, RdA 1963, S. 124 ff.

Sielck, Rainer: Ist die Aufrechnung mit einem Urlaubsabgeltungsanspruch möglich?, DB 1969, S. 396

Simson, Gerhard: Der Urlaubsanspruch nach der Beendigung des Arbeitsverhältnisses, NZfA 1929, Sp. 139 ff.

Söllner, Alfred: „Ohne Arbeit kein Lohn", AcP 1967, S. 132 ff.

Soergel / Siebert: Bürgerliches Gesetzbuch, 10. Aufl., Stuttgart, Berlin, Köln, Mainz 1967 ff.

Specovius: Urlaubsfragen, NZfA 1925, Sp. 441 ff.

Stahlhacke, Eugen: Zwei Fragen zum Urlaubsgesetz des Landes Nordrhein-Westfalen, DB 1961, S. 1131 ff.

— Das Bundesurlaubsgesetz mit Nebenstimmungen, 3. Aufl., Darmstadt 1971

Staudinger, Julius von: Kommentar zum Bürgerlichen Gesetzbuch, 11. Aufl., Berlin 1954 ff.

Stecher, Dieter: Die neuere Entwicklung der arbeitsrechtlichen Fürsorgepflicht in Wissenschaft und Rechtsprechung, Diss. Heidelberg 1959
(zit.: Stecher, Diss.)

— Die arbeitsrechtliche Fürsorgepflicht, RdA 1961, S. 261 ff.

Stehl, Heinrich: Pfändbarkeit des Urlaubsentgelts, DB 1964, S. 334 ff.

Steudle, Mirko: Der Rechtsmißbrauch im Arbeitsrecht, dargestellt unter besonderer Berücksichtigung der Rechtsprechung zum Urlaubs- und Ruhegehaltsrecht, Diss. Göttingen 1972

Stöber, Kurt: Forderungspfändung, Bielefeld 1965

Sturn, Helmut: Urlaubsanspruch bei Arbeitsplatzwechsel, Arbeits- und Sozialrecht 1960, S. 190

— Das neue Urlaubsrecht, Rechtsarchiv der Wirtschaft, Sonderheft 110, Stuttgart, München, Hannover 1963
(zit.: Sturn, Urlaubsrecht)

Tauscher, Herbert: Wesen und Prinzipien des Erholungsurlaubs und das neue Urlaubsrecht, Diss. Leipzig 1959

Teusch, Hans: Die Urlaubsvergütung, Diss. Köln 1942

Thies, Heinrich: Die Behandlung von Viertel-Urlaubstagen, DB 1970, S. 1880 ff.

Thomas, Werner: Der Verzicht auf tarifliche Ansprüche im arbeitsgerichtlichen Verfahren unter besonderer Berücksichtigung des Vergleichsabschlusses, Diss. Köln 1961

Töns, Hans: Urlaubsabgeltung in der Sozialversicherung, BB 1951, S. 281 f.

Tomandl, Theodor: Der Einbau sozialer Grundrechte in das positive Recht, Tübingen 1967

Trappe, Hermann: Die Abgeltung von Urlaubsansprüchen, BB 1963, S. 45 ff.

Trieschmann, Günther: Urlaub und Krankheit, DB 1958, S. 599 ff.

— Verpflichtung zur Rückgewähr von Urlaubsentgelt und Weihnachtsgratifikation bei vorzeitiger Beendigung des Arbeitsverhältnisses, AuR 1962, S. 137 ff.

— Zur Frage der Rechtseinheit im Urlaubsrecht, DB 1963, S. 692 ff.

Wacke, Andreas: Der Erlaß oder Vergleich mit einem Gesamtschuldner, AcP 170, S. 42 ff.

Wahl, Eduard: Vertragsansprüche Dritter im französischen Recht unter Vergleichung mit dem deutschen Recht dargestellt anhand der Fälle der action directe, Berlin und Leipzig 1935

Wagner, J.: Der Urlaubsanspruch gegen mehrere Arbeitgeber und sein Ausgleich, RdA 1952, S. 135 ff.

Walter, Bernhard: Urlaub und Fünf-Tage-Woche, BB 1967, S. 442 ff.

— Kommentar zum Lohnpfändungsrecht, Darmstadt 1965
(zit.: Walter, Kommentar)

Walther, Arnold: Eingliederung in die Gemeinschaft als Verpflichtungsgrund im künftigen Schuldrecht, Diss. Gießen 1937

Weber, Gunter: Unpfändbarkeit der Urlaubsvergütung, BB 1961, S. 608 ff.

Weber, Hans-Günther: Beitragspflicht für Urlaubsabgeltungen in der Sozialversicherung, BB 1957, S. 1074 f.

Wegener, Wolf: Urlaubsgeld und Urlaubsabgeltung, Diss. Kiel 1957

Wiebel, Emil: Die Gestaltung der Gesamthafenbetriebe, RdA 1953, S. 291 ff.

Wiedemann, Herbert: Das Arbeitsverhältnis als Austausch- und Gemeinschaftsverhältnis, Karlsruhe 1966
(zit.: Wiedemann, Arbeitsverhältnis)

— Ruhegeldanwartschaft und Kündigung, RdA 1969, S. 244 ff.

Wiese, Günther: Beendigung und Erfüllung von Dauerschuldverhältnissen, in: Festschrift für Hans Carl Nipperdey zum 70. Geburtstag, herausgegeben von Rolf Dietz und Heinz Hübner, Band I, München und Berlin 1965, S. 837 ff.

Willmer, Hermann: Das Urlaubsgeld, Diss. Köln 1942

Witting, Ulrich: Zum Wesen des Urlaubs und den §§ 7 Abs. 2 - 4 und 8 des Bundesurlaubsgesetzes, DB 1964, S. 806 ff.

Wolff, Hermann Josef: Die Bedeutung des Zwecks bei Arbeitsfreizeiten, Diss. Köln 1956

Wlotzke, Otfried: Neuerungen im gesetzlichen Arbeitsrecht, DB 1974, S. 2252 ff.

Zapf, Karl-Friedrich: Das Direktionsrecht des Arbeitgebers. Die dogmatische Einordnung in das Zivilrechtssystem, Diss. Heidelberg 1971

Zawar, J.: Die Pfändung von Sondervergütungen im Arbeitsrecht, JW 1938, S. 432 ff.

Zunft, Fritz: Kündigung und Urlaubsanspruch, NZfA 1926, Sp. 589 ff.

Zwiebler, Heinz: Der Urlaub im Arbeitsrecht, Diss. Berlin 1935

Kolibri 360 GmbH
Ferdinand-Jühlke-Straße 7
99095 Erfurt, Deutschland
produktsicherheit@kolibri360.de

Druck:
CPI Druckdienstleistungen GmbH
im Auftrag der
Kolibri 360 GmbH
Ferdinand-Jühlke-Str. 7
99095 Erfurt